Transl@ting
Lost Heritage into Our Time

“翻译”：将消逝的遗产带回当代
第三届文化遗产保护与数字化国际论坛·论文集

Re-relic编委会
贺艳/殷丽娜/倪瑞锋/张贤如/马英华

SELECTED PROCEEDINGS OF THE THIRD INTERNATIONAL SYMPOSIUM ON CULTURAL HERITAGE CONSERVATION AND DIGITIZATION

上海远东出版社

睿·图书
TSINGHUA HERITAGE

Re-relic 编委会

贺　艳 / 殷丽娜 / 倪瑞锋 / 张贤如 / 马英华

前 言

文化遗产保护与数字化（CHCD）国际论坛由清华大学数字遗产团队清城睿现（Re-relic/THID）发起，创立于2010年，2012年开始与国际文化遗产记录科学委员会（ICOMOS-CIPA）合作，逐渐成为文化遗产领域基于学术、面向社会、整合资源、对话全球、代际传承的国际知名会议品牌。CHCD以文化遗产的科学研究、展示阐释、教育传播和有效利用为目标，坚持清华大学严谨的学术作风，依托国际国内多个领域的重要机构，旨在建立文化与科技、专家与公众、事业与产业的国际化创新融合平台，引领全球文化遗产科学和行业发展。

2014年9月3—4日，第三届文化遗产保护与数字化国际论坛在清华大学成功召开。本次论坛由中国古迹遗址保护协会（ICOMOS-CHINA）、国际文化遗产记录科学委员会（CIPA）、清华大学（建筑学院、美术学院、人居建设集团），北京清城睿现数字科技研究院、北京清华同衡规划设计研究院和北京海淀区圆明园管理处共同承办。并得到国际摄影测量和遥感学会，中国北京历史文化名城保护协会办公室，海淀区区委、区人民政府，马克斯－普朗克研究院艺术史研究所，国际古迹遗址理事会西安国际保护中心、敦煌研究院、韩国传统文化大学、同济大学建筑与城市规划学院、北京工业大学建筑与规划学院、台湾中国科技大学（台北）、清华大学附属中学、上海远东出版社、云冈石窟研究院等的支持。

论坛上，来自18个国家和地区的近百家机构的专家学者，围绕遗产本体及其价值和历史环境（翻译什么），新技术怎样用于遗产的研究、保护和阐释（如何翻译），如何实现不同背景、专业和需求的人群之间的沟通（为谁翻译）这三个主题，针对文化遗产的数字化、公众共享、多学科研究、新技术应用等过程中的经验和问题进行了题材丰富的讨论与交流，深入探讨了文化遗产数字化这一新兴领域的发展趋势。在讨论过程中认识到与大众传播互动，尤其是对青少年传输遗产教育的重要性。最后通过众多专业媒体的传播，将文化遗产保护的概念更好地传输给大众，也引起更多相关领域的关注和支持。

这部论文集的内容主要涵盖七大块，即大会主旨、基础研究、复原研究、复原产品、文化遗址与数字化、展示与阐释、大数据与文化遗产资源。

文化遗产种类繁多，历史悠久，保护、管理和利用上仍然存在众多挑战和困难。尽管如此，人类对文化遗产保护与利用的探索将永不停止，对文化遗产数字化技术和手段的研究和尝试也会不断进步。这是一条前途光明不断延伸和拓展的路，也是相关从业者的奋斗方向，更是文化遗产保护与数字化国际论坛始终坚持的方向。

前 言 ………………………………………………………………… / 001

目 录 ………………………………………………………………… / 001

论坛主旨 ………………………………………………………………… / 001

展示与阐释：古今对话的桥梁

——以国家考古遗址公园为例 ………………………………… 童明康 / 001

“再现·圆明园”建筑复原设计研究

——以“多稼如云”景区为例 ………………………… 栗金月 吴 璠 殷丽娜 / 017

未来大数据环境下圆明园数据库的构建研究 ………… 栗金月 梁 冰 殷丽娜 / 043

大数据时代历史的重塑

——历史文化遗产的数字化保护与开发 ……………………………… 李公立 / 057

文明的再现——“数字敦煌” ………………………………………… 夏生平 牛 源 / 067

敦煌艺术经典的现代媒体阐释

——以254窟降魔成道图的数字动画创作为例 ………………… 陈海涛 陈 琦 / 079

论故宫文化遗产三维数据可视化的实施路径

——直译与意译的关系 ……………………………………………… 黄墨樵 / 103

浅谈CG动画技术在非物质文化遗产再现中的应用
——以《龙耳虎足方壶的制作工艺》CG动画专题片制作为例 ……… 司 冰 / 121

古建筑数字资源的元数据加工与管理 ……………………………… 田 园 / 131

数字化翻译文物信息
——三维扫描技术在故宫的应用研究 ……………………… 欧阳宏 侯琛琛 / 141

Research on the Localization Method of Protecting Traditional
Village Landscape: A Case Study On Tangyin ……………………Xiao Jinliang,Li Wei / 159

Legal Aspects of the Cultural Heritage Conservation and
Digitization ……………………………………………………Viktor Oliver Lprincz / 179

韩国庆州月精桥复原研究 ………………………………………… 张宪德 朴沼衍 / 193

Visualizing Excavations Records by Means of Information Design
……………………………………………………Fabienne Kilchör / 215

CultLab3D: Cost-Effective and Fast Digitization for
Documentation and Archiving of Cultural Heritage Artifacts
……………………Pedro Santos, Martin Ritz,Constanze Fuhrmann, Dieter Fellner / 235

Application of Additive Manufacturing to the Digital
Reconstruction of Archaeological Artefacts— Summer Palace
Bronze Lions Replication …………………………F. Zhang, R.I. Campbell and I.J. Graham /243

南朝陵墓石刻三维数字化保护研究 ……………………………… 葛怀东 邓抒扬 / 261

圆明园西洋楼观水法、大水法、远瀛观组群探析 ………………………… 贾 珺 / 273

对古建筑现状立面图表现形式的探讨 ………………………………………… 王 莫 / 289

论坛主旨

贺艳

北京清城睿现数字科技研究院院长

论坛主旨

在古老的东方和西方，人们很早就开始用泥土、木头或石头来营建自己的家园。在不同文化背景与发展历程下，不同的地域和民族都创造出令人震惊的奇迹，但是随着气候变迁，人类战争、迁徙和民族融合，历史 层层地重写，残存的遗迹已不能维系曾经的辉煌和荣光。穿过历史的迷雾，如何寻回遗产已经丢失的信息？高速发展的科技为遗产的保护和展示提供了各种全新的手段。在现代科技的帮助下，消失的文明重现当代，让普通人也可以身临其境地体验历史的灿烂辉煌。

但是，这其中始终应贯穿一个关键的问题，即：技术虽然在不断地进步，但是技术却只能服务于思想，服务于人。面对纷纭复杂的遗产问题，如何妥善地处理保护和利用的关系，这是我们在这样一个技术大发展和知识大爆炸的时代更应该去思考的问题。如何判断和筛选适度的技术？技术究竟应当为遗产提供什么样的服务？如何提供服务？如何对服务进行创新？这些问题都应该超越技术本身，重回我们思考的原点——我们保护遗产的初衷是什么？如果当代人都不能够理解和尊重我们的遗产，那么我们拿什么来传承给后代？

所以，这届论坛的主题是“‘翻译 ’把消失的遗产带回当代”。这里强调的是“当代”的概念和“翻译”的概念。主题中讨论了翻译的三个层次。首先，翻译什么？也就是说我们要如何理解遗产，遗产中到底有哪些故事和内容已经缺失，需要我们重新挖掘，重新整理和重新阐释。第二个层次是如何翻译。面对遗产的本源，我们如何利用先进的技术做好遗产的阐释工作？最后是为谁翻译。我们保护遗产是为了谁？我们一定要做到让遗产的受众都能够共享遗产，能够看懂遗产。因此，本届论坛一直致力于如何在管理者、研究者和公众之间搭建起一座沟通的桥梁。

本届论坛不仅仅是指9月3—4日为期两天的国际会议，实际上，它贯穿了2014这一整年的一系列相互关联的活动：

● 2014年3月，文化遗产保护学术沙龙。学术沙龙作为国际论坛的首个系列活动，面向行业专家、政府代表、遗产地负责人和媒体，针对行业需求，解读论坛主题，建立起了一个文化遗产与更多领域和产业发生关联的交流互动平台。

● 2014年6月，遗产保护夏令营。遗产保护夏令营是让青少年走近文化遗产保护的一次全新尝试。夏令营组织中学生与文化遗产保护专家一起，通过丰富有趣的活动将文化遗产保护的理念传播给青少年和全社会。

● 2014年9月1—4日，国际培训班。本届论坛首次引入CIPA-ICOMOS-ISPRS官方工作坊（workshop），以一处具有重大历史文化价值和国际影响力的遗址群“圆明园西洋楼遗址”为研究对象，实现了一个全新的实践教学模式。30多位来自国内外相关文保机构并拥有不同学科背景的的专业人员和院校师生专家学者们，以不同内容与尺度的研究主题为核心（西洋楼的园林总体规划、西洋建筑的本土化、西洋透视法与中国园林、西洋装饰与雕刻艺术、西洋楼的水法与水利设施），利用最新的技术手段精诚合作，对西洋楼遗址开展了历史解读、实地观测、记录、评估和遗址保护研究等方面的研究与交流，并在4日下午的论坛上分享了他们的丰硕研究成果。

● 2014年9月，国际论坛。在为期两天的学术会议上，来自国内外的专家学者们围绕遗产本体及其价值和历史环境（翻译什么），新技术怎样用于遗产的研究、保护和阐释（如何翻译），如何实现不同背景、专业和需求的人群之间的沟通（为谁翻译）这三个主题，深入探讨文化遗产数字化这一新兴领域的发展趋势，以期引起更多相关领域的关注和支持。

在未来，文化遗产保护与数字化国际论坛会尝试拓宽视野和渠道，以期更好地推动文化遗产保护与数字化事业和国际间的交流合作。

展示与阐释：古今对话的桥梁

——以国家考古遗址公园为例

童明康

国家文物局副局长，中国古迹遗址保护协会理事长

展示与阐释：古今对话的桥梁

——以国家考古遗址公园为例

一、国家考古遗址公园概述

在漫长的岁月中，中华民族创造了丰富多彩、弥足珍贵的文化遗产。

其中一些规模巨大、价值重要的遗址，被称为大遗址。大遗址主要包括反映中国古代历史各个发展阶段，涉及政治、宗教、军事、科技等方面历史文化信息，具有规模宏大、价值重大、影响深远的大型聚落、城址、宫室、陵寝、墓葬等遗址、遗址群。

保护好、传承好、展示好、利用好大遗址是我们义不容辞的责任。

正如世界上很多发达国家曾经经历过的那样，改革开放以来的中国处于一个经济飞速发展、社会深刻变革的历史时期。

据统计，1978 － 2013 年，城镇常住人口从 1.7 亿人增加到 7.3 亿人，城镇化率从 17.9% 提升到 53.7%，年均提高 1.02 个百分点；城市数量从 193 个增加到 658 个，建制镇数量从 2173 个增加到 20113 个。

经济快速发展和城镇化进程加快，对遗址保护来说，既是严峻挑战，也是重大机遇。

挑战在于：土地城镇化、大规模基础设施建设等在不断地挤压着大遗址的生存空间。

机遇在于：新型城镇化建设明确提出了要保护和发掘城市文化资源，强化文化传承创新。

为了抓住机遇，应对挑战， 2005 年，国家文物局启动大遗址保护工程。

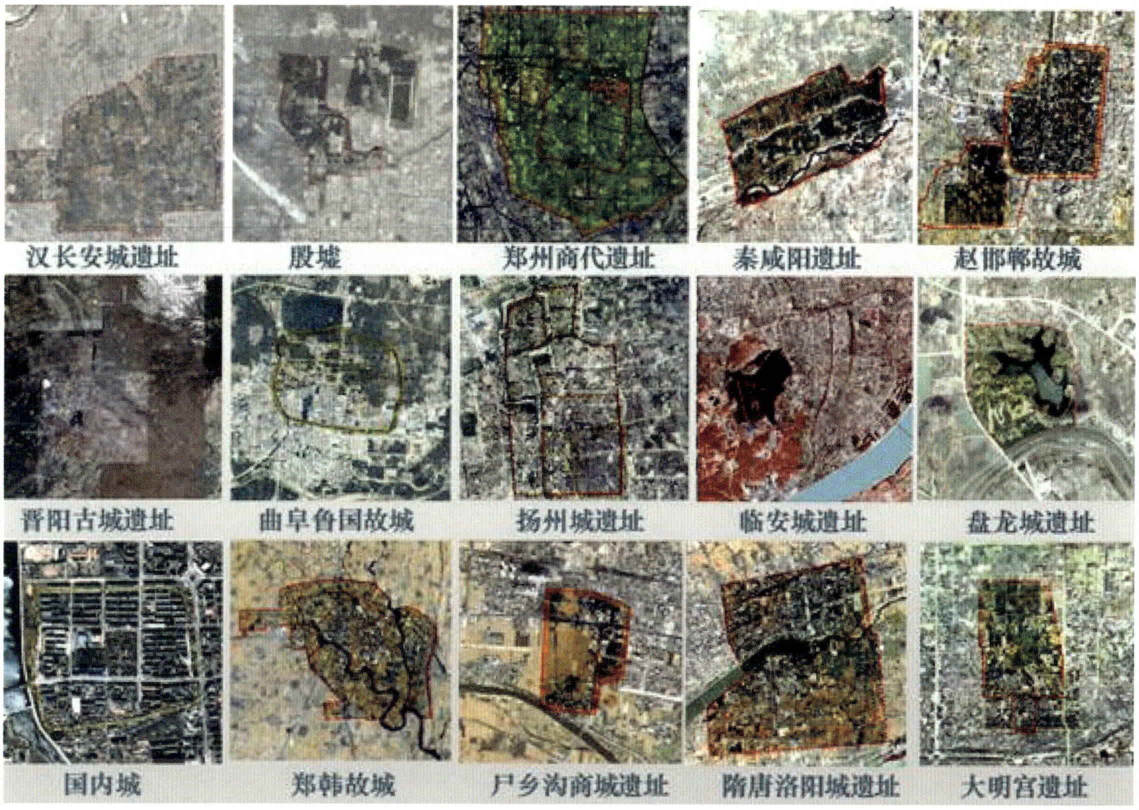

图 1 部分重要大遗址的航空遥感

图 2 丝绸之路大遗址

图 3 元上都遗址

图 4 古格王国遗址

图 5 西夏陵

中国政府在“十一五”期间的5年投入20亿元人民币，对100处大遗址的本体和环境进行了整体保护，积极探讨大遗址保护展示的科学途径，筹划建设大遗址保护展示示范园区（遗址公园）和遗址博物馆。

截至2009年，大遗址保护在全国范围内得到广泛推行，以西安片区、洛阳片区、长城、大运河、丝绸之路为核心，100处重要大遗址为支撑的大遗址保护格局初步确立。

随着工作的深入开展，人们对大遗址保护的认识和理解也有所变化，大遗址保护面临着新的问题。

一是人们对大遗址保护的关注度越来越高，希望能够更广泛地参与其中，了解遗址所承载的历史价值和人文背景，获取知识、接受教育、拥有美好的参观体验；

二是大遗址被视为一个地区特殊的文化资源，地方政府和原住民都希望通过大遗址保护来促进旅游业发展，改善原住民的生活状况，增加地方财政收入；

三是中国土地矛盾日益尖锐，大遗址本体和周边环境的整体保护难度越来越大，亟需通过一种新的方式突破困局，综合发挥大遗址保护在生态涵养、资源维护、文化传承等方面的作用，争取地方政府和原住民的支持，最大限度地保护遗址的真实性、完整性。

因此，如何正确阐释大遗址的内涵，如何将大遗址保护与所在地的经济社会发展相衔接，如何让广大民众能够在大遗址保护展示利用方面得到教育和受益，已经成为大遗址保护工作需要解决的新问题。

在此背景下，2009 年，国家文物局提出建设国家考古遗址公园的思路和计划。

国家考古遗址公园是立足于中国国情和大遗址保护的实际情况，在充分总结和借鉴国内外实践经验的基础上提出的，是以更加开放的思维、更加灵活的方式和更加积极的态度来解决大遗址保护展示所面临的各种问题。

国家考古遗址公园定位：以重要考古遗址及其背景环境为主体，具有科研、教育、游憩等功能，在大遗址保护和展示方面具有全国性示范意义的特定公共文化空间。

它不同于一般城市公园或主题公园，而是以遗址为内容，以公园为形式，包含了丰富的文化内涵和历史底蕴。

与单纯的遗址保护相比，它更加强调公益性，更加注重遗址的展示与阐释，更加注重文化遗产保护成果的全民共享。

国家考古遗址公园概念的提出，是我们对时代发展和社会变迁的有力回应，是积极保护的重要举措，是遗址展示与阐释的一种整体策略，具有前所未有的活力。

截至目前，国家文物局已评定出国家考古遗址公园两批 24 家，并同意 44 家立项建设。据统计，国家考古遗址公园总占地面积已超过 900 平方公里，占中国国土空间的近万分之一。

图 6 北京圆明园国家考古遗址公园

图 7 陕西秦始皇陵国家考古遗址公园

图 8 无锡鸿山国家考古遗址公园

图 9 集安高句丽国家考古遗址公园

二、国家考古遗址公园的理念和原则

国家考古遗址公园致力于向当代人提供：

一处能够恰当展示遗址价值和阐释遗址内涵的场所；

一处能够充分展现当代人为遗址保护所作努力和行动的场所；

一处能够彰显遗址的场所精神，实现古今对话的场所。

国家考古遗址公园建设秉承以下原则：

保护为主。只有坚持保护为主，做好遗址保护，才能避免国家考古遗址公园成为无源之水，无根之木。遗址是核心，遗址的真实性是重点，遗址的整体保护是关键。

在保护基础上，通过恰当的方式对遗址的价值和内涵进行展示与阐释。遗址公园相关活动都应在保证遗址安全的前提下。

考古先行。只有通过专业研究和解读，才能准确把握遗址的价值和内涵，这是遗址展示与阐释的基础，也是建设国家考古遗址公园的前提。

建设国家考古遗址公园必须将考古与研究作为基石和前提，坚持考古先行、研究先行的基本态度，并创造条件确保遗址的考古与研究工作贯穿始终。

面向公众。建设国家考古遗址公园，只有坚持面向公众，做好展示与阐释设计，才能做到可持续发展。

国家考古遗址公园就是要给公众提供一个走近遗址、亲近遗址的机会，所采取的方式一定要喜闻乐见，雅俗共赏，带给公众美好的现场体验，进而建立遗址与公众之间的良好关系和互动。

因地制宜。不同类型的遗址特点不同，资源禀赋不同，所在地的自然环境、交通等情况不同，建设公园的条件也各不相同。

只有坚持因地制宜，国家考古遗址公园才能具有持久的生命力，做到可持续发展。

一般来讲，遗址价值突出，特点鲜明，可视性强，区位优势明显，周边其他资源丰富，地方政府积极，政策配套到位的遗址比较适合建设国家考古遗址公园。

中国近代启蒙思想家、翻译家严复曾说，译事三难：信、达、雅。

正如本届论坛的主题所强调的，国家考古遗址公园作为遗址展示与阐释的一种整体策略，在公园的规划、设计与建设过程中，就像是对遗址做出翻译一样，要努力做到“信、达、雅”。

“信”——指遗址展示与阐释要准确全面。国家考古遗址公园重视内容设计，强调对遗址价值与内涵的全面把握与准确理解，发掘一切能够体现遗址价值的要素，突现遗址的重要性与独特性，通过整体谋划来构建科学的阐释体系，形成有效的解说系统，全面准确地传达给公众。

“达”——指遗址展示与阐释不拘一格，直达本义。应准确传达遗址核心价值和内涵，展示与阐释应基于价值，所有手段与方法运用，都应以有助于更好地理解遗址为目的。

提倡并鼓励采取灵活多样的手段与方法充分展示与阐释遗址价值与内涵。

可以利用三维地理信息系统、幻影成像、虚拟三维技术等，来丰富遗址展示内容，提升公众对遗址的兴趣，满足公众文化欣赏需求。

在实践中，我们运用声光电技术，通过计算机模拟三维环境等，采用情景模拟方法，对遗址的价值、历史背景和相关故事进行再现，效果良好。

圆明园遗址通过多学科参与和数字化技术，全面、直观采集和保存多源数据，并通过严谨的复原研究，揭示建筑遗产的历史原貌，对遗址进行全景三维构建，并开发互联网及终端应用，与公众分享虚拟圆明园。

“雅”——指遗址与环境和谐统一。遗址周边环境与遗址同样重要，应受到保护与展示。

一方面要充分考虑相关设施与遗址景观环境相协调，并注意与遗址氛围相适应；

另一方面要通过适当途径将遗址景观环境作为重要展示内容，通过一定手段来突出遗址，烘托遗址氛围，形成整体效果。

三、案例阐释

3.1 三星堆国家考古遗址公园

三星堆遗址分布面积 12 平方公里，距今已有 5000 至 3000 年历史。

迄今在中国西南地区发现的范围最大、延续时间最长、文化内涵最丰富的古城、古国、古蜀文化遗址。

现有保存完整的东、西、南城墙和月亮湾内城墙。

三星堆遗址位于城郊地区，与现代居民的聚居地高度重合，为做好展示和阐释，三星堆国家考古遗址公园重点做了以下工作：

一是充分发挥遗址博物馆的作用，展示独特而精美的出土文物。

图 10 三星堆遗址博物馆全景

图 11 三星堆遗址博物馆

遗址博物馆建筑融入古蜀文化元素，低调朴素，与遗址环境完美融合。

二是开展持续的考古工作。考古工作成果丰硕，发现了城墙、大型建筑等重要的遗迹。古蜀文明的全貌正在逐步显现。

围绕考古发现，三星堆遗址进行了形式多样的展示与阐释。

三是保留乡村农业景观，对遗址景观稍加整饬，形成独特的西南农业农居景观，体现出遗址与当地社区居民的和谐共处。

图 12 三星堆遗址博物馆内部陈列及精美文物

图 13 城墙遗迹剖面建棚保护

3.2 汉魏洛阳故城国家考古遗址公园

汉魏洛阳故城，位于今河南省洛阳市市区以东 15 公里，曾是西汉、东汉、曹魏、西晋、北魏的国都所在地。

汉魏洛阳故城由宫城、内城外郭城构成，总面积近 100 平方公里，基本上为北魏时期所遗留。

图 14 对发掘的祭祀坑进行模拟复原展示

汉魏洛阳故城位于城郊，周

图 15 建筑基址模拟展示

图 16 广泛利用新技术（百科数字博物馆和三维实景地图）

边以农田为主，且遗存完整，格局清晰，考古工作基础扎实。

图 17 汉魏洛阳故城中轴线鸟瞰

汉魏洛阳故城国家考古遗址公园采取了以下策略：

一是整体保护和展示遗址格局，明确中轴线概念，整体控制景观格局。

二是回填保护与模拟展示相结合，原汁原味还原遗址形态。

三是设置形式简单、内容丰富的标识系统，进行辅助展示。

四是持续开展考古发掘，进一步丰富遗址内涵。

图 18 永宁寺塔基遗址、端门遗址、三号门址模拟展示

3.3 汉阳陵国家考古遗址公园

汉阳陵位于中国陕西省西安市北郊的渭河之畔，是西汉景帝与王皇后同茔异穴合葬的陵园，是迄今发现的保存最为完整的汉代帝陵陵园。

汉阳陵考古及研究基础扎实，出土文物精美。陵区范围内的土地已由文物部门征用，拥有完全的所有权和支配权，为保护展示工作提供了保障。

汉阳陵国家考古遗址公园展示阐释的对策：

一是文物陈列馆与从葬坑展示馆相结合，直观呈现汉代皇帝庞大的地下随从，具有很强的视觉冲击力；

二是综合运用多种展示手段。以植被标识展示帝陵园，以复原式保护棚展示门址，并提供观赏陵园全貌的至高点和观景台，展示陵园空间布局等的基本特征；

三是实现完全的景观控制，注重帝陵景观氛围的维护和适度还原，引发游客追古思幽之情怀。

四是注重互动和文化产品开发，提供良好的个人体验。

图 19 帝陵外藏坑遗址保护展示厅

3.4 大明宫国家考古遗址公园

唐大明宫是举世闻名的唐长安城“三大内”（太极宫、大明宫、兴庆宫）中最为辉煌壮丽的建筑群，是东方园林建筑艺术的杰出代表。

图 20 汉阳陵考古陈列馆充分展示精美的出土文物

大明宫平面略呈梯形，面积约3.5平方公里。

大明宫以“前朝后寝”布局，中轴线从南端丹凤门起，延至太液池。

图 21 汉阳陵帝陵陵城标识展示

大明宫国家考古遗址公园以考古发掘和科学研究资料为依据，采取了遗址原状展示、砌体封闭展示、建厅展示、绿化标识展示、地面不

图 22 汉阳陵南阙门遗址保护展示厅

图 23 运用幻影成像技术，与历史对话，感受古人生活

同材质标识展示、生态环境修复等方式。

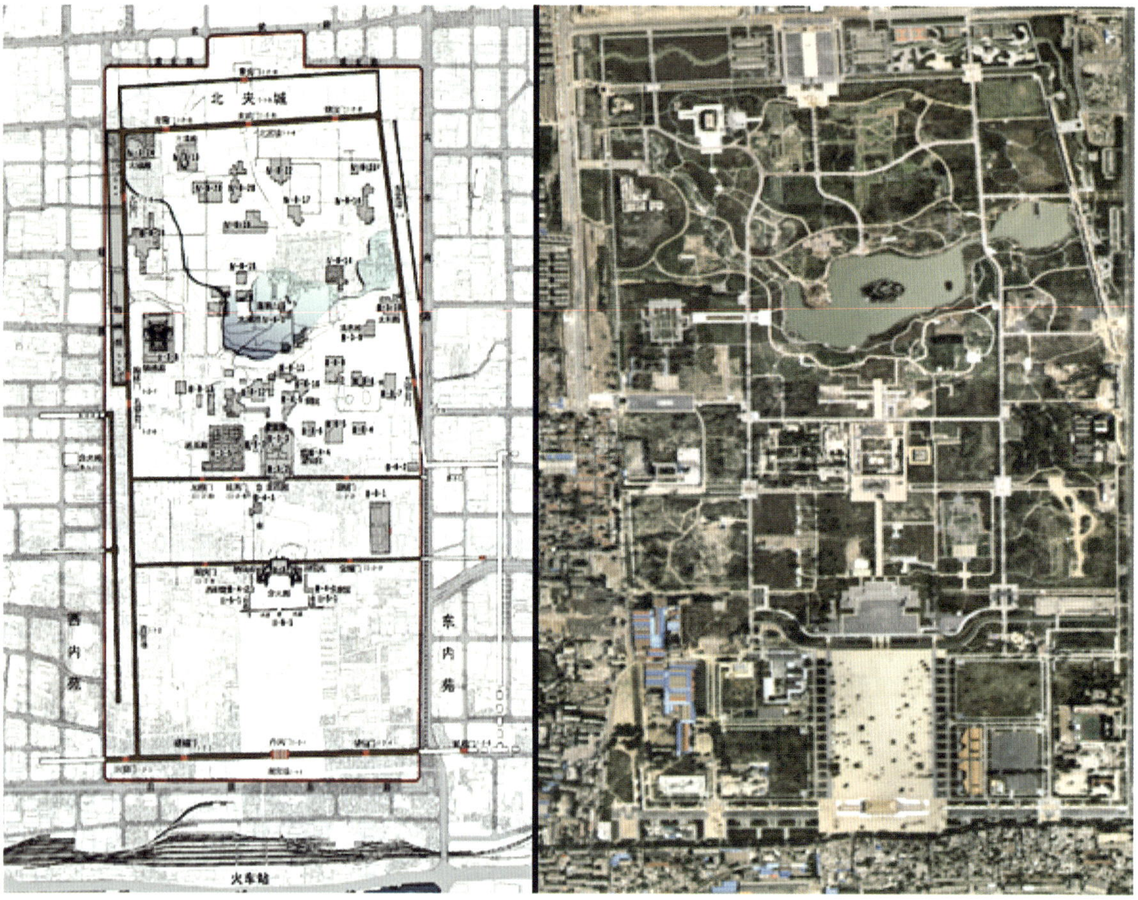

图 24 遗迹分布情况及考古遗址公园鸟瞰

图 25 含元殿遗址与麟德殿遗址包砌展示

图 26 生态环境修复

四、结语

国家考古遗址公园通过整体构建展示与阐释框架，广泛运用各种展示手段，强化景观控制，注重遗址氛围烘托及遗址景观环境保护等，为整体保护遗址，恰如其分地展示与阐释遗址，发挥遗址的社会效益提供了有效的尝试与探索：

1）实现了遗址的整体保护；

2）为考古工作的持续开展提供了条件；

3）为公众提供了休闲和游览的文化空间；

4）带动和促进了地方经济社会的协调发展。

图 27 对有代表性的遗址进行建筑结构示意展示

图 28 将已有废弃建筑改造成考古探索中心

图 29 影视作品和图板多手段配合诠释遗址内涵

“再现·圆明园”建筑复原设计研究

——以“多稼如云”景区为例

栗金月，吴璠，殷丽娜

北京清华同衡规划设计研究院有限公司

本论文由2013年度国家科技支撑计划“重现辉煌”数字圆明园研究

及文化旅游应用示范项目（2013BAH46F00）资助

“再现·圆明园”建筑复原设计研究
——以“多稼如云”景区为例

一、景区概述

“多稼如云”亦称“芰荷香”，为圆明园四十景之一。位于圆明园北大墙之内，汇芳书院东侧偏北，东接“鱼跃鸢飞”，南宇骑本园内层墙垣，前俯荷池，正宇北临后溪河，隔水与稻稼相望。本景主体部分南北长 80 米，东西宽 45 米，占地 3600 平方米，建筑面积 1050 平方米（图 1）

“多稼如云”顾名思义为农田的庄稼繁多而茂盛，好似天上的云彩[1]。皇家园林常运用田园风光营造一些别致的景观，“多稼如云”就为其中一景，别具匠心的田园风光折射出当时社会的经济基础以农业为主。同时该景区也是作为圆明园内赏花、进膳的景点之一。据造办处《活计档》记载，乾隆三年（1738）七月做得御笔“多稼如云”铜字匾一面，遵旨将“观稼轩”匾换下。这表明“多稼如云”轩原称“观稼轩”，而“观稼轩”是由雍正帝命名，因此此景应为雍正年间创建。

景区内主要以“芰荷香”“多稼如云”“湛渌殿”组成。“芰荷香”前边原为大片荷池，并建有莲花亭，是园内观赏荷花之最佳处，后期已成稻田（图 2）。从其建构组合中可窥

1. 典出南宋著名爱国诗人陆游《晓晴肩舆至湖上》（《陆游诗集〈卷十八〉》）.

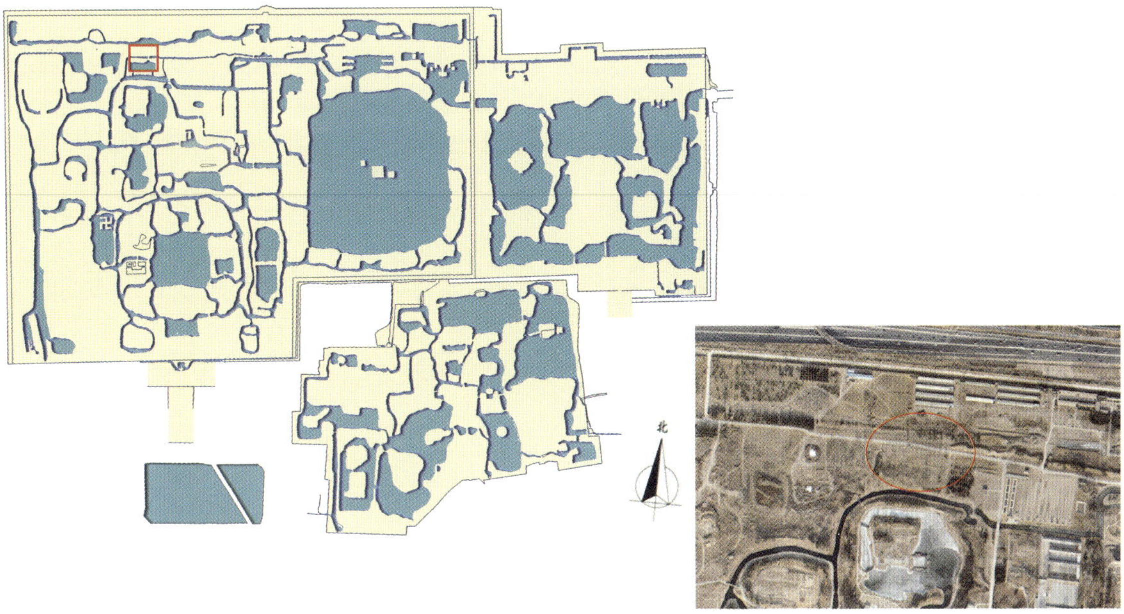

图 1 “多稼如云”景区位置示意

见重农意识向审美意识的转化，转为“多稼”“观稼”的生态美感。乾隆帝弘历曾多次侍奉皇太后至此进膳、观荷。乾隆十七年（1752）六月初四，弘历奉其母来此观荷花时，即兴赋诗一首，其后不日他又率王、大学士、翰苑诸臣来此赏荷，并题《观莲六韵》诗[1]。乾隆二十一年（1756）六月二十四日又率领诸皇子来此观赏[2]。乾隆二十五（1760）年六月，弘历除侍奉其母赏荷外，还与近支宗藩及御前大臣、侍卫，并回部郡王霍集斯等一起来此观荷[3]。从前往“多稼如云”景区游赏的时间上看正值荷花盛开的季节，难掩皇帝对此处的喜爱之情。

1. 乾隆十七年《六月四日侍皇太后观荷成诗一律敬书箑头以献》《同诸王及大学士翰苑诸臣观莲六韵》诗，《清高宗御制诗》.

2. 乾隆二十一年《穿戴档》，《圆明园》下册第 879-881 页 .

3. 乾隆二十五年《供侍皇太后观荷作》《同近支宗藩及御前大臣侍卫并回部郡王霍集斯等赏荷即事得句》诗，《清高宗御制诗》三集卷五、卷六 .

图 2 唐岱、沈源乾隆九年绘《多稼如云》

“多稼如云”殿是皇太后、皇帝赏荷、观稼膳憩之处，殿内收贮乾隆《重刻淳化阁帖》《西洋楼铜版图》各一套[1]。前廊每于佳时令节，高悬五福臻灯二对。殿北为后溪河，设游船码头一座。“多稼如云”景区的另一处建筑“湛渌室”，在乾隆二十四年（1759）见《湛渌室》诗句云：“小屋三间俯小溪，活流湛渌也堪题。”[2]此殿名称，在乾隆朝《活计档》《奏稍档》中记作“湛渌”“湛渌殿”“湛露殿”者皆有，《日下旧闻考》称为湛绿室[3]，而乾隆帝御制诗，及咸丰时期两种圆明园匾名著录则皆作“湛渌”，当以此为是。

二、基础研究

通过对“多稼如云”景区相关历史文献的整理，互相鉴别分析，选用以下资料作为景区复原设计的科学依据：

（一）反映“多稼如云”景区格局和建筑形象的写景图与图档

1.“多稼如云”景区四十景图反映乾隆早期概况；

2. 样 1704 反映乾隆中期概况；

3. 样 1203 反映道咸时期概况；

1.《圆明园》下册第 1513 页、第 1565 页 .

2.《清高宗御制诗》二集卷八七 .

3.《日下旧闻考》卷八二第 1363 页 .

（二）记录景区意境、植物情况的御制诗

1. 乾隆九年（1744）御制《多稼如云》诗；

2. 嘉庆二年嘉庆帝御制《问津》诗；

3. 嘉庆十二年《芰荷香》诗；

（三）记录景区位置、建筑名称与建筑修缮情况的文献档案

1.《钦定日下旧闻考》中圆明园的部分：

（1）“濂溪乐处迤北对河外稻塍者为‘多稼如云’，正宇五楹，前宇为‘芰荷香’。正宇东稍南有室为‘湛渌’。”

（2）“轩额与‘芰荷香’‘湛渌’”皆乾隆帝御书；

2. 上海古籍出版社出版的《圆明园》上下册：

（1）乾隆三年（1738）遵旨将“观稼轩”匾换下，换“多稼如云”；

（2）乾隆四年（1739）九月“湛渌”“天宇空明”遵旨挂在‘芰荷香’新盖五间房上，次年“天宇空明”额移挂他处；

（3）乾隆四十年（1775）曾做修理并在东边添盖点景房间；“芰荷香”方亭和住家房三座八间，皆于乾隆五十年（1785）奏准拆瓦头停。

三、复原设计

（一）确定景区精确范围和总平面定位

圆明三园各景区的总平面复原一般均以1933年“圆明、长春、万春三园遗址地形实测图”、1965年“北京市海淀区附近地形图”以及圆明园全园遗址20131222高清航拍图为基础，推测出各时期的山水岸线定位，“多稼如云”景区以发掘报告为基准，并结合以上信息共同确定道咸时期、乾隆中期和乾隆早期的景区复原总平面图。

根据 2011~2012 年的考古发掘报告中“多稼如云”的景区信息记录（图 3）[1]，显示出建筑基址中部地理坐标为N40° 0′ 41.0″、E116° 17′ 16.1″，根据坐标在地图上大致定位，有利于后续调研工作快速找到遗址位置。

多稼如云遗址遗迹登记表

单位：米

编号	位置	平面形状	长	宽	距地表深	备注
建筑基址 1	遗址北部	长方形	16.7	6.4	0.6	
建筑基址 2	建筑基址 1 东南	长方形	10	5	0.6	南部被管道沟破坏
建筑基址 3	建筑基址 1 东侧	长方形	17.8	8.3	0.6	
墙址 1	建筑基址 1 西部约 13 米处	长条形	16	1.5	1.4	南部被管道沟破坏
墙址 2	建筑基址 3 东部约 11 米处	长条形	15.4	0.8	0.8	南部被管道沟破坏
墙址 2	遗址东部	长条形	15	0.8	0.5~0.8	

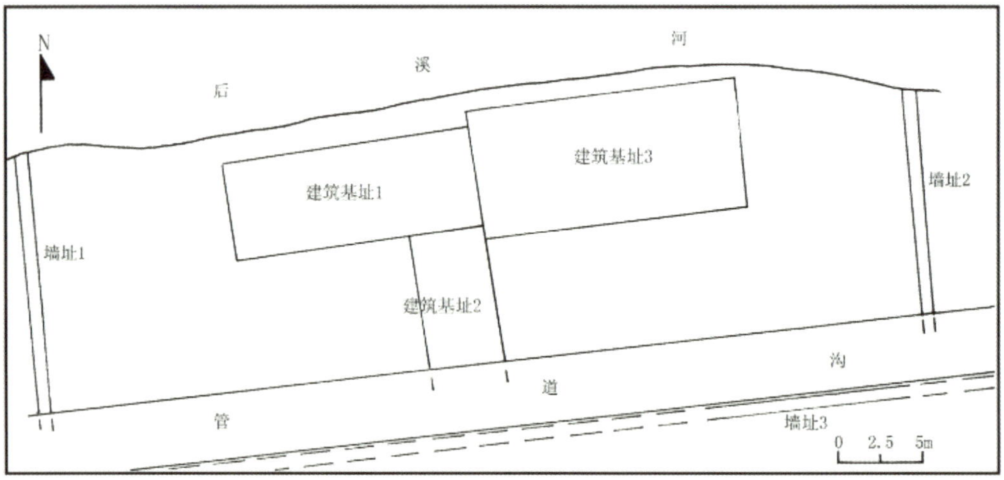

图 3 多稼如云景区遗址登记表与遗址分布信息

1. 2011. 7. 1~2012. 4. 1 北京大学考古文博学院和陕西龙腾勘探有限公司联合组成的考古勘探工作队对圆明园西北区域进行考古勘探 .

勘探结果显示：建筑基址 3 破坏严重，仅存三合土基础。基址平面呈长方形，东西长约 17.8 米，南北宽约 8.3 米，距现地表深约 0.5 米。基址北部未见三合土基础，残存石墙基一段。根据已勘探的建筑基址布局情况，并结合《圆明园百景图志》中“道光、咸丰时期‘多稼如云’建筑布局平面图”，初步推断建筑基址 3 可能为“多稼如云”大殿。

在现场调研开始之前，首先把同比例的航拍图和 1933 年测绘图的相应位置进行叠加对比（图 4），可以看出航拍图中已完全看不出当时景区的影子，而 1933 年测绘图显示的“多稼如云”景区还存有驳岸痕迹，山形已不完整，不足以作为复原乾隆与道咸时期山形水系面貌的有力依据，相比之下样式房图所绘制的与 1933 年测绘图相近并较之完整度更高，所以总图所复原的景区山形水系以样式房图为主要依据，其他为辅助依据。

然后在样式房图与航拍图同比例对比时可以找出“多稼如云”景区现存位置范围，基于濂溪乐处的驳岸为原物遗址遗存，它的延长线大致为“多稼如云”景区内主体建筑的明间位

图 4 航拍图与 1933 年测绘图对比

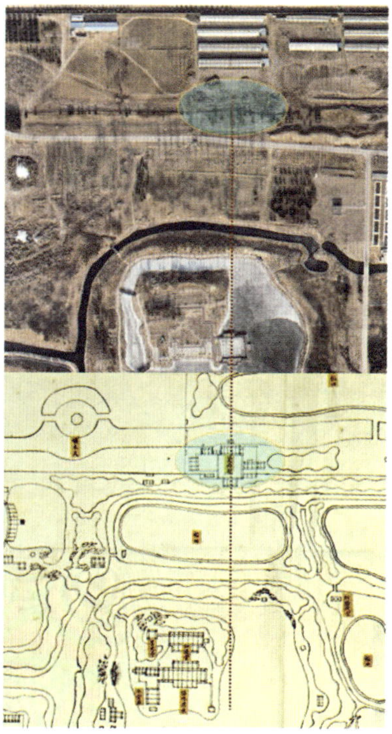

图 5 以“濂溪乐处”驳岸线为基准定位图

置（图 5），并通过人与物垂直的方向方法在遗址现场进行了位置确定，即作为景区现场的纵向定位（图 6），位置大致确定后展开对周边情况的调研工作。

图 6 景区纵向定位

可以看出本景区今已不残存河池轮廓，大部分原已辟为农田，农田荒废后又荒草丛生，现古建基址多已不见踪迹。北面依然存有大棚、垃圾堆等，山形多已不在（图 7）。

图 7 “多稼如云”景区现状

在“多稼如云”遗址调研过程中发现两处新勘探探沟（图 8 、9），现场散落的构件较少（图 10、11），并未发现可以作为复原依据的构件，例如柱础石、阶条石等反映建筑大小尺寸以及其他的有效信息。

图 8 多稼如云向南看的探沟

图 9 新发掘探沟

图 10 现场构件摄于 2014 年 11 月

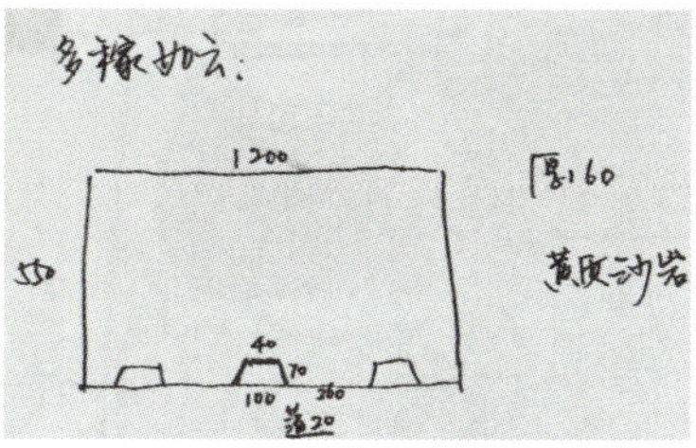

图 11 多稼如云构件测绘

（二）景区各时期总平面复原研究

根据“再现·圆明园”复原研究时间单元分期（图 12），以现有档案彩绘绢本四十景图、样 1704、样 1203 为依据可对“多稼如云”景区作“乾隆早期—乾隆中期—道咸时期”的时期划分。

表 1 “再现·圆明园”复原研究时间单元分期

时期简称	相关范围	公元纪年	年限	基准时间点	基础依据
康熙年间	康熙四十六年～六十一年	1707~1722	16 年	康熙六十年	园景 12 咏
雍正朝	雍正元年～乾隆二年	1723~1737	15 年	雍正十三年	彩绘绢本 40 景（部分）
乾隆早期	乾隆三年～二十年	1738~1755	18 年	乾隆九年	木刻板 + 彩绘绢本 40 景 + 奏折档案
乾隆中期	乾隆二十一年～四十年	1756~1775	20 年	乾隆四十年	样 1704 大总图底稿 / 日下旧闻考、同期奏折档案
乾嘉时期	乾隆四十一年～嘉庆三年	1776~1798	23 年	乾隆六十年	奏折档案
嘉庆时期	嘉庆四年～二十五年	1799~1820	22 年	嘉庆十六年	样 1370 图等及奏折档案等
道光中前期	道光元年～二十年	1821~1840	20 年	道光二十年	样 1196 河道图等及奏折档案等
道咸时期	道光二十一年～咸丰十年	1841~1860	20 年	咸丰十年	样 1203 大总图及奏折档案等
庚申劫后	咸丰十一年～同治十一年	1861~1872	12 年	咸丰十一年	焚烧后记录
同治重修	同治十二年～十三年	1873~1874	2 年	同治十三年	同治重修记录及图纸、烫样
清末民国	光绪元年～民国	1875~1949	75 年	光绪二十三年	光绪重修记录及图纸、烫样
初步整理期	建国后至开放前	1950~1985	37 年	1985 年	东部现状遗址详勘
考古遗址	1986 年至今	1986~	>25 年	2004 年	考古勘察、发掘资料及遗址详勘

图 12 时间单元分期表

在对景区平面复原研究上，因为并未有相关尺寸的史料记载，故只能根据考古发掘报告中的信息进行推断，发掘报告中显示墙址 1 位于西部约 13 米处，南北走向。地理坐标 N40° 0′ 41.0″、E116° 17′ 15.0″、H40 米。墙址 1 为石墙基，北接后溪河，南北残长约 16 米，三合土基础东西宽约 1.5 米，石墙基东西宽约 0.8 米，距现地表深约 1.4 米。由此信息推断，墙址 1 位置、尺寸信息都比较符合值房 01 西侧的院墙，故景区复原大致尺寸由此得出。

由于道咸时期与考古资料、1933 年测绘图等时间上较为接近，考虑到山水轮廓与地形起伏相对变化较小，故按照“道咸时期—乾隆中期—乾隆早期”的顺序分析各时期复原平面。

以样 1203 为主要复原依据（图 13），对其建筑逐一分析命名并计算出道咸时期“多稼如云”景区有单体建筑 13 座，除游廊外共计 35 间（图 14）。

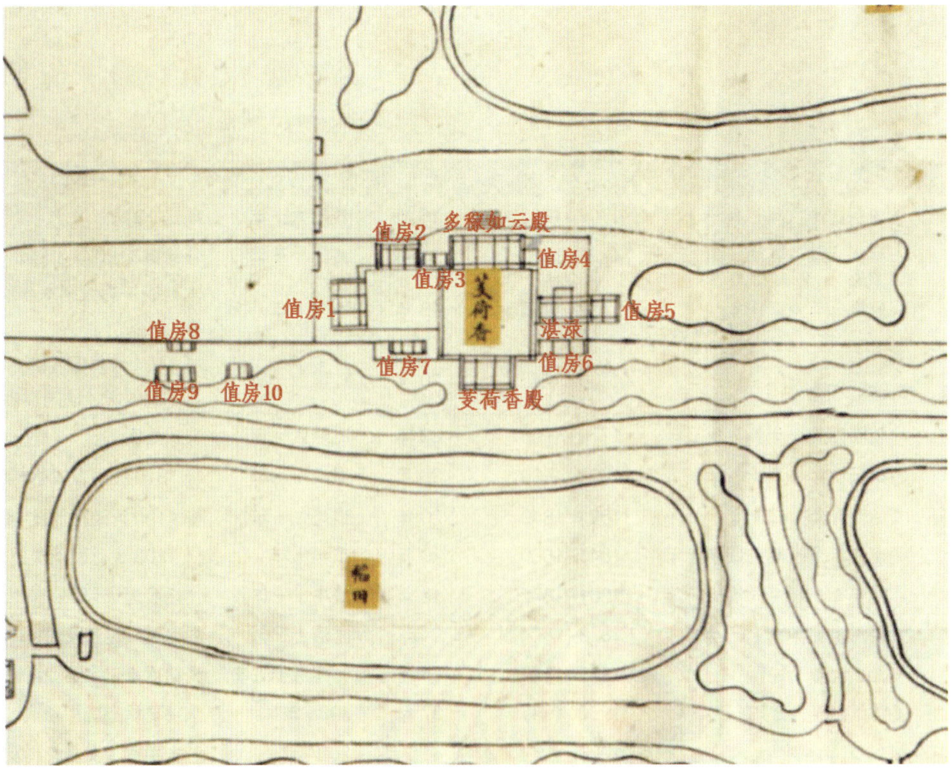

图 13 样 1203 多稼如云景区道咸时期建筑分布

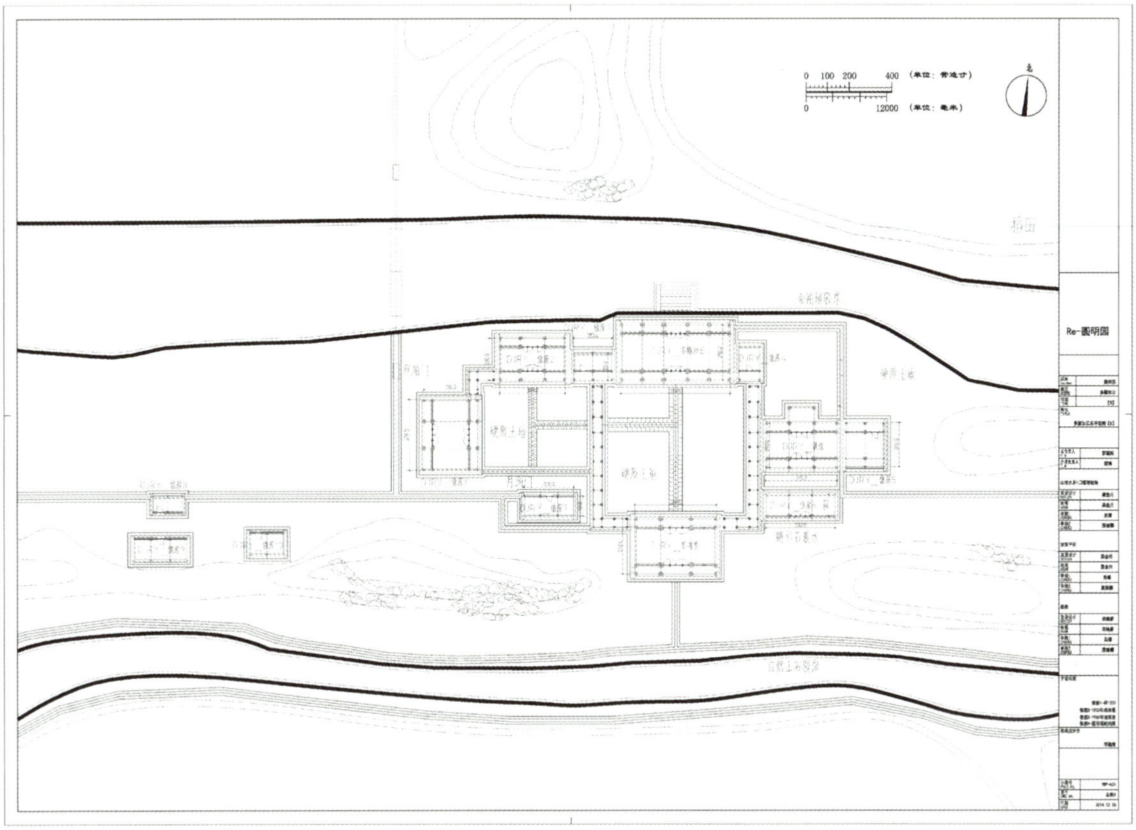

图 14 多稼如云景区道咸时期总平面

对比分别代表道咸时期与乾隆中期样式房图的景区变化（图 15），发现如下细节：

改建内容 / 建筑名称	乾隆中期	改建内容	道咸时期
值房7	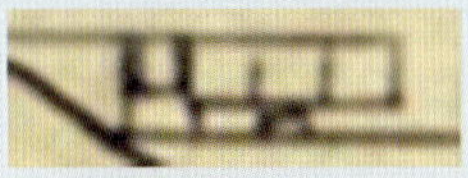	中期有净房，道咸无	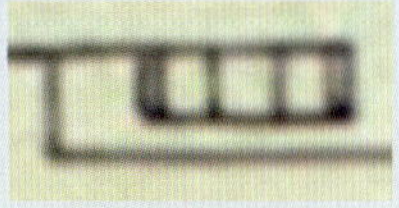
门		值房1旁中期有门，道咸无	
水闸		中期有一个，道咸示意为两个	

值房8.9		芰荷香外侧中期有两个三开间值房，道咸时期有两个两开间和一个三开间值房	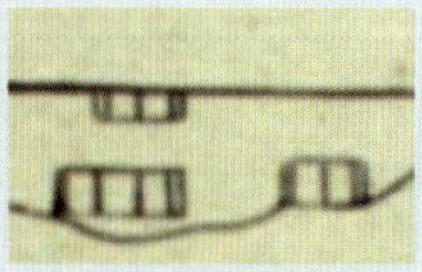
码头台阶		中期无台阶，道咸时期有码头台阶	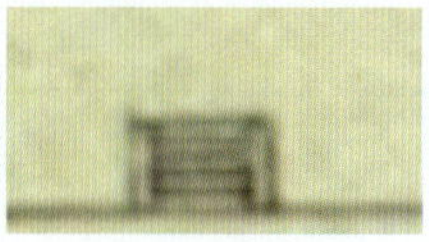
门	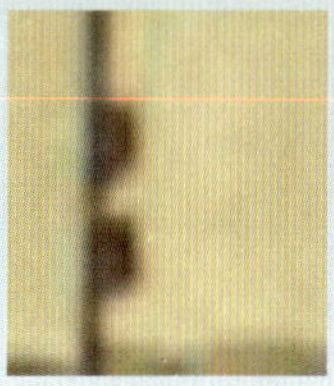	多稼如云左侧有两扇门道咸时期无，疑漏画	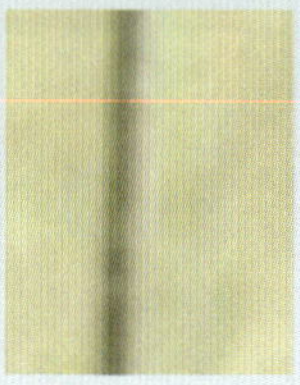

图 15 道咸时期较之乾隆中期变化表

根据以上分析，发现乾隆中期至道咸时期景区的地形并未有明显的变化，所以乾隆中期的山水地形轮廓依然按照道咸时期所复原的成果。

“芰荷香”前水泡西边的荷花曾因长势不好，乾隆四十三年（1778）遵旨深挖河底沙土，另换河泥，并从绮春园和熙春园挖藕秧 1470 斤栽种[1]。这表明在“多稼如云”景区内确实存有荷花池，并在乾隆早期与乾隆中期池子里栽种着大面积的荷花。

以样 1704 作为“多稼如云”景区乾隆中期的主要复原依据（图 16），对景区建筑逐一命名并计算出有单体建筑 11 座，除游廊外共计 33 间（图 17）。

1.《圆明园》上册第 207 页 .

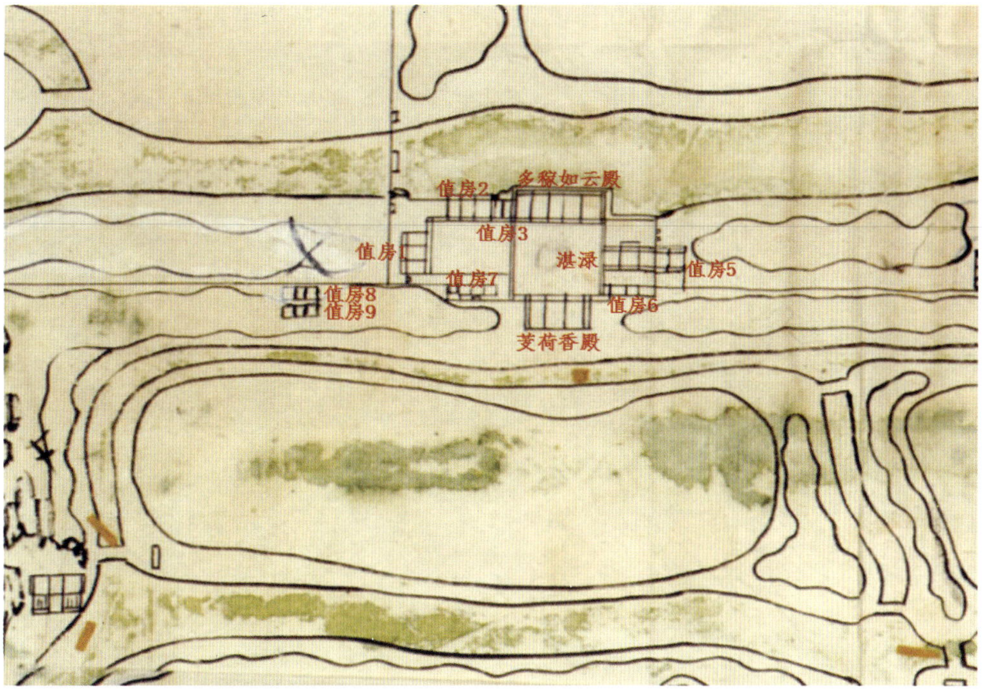

图 16 样 1704“多稼如云”景区乾隆中期建筑分布

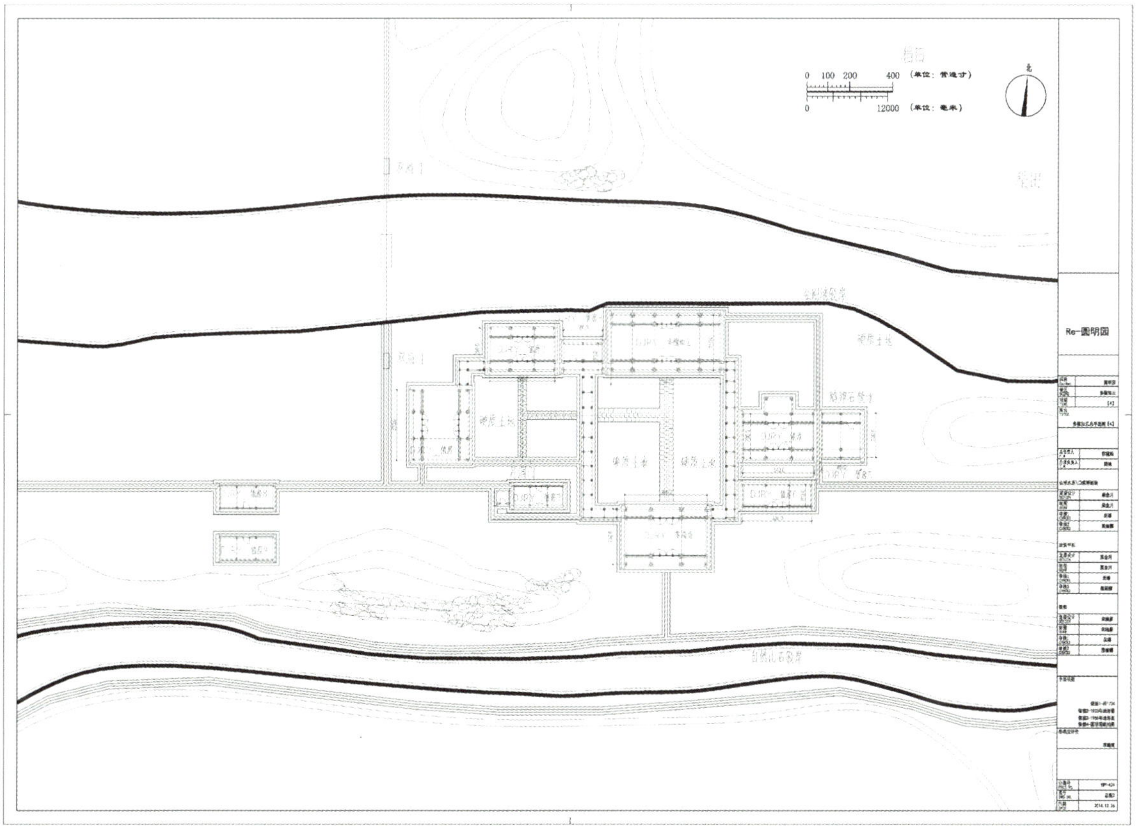

图 17 “多稼如云”景区乾隆中期总平面

对比代表乾隆中期与乾隆早期景区概况的图档信息，主要变化如下（图 18）：

改建内容 / 建筑名称	乾隆早期	改建内容	乾隆中期
值房2旁		值房2旁位置早期为游廊，中期新添值房3，并与“多稼如云”相连	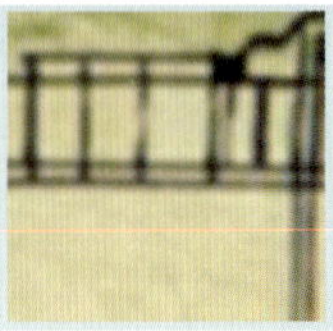
多稼如云		“多稼如云”殿早期位置不是与值房2在一条水平线上，中期在一条水平线上	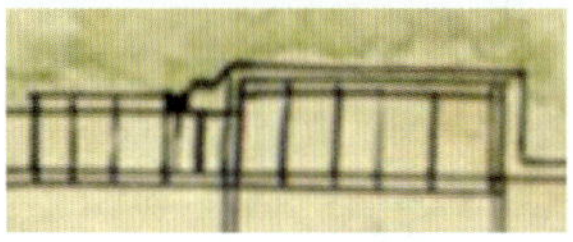
值房7		早期没有墙遮挡，中期有虎皮石墙包住	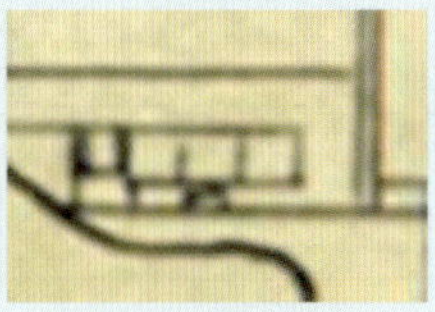
值房10		早期“多稼如云”斜后方还有一殿，中期没有建筑	
值房6		早期“多稼如云”右边位置有虎皮石墙和值房6，中期为湛渌殿和值房5，这部分变化中期整体较多稼如云殿前移	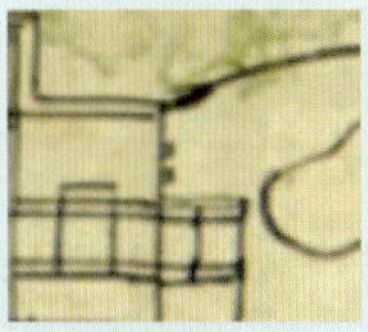
水闸		这部分在中期图上可以看出，在早期的图上未看出	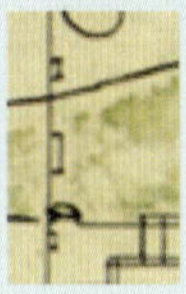
值房		早期无殿，中期三开间值房	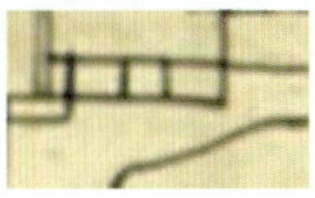

图 18 乾隆中期较之乾隆早期的变化

以四十景图为乾隆早期依据（图 19），对建筑逐一命名，建筑分布图（图 20）中并未体现出莲花亭以及写景图远处的建筑共八座。乾隆早期多稼如云景区共计有单体建筑 15 座，除游廊外共计 39 间。

图 19 彩绘绢本四十景——乾隆早期

图 20 乾隆早期建筑分布示意

写景图中所表现出的信息很直观，但有些细节会出现因透视或被挡住无法判断的情况，空间关系上就难以像平面图上表述得那么清晰。以 3 个在分析中遇到的节点问题为例并进行了相应的分析（图 21）。

图 21 乾隆早期总图建筑分析

1. 如上图中 1 位置所示，廊子好似并没有一直连接到值房 06 上，而相连的更像是一道墙，值房 06 建筑的后檐墙与虎皮石墙相连接。如前所述，两房子间就会出现死角，再仔细分析这道墙上面瓦的形态与廊子上面瓦的形态一致，故推断这一部分也为廊，只不过我们看到的部分为墙，看不见的部分为出入口（图 22）。

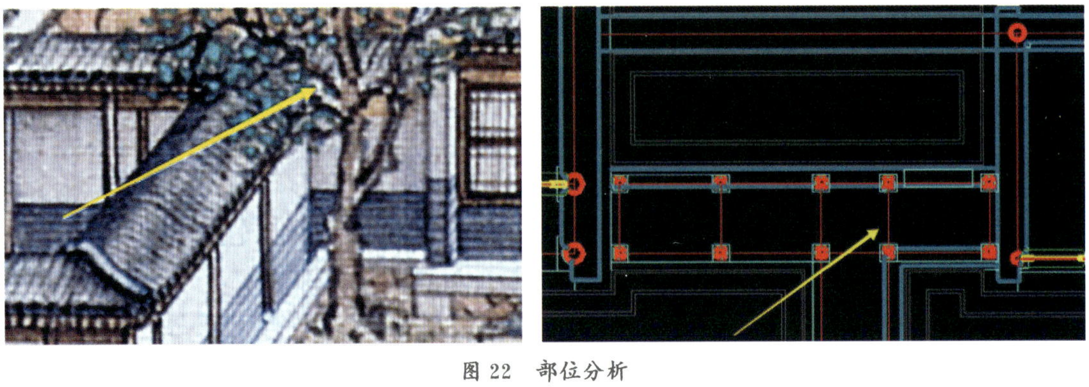
图 22　部位分析

2. 在写景图中 2 的位置，可以看到虎皮石墙北面还有廊子，因为透视关系重叠而在一起。同时可以看出，“多稼如云”殿的后廊连接到“湛渌殿”的前廊上，“湛渌殿”和虎皮石墙又应该有相应的距离供人出入，故在复原平面图中尺寸的安排上，廊子和虎皮石墙有一定距离是具有一定的合理性的（图 23）。

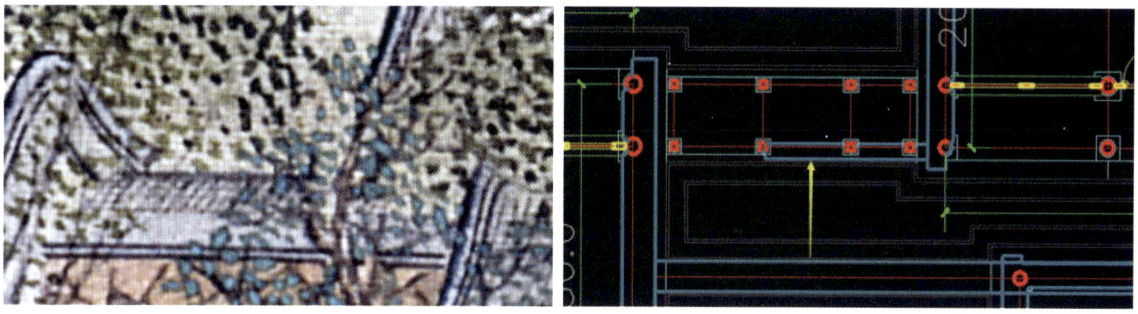

图 23　部位分析

3. 从图中可以看出，此处有门洞（图 24）。

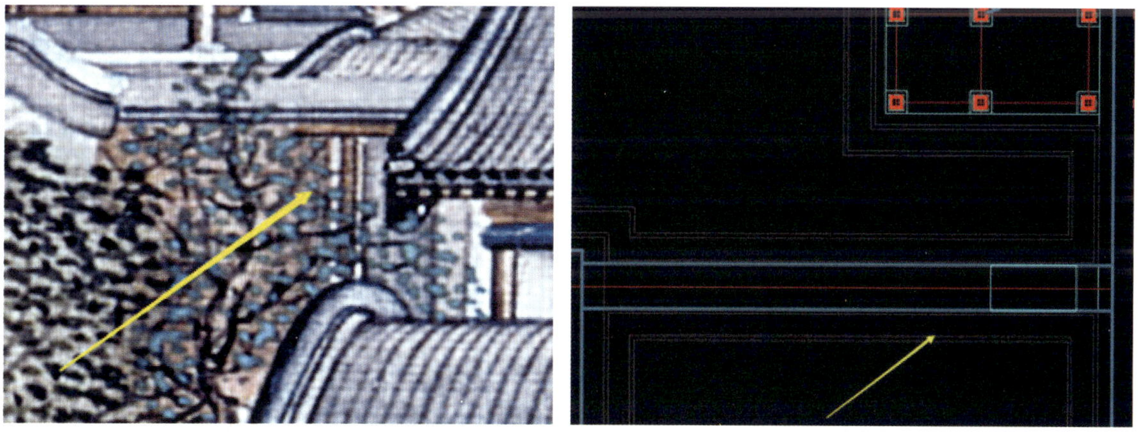

图 24 部位分析

分析以上所体现出的建筑连接关系后，相应地解决了乾隆早期“多稼如云”景区的总平面研究上的问题。

彩绘绢本四十景虽然是作为复原乾隆早期的主要依据，但在图中所表现出的山形水系毕竟有限，选择在道咸时期与乾隆中期复原的基础上确定出乾隆早期的山水轮廓并绘制出“多稼如云”景区乾隆早期平面图（图 25）。

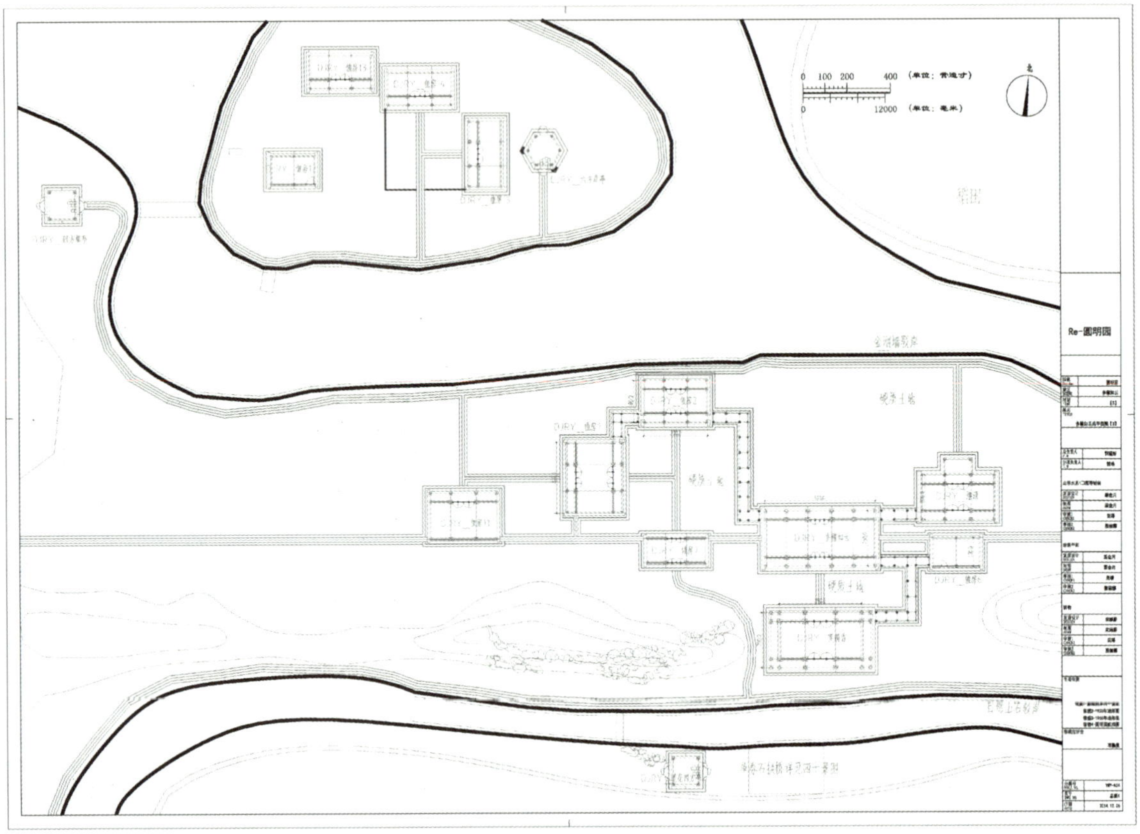

图 25 “多稼如云”乾隆早期复原总平面

整个景区总图复原研究完成后，进行主要的建筑单体复原。在“多稼如云”景区，“芰荷香”殿与多稼如云殿作为主要建筑，为此次复原重点，进而对它们进行首先复原。

（三）单体建筑复原研究

根据四十景中显示，“芰荷香”殿乾隆早期为三间四围有廊的歇山建筑，因资料中并未记载建筑尺寸，所以在考古资料基础上的复原过程中查找了大量同时期、体量差不多的建筑，例如平湖秋月景区中的平湖秋月建筑。确定“芰荷香”殿尺寸为明间面阔一丈四尺，次间面阔各为一丈二尺，进深一丈七尺，周围廊各深四尺。柱高一丈二尺，下出二尺二寸，檐柱径为一尺，金柱径一尺一寸。对比乾隆中期样式房图中表现的单廊形式与道咸时期表现的三间前后廊建筑两侧为山墙的样式，考虑为漏画或简化，按照周围廊和前后廊两种形式设计。从图中可看出门上带有帘架，彩画为原木色，台基样式显示为虎皮石，地面墁二尺方砖、踏跺样式及数量等依图中信息（图 26）。

图 26 四十景中芰"荷香殿"

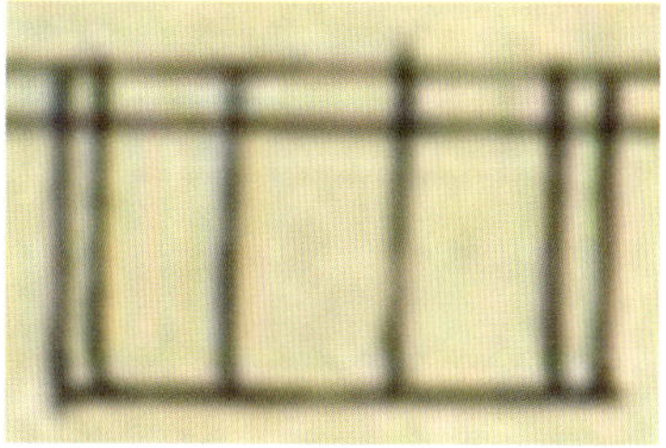

样 1704

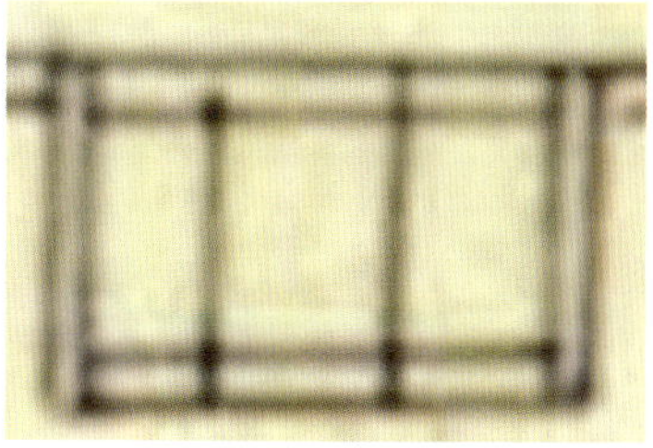

样 1203

在缺少装修样式房图大样的基础上，按照四十景中所呈现出的效果，发现隔扇空隙 1234 的距离不相等（图 27），这一做法并不符合常规装修设计审美上的要求，推测示意图在尺寸上可能表现的不那么严谨。并且经分析研究，认为这种隔扇的布局实用功能差，如果按照图中设计 2、4 部位上下的空隙过大没有卧蚕支撑，这样在经过风吹日晒等自然天气的影响下，棂条很容易短时间内弯曲受损，导致整体变形毁坏，故推测图中可能简化。参考工字步步锦的样式，在其常规做法基础上重新设计"芰荷香"殿的装修样式（图 28、29），一并保留按照写景图未经设计的复原结果。

图 27 四十景中"芰荷香"殿门窗样式及分析

图 28 复原图中的门窗样式

图 29 乾隆早期“芰荷香”殿复原设计

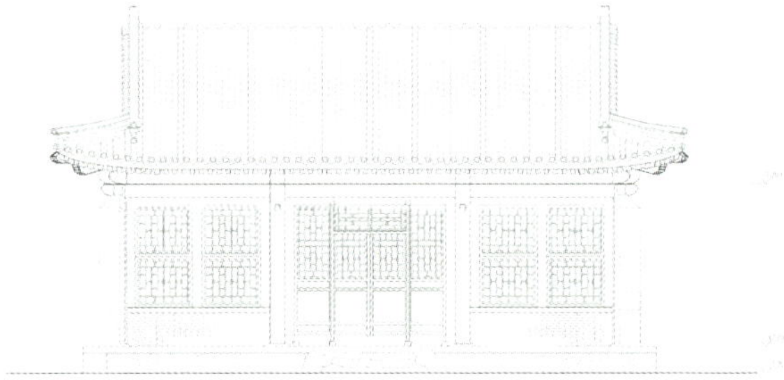

图 30 道咸时期“芰荷香”殿复原设计

“芰荷香”殿乾隆早期、乾隆中期与道咸时期建筑的大木结构虽有廊子上的变化，单未有明确拆除建筑后重建的信息，并考虑到浪费材料也无必要，在样 1704 与样 1203 上显示的建筑体量也很相近，故推测乾隆中期、道咸时期只是在早期建筑基础上的改建，所以大木结构上并无太大变化（图 31、32），复原符合常规做法，依据清式则例。

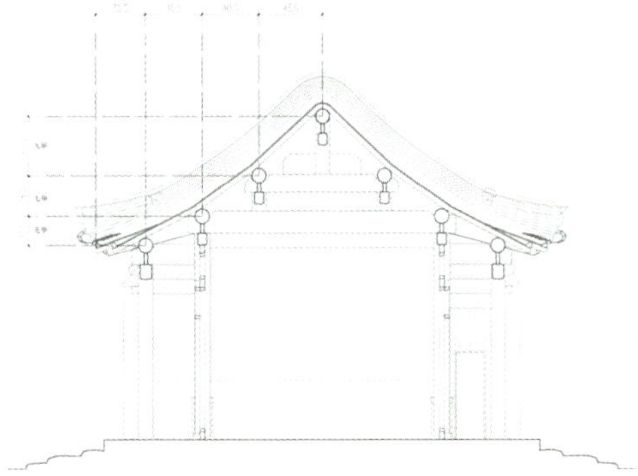

图 31 乾隆早期“芰荷香”殿大木结构

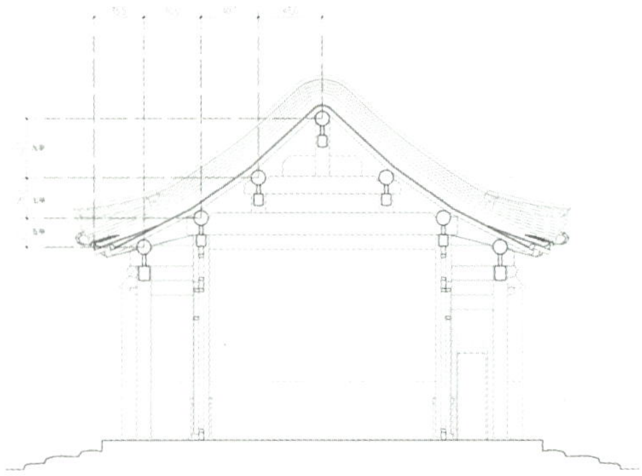

图 32 道咸时期“芰荷香”殿大木结构

根据考古遗址所体现出的信息设计“多稼如云”殿为明间面阔一丈一尺，次间面阔一丈，梢间面阔一丈，进深一丈七尺，柱高一丈一尺，定为檐柱径一尺，金柱径一尺一寸。分析中对多稼如云殿的样式问题上做了一些思考：如图所示 1 中的两处位置（图 33），可以清晰地看出房子左面椽子一直到博缝位置，显示出悬山样式，而右面椽子到山墙盘头内侧位置结束，山墙的样式也并未表现出明显的悬山样式，所以判断右面为硬山样式（图 34、35）并按此分析复原（图 36~39）。

图 33 “多稼如云”殿样式分析

图 34 “多稼如云”殿样式细部分析

图 35 “多稼如云”殿复原细部

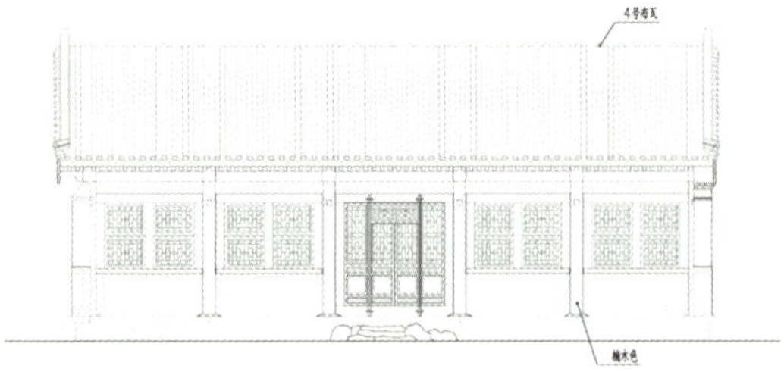

图 36 “多稼如云”殿正面图

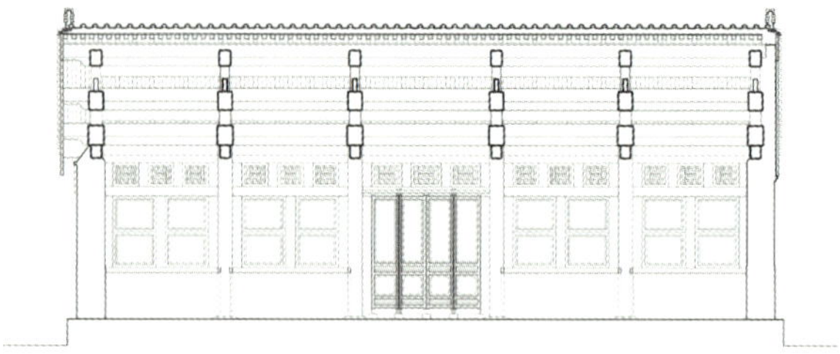

图 37 “多稼如云”剖面图

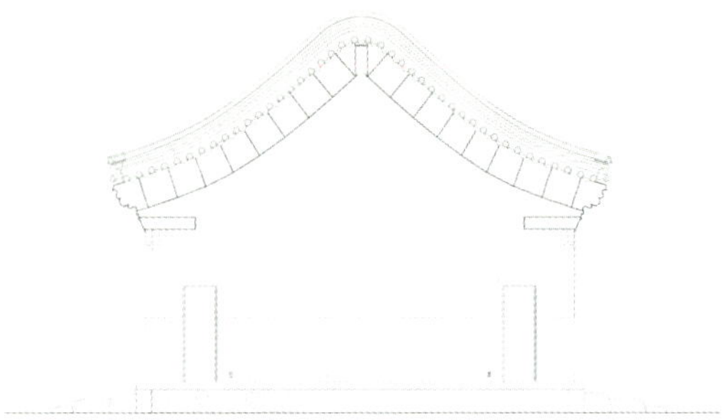

图 38“多稼如云”殿东立面

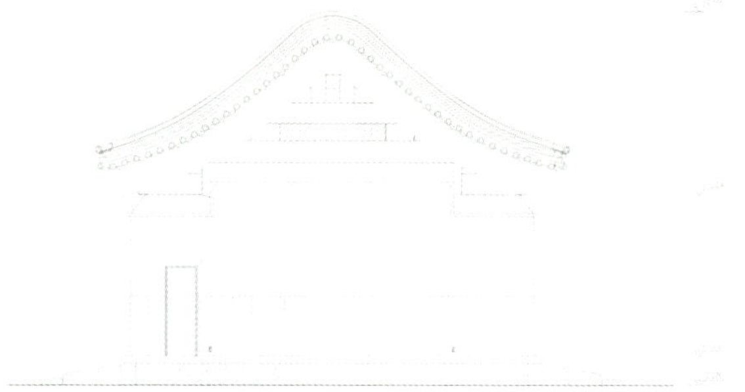

图 39 “多稼如云”殿西立面

根据“再现·圆明园”建筑复原准确度评价标准判断出“多稼如云”景区建筑的复原研究准确度（图 40），把景区内各时期所有建筑的情况一并汇总成统计表，可以清晰明了地看出其相关内容（图 41）。对比看来，景区建筑整体的依据资料较少，准确度较低。

“再现·圆明园”建筑复原准确度评价标准表					
准确度	100%	90%	75%	50%	15%
说明	建筑造型完全准确各细节做法准确	准确地确定平面和立面的形式与尺寸，建筑细部，门窗装修，油饰彩画与匾额的颜色及做法等	准确地确定平面的形式与尺寸，立面形式；根据圆明园则例计算出建筑立面尺寸，平面细部；大体推测出油饰彩画的颜色及做法	可确定平面+立面形式，根据制图比例推测平面+立面全部尺寸，依据常规做法会相关做法推测建筑细部做法	大致平面形式，根据制图比例推测平面尺寸，依据常规做法或相关做法推测建筑形式
基础依据	全部信息完整掌握（遗存完整、四十景图，详细的样式房图，文献、档案证明）	详细的样式房分景图和四十景反映出建筑平面格局和立面的主体形象，门窗形式；遗址清晰显示出平面基本信息，建筑的残损构件，实测出平面尺寸，柱径，考古报告反映出建筑的相关遗存，相关的文献记载反映出建筑各部的相关做法等	四十景图和样式房图反映出比较丰富的平面、立面形象，无尺寸标注	四十景图和样式房图反映出比较丰富的平面+立面形象，无尺寸标注	样式房图反映出平面格局，无尺寸标注

图 40 复原评价标准表[1]

1. 贺艳，再现·圆明园－正大光明 [J]. 2011.

圆明园多稼如云景区统计表											
时期	名称	屋顶样式	楼层	匾额	彩画	准确度评价	单个面积（㎡）	单体数	总个数	总面积（㎡）	参考建筑
乾隆早期	值房01	卷棚黑活	一		原木色	40%	106.91	15	38	1569.12	
	值房02	卷棚黑活	一		原木色	55%	82.43				
	多稼如云	西侧卷棚悬山东侧卷棚硬山黑活	一	外檐：多稼如云嘉庆元年移悬内檐：颐和书屋	原木色	75%	166.79				
	湛渌	卷棚黑活	一	湛渌	原木色	30%	104.86				
	值房06	卷棚硬山黑活	一		原木色	55%	45.26				
	芰荷香	歇山黑活	一	芰荷香	原木色	65%	150.55				平湖秋月乾隆早期
	值房07	卷棚黑活	一		原木色	30%	51.09				
	值房11	卷棚硬山黑活	一		原木色	5%	92.16				
	莲花四方亭	草顶	一		原木色	30%	26.21				
	四方草亭	草顶	一		原木色	30%	26.21				
	值房12	悬山顶	一		原木色	30%	43.52				
	值房13	草顶硬山	一		原木色	30%	69.75				
	值房14	棋盘心硬山	一		原木色	30%	69.75				
	值房15	草顶悬山	一		原木色	30%	69.75				
	六方草亭	草顶	一		原木色	30%	24.15				
乾隆中期	值房03	卷棚黑活	一		原木色	15%	34.50	11			
	值房05	卷棚黑活	一		原木色	15%	50.32				
	值房06	卷棚硬山黑活	一		原木色	20%	53.05				
	芰荷香	歇山黑活	一	芰荷香	原木色	50%	127.65				平湖秋月乾隆早期
	值房07	卷棚黑活	一		原木色	20%	33.52				
	值房08	卷棚黑活	一		原木色	15%	36.77				
	值房09	卷棚黑活	一		原木色	15%	36.77				
道咸时期	值房04	卷棚黑活	一		原木色	15%	25.18	12			
	值房08	卷棚黑活	一		原木色	15%	17.08				
	值房10	卷棚黑活	一		原木色	15%	24.89				

图 41 “多稼如云”景区统计表

（四）景区植物复原研究

1. 景区植物考证依据：

（1）《圆明园内功则例》中，在“杂项价值则例”部分有“花果树木”价值，列有当时采购的 80 余种植物名称和价值，虽然没有注明所种位置和数量，但它们无疑是存在于当时的园中，可以作为推测景区植物的基础资料。

（2）乾隆九年（1744）由宫廷画师沈源、唐岱绘制的《圆明园四十景》图咏是仅存的对盛时景象写实性描述的图形资料。虽然图中的部分植物为了表达景区意境的需要经过了艺术加工，但从中仍能看出主要的植物群体，与御制诗相互核实对照，可以确定出主要的植物种类。

2. 景区植物推断：

（1）根据御制诗推测树种

乾隆九年（1744）御制《多稼如云》诗序曰：“坡有桃，沼有莲，月地花天，虹梁云栋，巍若仙居矣。隔垣一方，鳞塍参差，野风习习，袯襫蓑笠往来，又田家风味也。盖古有弄田，用知稼穑之候云。” 嘉庆十二年（1807）《芰荷香》诗句云：“十亩池塘万柄莲。”嘉庆二年（1797）嘉庆帝御制《问津》诗句云：“绯桃百年树，夹岸太纷繁。”根据以上御制诗可以推断出，景区以桃树、莲花为主。

（2）根据四十景图推测树种（图 42）

荷花

旱柳

山桃

绦柳

侧柏

图 42 景区内植物名称

（3）现状植物的调研与分析：

圆明园的植物随着几次大的劫难，和建筑一样，基本消失殆尽。通过现场调查发现，现存的植物无论是种类，还是种植方式、位置，都与历史相差甚远。现存的树木是为了阻止一些单位或个人滥占土地而被迫栽植的，其种植方式、种类及位置都是没有进行考证和规划的，而且园中还有一些树木是不属于圆明园的外来树种，如加拿大杨、白蜡。

植物景观复原的基本原则是要最大程度地忠于历史原貌，并与建筑复原分期保持一致。根据《圆明园百景图志》记载，景区主要建筑芰荷香前边为大片荷花池，并建有莲花亭，是园内观赏荷花之最佳处，故在植物复原时栽植了大量的荷花、莲花于此。根据嘉庆二年嘉庆帝御制《问津》诗句云：“绯桃百年树，夹岸太纷繁”推断出，景区岸边、山坡上种植了大量山桃。通过前期的研究发现，“多稼如云”景区在乾隆早期、乾隆中期和道咸时期，建筑位置和样式变化不大，所以推测植物种类和位置在各时期也没有太大变化，随建筑的增减进行调整即可。

四、结语

“多稼如云”景区由于样式房图、文献档案所记载的信息量比较小，也未有明确说明可参照的实例，景区遗址破坏严重，所以在复原过程中的细节之处待进一步核实，希望各学者专家给予进一步指导。

未来大数据环境下圆明园数据库的构建研究

栗金月，梁冰，殷丽娜

北京清华同衡规划设计研究院有限公司

本论文由 2013 年度国家科技支撑计划“重现辉煌”数字圆明园研究及文化旅游应用示范项目（2013BAH46F00）资助

未来大数据环境下圆明园数据库的构建研究

一、数据库与圆明园数据库

1.1 数据库的功能

数据库主要是作为存储、使用和管理数据的重要手段，是计算机技术中发展最快、应用最广的技术之一。数据库系统的功能从早期数据存储、管理到联机分析处理，再到数据挖掘；从开始层次、网状数据库发展到并行数据库、分布式数据库主要经历了三代的发展阶段。数据库技术与多学科技术的有机结合是数据库技术发展的一大方向，与圆明园文化遗产的结合更是其中的具体表现方式。

1.2 圆明园数据库的背景

圆明园作为已经消失的一代名园，虽然很多资料已经无从查找，但仍有大量有价值的资料分散在世界各地。这些资料类型多种多样，以下主要分为两大类：史籍资料和现代资料（如图 1.2），这些数据随着研究与发现不断累积。

基于将不同类型、不同年代的资料进行同时研究，更加准确、全面地展现历史上真实的圆明园的需要，建立一个能够容纳多种类型资料、供使用者灵活使用和自由查询，且可以不断扩展的圆明园数据库计划被提上了日程。

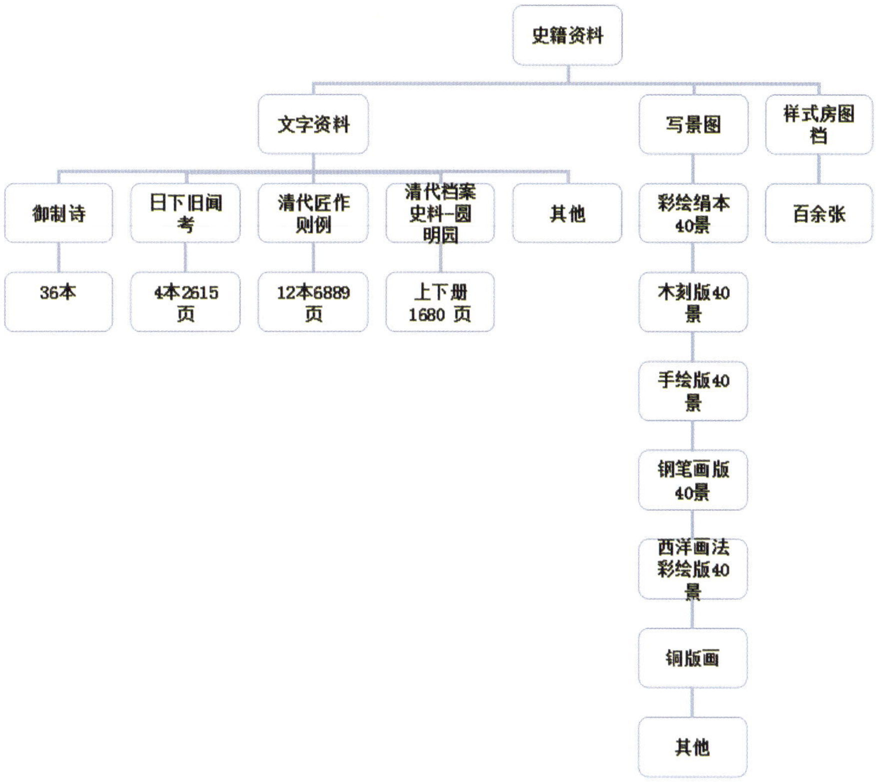

图 1　圆明园资料类型架构 1

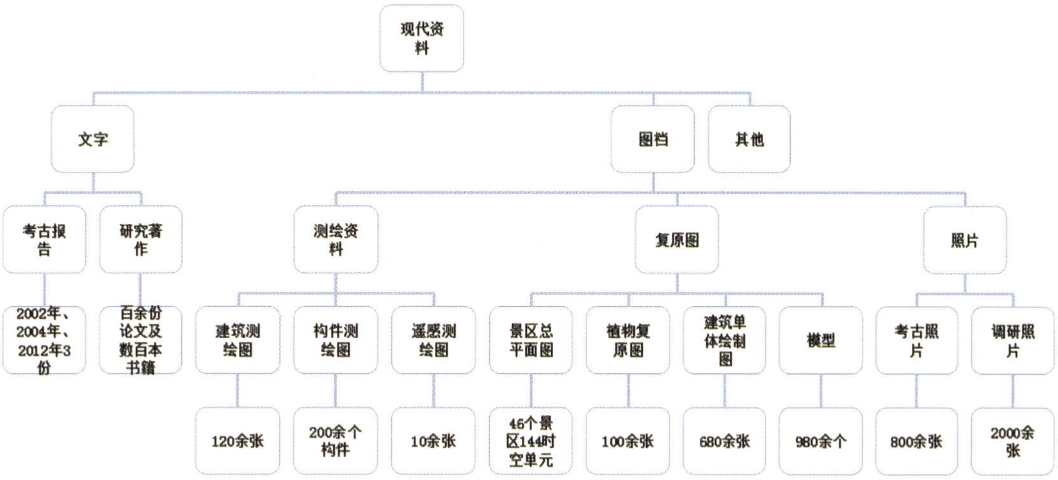

图 2　圆明园资料类型架构 2

二、圆明园数据库的用户分析

2.1 用户类型及特征

圆明园数据库构建的最主要目的是为了提高研究者的工作效率，方便用户快速查询到所需要的信息，更加了解真实的圆明园。因此，了解使用本数据库的用户类型及其特征是非常必要的。根据用户对圆明园的研究深度、了解程度以及是否想更深入了解的热衷度，将其主要分为两大类：研究人员和普通爱好者。

2.1.1 研究人员及特征

根据研究人员对圆明园的研究深度及在该研究领域的资历，可将其分为资深研究者、专业研究者以及入门研究者。资深研究者如清华大学建筑学院的郭黛姮教授，她长期致力于中国的古建筑研究，尤其是对圆明园的研究。上世纪80年代末期，她主持了珠海圆明新园的设计工作，选择圆明园四十景中的十八景加以复原，按照郭先生的说法，这些复建建筑并不能代表圆明园的文化内涵，圆明园没有想象的那么简单。正是基于数十年对圆明园研究工作的基础上，在圆明园景区复原研究中，郭先生总是能快速、准确地给出她独特的想法，帮助后辈解决疑惑；专业研究者主要是指圆明园研究经验丰富的工作人员，如圆明园景区复原研究者、圆明园相关历史研究者等，这类研究者的特点是在圆明园研究的各个层面比较透彻，是圆明园海量数据积累者的中坚力量，但人数相对较少、对更有深度、更全面的资料要求比较高；入门研究者主要是了解圆明园的基础知识，但对其研究资料与研究方法需要有一定的引导，所以他们的需求是快速且清晰地查找到相关辅助信息作为成长支撑，提高工作效率。

2.1.2 爱好者及特征

所谓爱好者，主要指除了研究人员之外，对圆明园有着特殊情结的一类人。他们对圆明园的历史不是偶尔地了解一下，而是在很长一段时间内，持续关注着圆明园的动态发展，也尝试各种渠道来了解圆明园。他们有着对历史研究独特的视角，并会为研究人员未查找到的资料提供有效信息。

2.2 用户需求分析

圆明园数据库作为一个服务性的平台，应该以满足用户的需求为己任，并以用户获得相应信息的满意度作为检验自己工作成绩的标准。所以，在了解使用本数据库的用户类型之后，就需要对用户的需求进行分析，我们拟采取以下 2 种方法。

2.2.1 用户意向调查

最常用的办法是直接向用户发放调查问卷，但由于反映机制的原因，这种传统方法往往不能真实反映用户的需求和满意度。所以，我们采取的方法是将用户注册、用户行为日志和用户反馈信息相结合，通过用户注册和用户在本档案馆查询信息的过程跟踪，掌握该用户的兴趣、爱好和使用习惯，总结各类用户需求的特点、内容和规律，建立用户信息数据库。以下是对圆明园内部的研究人员进行的调研需求表，结果显示，在 83 人中，约 40% 的人对数据库使用的便利性提出较高的需求；30% 的人提出资料的可互动性；20% 的人对数据库的智能化有更多的期望；10% 其他需求（如表 1）。

2.2.2 人工智能系统

在网络环境下，利用人工智能技术，提高对用户的动态需求模型的研制水平，智能化地跟踪用户的行为，建立用户信息需求数据来源模型，包括用户使用信息的各项特征，如用户的习惯、知识结构、信息需求和行为方式等。通过计算机技术可以快速、方便地统计出用户对哪些资源利用率高，哪些利用率低。用户对资源的利用记录不但能够帮助我们对圆明园数据库进行用户需求分析，还有助于对资源进行数据挖掘。计算机统计出的数据相对客观，可以免受用户潜意识支配的影响，用于需求分析相对准确。

	功能需求项目	需求量	需求分类			分期				备注
			基本需求	增值需求	办公系统需求	本期应添加	较容易添加	应添加但有工作难度	暂缓考虑	
1	属性详细	7	*			*				
2	可预览	6	*			*				
3	检索方便	5	*			*				
4	同屏多窗口结果对比	5	*			*				
5	客户端，满足公司外部查看及手机端查看	5	*			*				分文件级别、登陆人员控制权限
6	可下载	4	*			*				分文件级别、登陆人员控制权限
7	可显示相关文件	4	*					*		
8	条件筛选	4	*			*				
9	内容分类框架界面	4	*			*				
10	相似识别：图片、音乐等	3	*			*				
11	可无限增容	2	*				*			杨宇工作范围
12	属性介绍可添加字数要尽量多	1	*					*		
13	同一关键词可检索到不同文件类型文件	1	*			*				
14	地图模式检索	1	*			*				
15	有索引文件	1	*			*				
16	界面自定义：快捷键、可拉伸	1	*			*				
17	可摄像头扫描检索	1	*					*		可添加，但识别效 果暂时难以保证准确
18	检索结果删除重复条目	1		*					*	
19	有板块显示关注度高文件	1		*					*	
20	可作为个人网盘，节省自己电脑空间，网络快传	3			*				*	
21	设组内分享空间	2			*				*	
22	文件评价分享栏	2		*		*				
23	多接口：西洋楼检测数据	1		*			*			待检测数据库成形后添加
24	文件自动分类	1		*		*				系统只能完成较简单类别的区分，如景区级别
25	对平台本身的日常评价体系	1		*					*	必要性不大，可在调查问卷或QQ中完成
26	可对原始数据进行简单加工，	1		*				*		
27	第三方接口：大学、知网	1		*					*	
28	构件拆分预览	1		*				*		
29	电子客服 自动回复	1		*					*	
30	录入新文件后可有针对性通知相关人员	1		*			*			
31	文件用处检索：同一张图片在哪里出现过	1		*			*			
32	公告、提问、交流面板（全体、部门内部）	4			*				*	
33	发起活动、投票、问卷、讨论等	3			*				*	
34	网络直播讲座、会议	2			*				*	
35	个人空间、工作手记、心德	1			*				*	
36	外售功能			*					*	待系统成熟后，针对售出对象定制输出

表 1　圆明园相关研究人员的功能需求调研

三、圆明园数据库的构建

根据近期和远期圆明园数据库的用户类型及功能需求，对其进行定位（如图 3）。近期本数据库主要是用于圆明园研究的工作人员使用，对于研究人员来说，短时间内快速找到需要的资料，提高工作效率是第一位的。这就要求圆明园数据库要像文史档案馆一样包括清宫档案、样式房图档、写景图、老照片等；要像论文库一样包括历代学者的研究著作；要像工程管理系统一样收录地形图、考古资料、遗迹实测数据等。远期本数据库要对社会各界专家、学者和爱好者开放，他们关注的重点在于其他地方无法获得或不易获得的信息，这就需要我们考虑，哪些内容可以共享，哪些内容需要保密。同时还要增加一些功能，如要像论坛一样，提供平台让大家交流，用户可以上传补充档案馆上没有的内容等等。

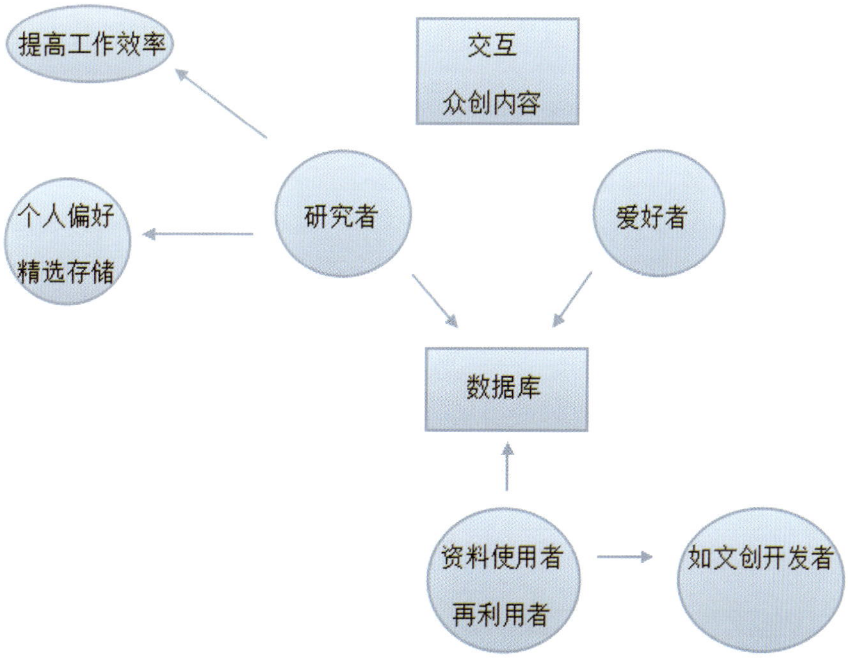

图 3　圆明园数据库的思路架构

3.1 圆明园数据库的功能

3.1.1 数据的关联检索

语义关联检索需要人为因素参与。在圆明园的研究过程中，景区名称与建筑名称之间需要进行语义关联，例如：搜索“上下天光”（景区名称）时，需要显示出平安院 1 号房、平安院 2 号房（建筑名称）。同样，在搜索建筑名称时，景区的对应信息也会显现。依此类推，把每个景区都关联上这种属性，这种绑定形式不仅让不清楚的人了解到相关内容，更是给想找到相关内容的人提供了便利。

3.1.2 专家学者批注

圆明园数据库的资料（非保密资料），针对不同用户的不同密级，设置了添加批注的功能。如专家学者登录系统后，可以对数据库内不准确或者不完整的资料，在旁边添加批注，这些宝贵的批注信息是其他渠道无法获得的，对于圆明园研究有着重大意义；圆明园研究人员可以在专家的指导下，在确保信息准确性的前提下，对档案馆内的数据进行实名制的批注和编辑。这些批注信息对所有用户来说都是可见的，经过反反复复的批注修改，其产生的有价值的数据是不可估量的。

3.1.3 属性智能化

与其他数据库相比，圆明园数据库提供了更加智能化的服务。当用户登录后，系统会自动提醒是否进入最近使用的界面，提高用户浏览速度。特别是对于圆明园研究者来说，当需要做相关景区复原研究时，输入景区名字后，系统会自动将景区内包含的建筑、考古挖掘情况、历史照片等信息显示出来，供使用者选择。当查询图纸时，除了可以提供放大缩小、左右旋转等基本功能外，还能提供同屏对比的功能，系统会提示是否需要了解本图纸的详细信息，如图幅大小、存储地原始编号，是否可发表使用等。

3.2 圆明园数据库的信息资源处理

3.2.1 信息处理

3.2.1.1 文件辅助分类

首先设置类别名称，然后设置若干个关键字，及关键字出现的次数的限值，当关键字出现的次数大于限值时，默认该文档或图片属于该信息类别；

将符合关键字出现次数限值的文档、图片等信息文件的名称以列表形式显示，支持多选功能，再由数据整理人员进行更合理的归类；

数据在归类过程中，信息管理人员可以对原有信息添加注释、说明等信息，更进一步丰富原有信息的内容；

3.2.1.2 图片相关度分析

对服务器中的图片进行图像解析，分析出数据库中图像相似度超过一定限值（一般为95%）的图片，可以据此判断出在同一场景中拍摄的照片或同一场活动拍摄的照片，或者是同一个被拍摄对象的图片；

解析图片的上文字信息，作为关键字检索的数据源之一，根据关键字检索，获取图片之间的关联关系，一并解决了古书籍文字检索的难点；

3.2.1.3 图片文字、PDF、WORD 文档文字信息获取

在图片上传过程中，对图片进行文字识别，获取图片上的文字信息，并将其存入数据库中作为关键字检索的数据源，为实现对图片内容的检索提供前提条件；

对上传的 PDF、Word 文件进行文字识别解析，并存入数据库中作为关键字检索的数据源之一，解析的文字信息与原文件进行关联，在用户对检索结果进行查看时可以同时查看原文档文件；

3.2.2 信息管理

3.2.2.1 创建信息组织结构

根据各个用户自身的实际需要，从不同的专业角度设置信息之间的组织方式和从属关系，例如：景区、景点、建筑三个层级，按照信息涉及的部门，可以分为中心、部门、员工三个级别的关联信息文件等。

3.2.2.2 创建信息属性项及属性值

用户根据自己的实际需要，可以自由的添加对该文档信息的注释说明信息，例如：上传者、年代、作者、拍摄者等等，不同的用户可以创建不同的说明属性项；也可针对不同的信息载体对象，将文档、图片本身作为其信息载体对象的属性进行上传；

3.2.2.3 上传文件、下载文件

可以上传 Word、图片、PDF 等多种常用格式的文件；在进行图片、PDF 上传的同时对其进行解析，获取其中的文字信息，将其存储至数据库中所谓关键字检索的数据源；并可下载文件。

3.2.3 信息检索

数据库的信息检索主要分为几大类（如表 2）

四、圆明园数据库的数据再生成

4.1 数据挖掘

用户的需求在互相影响的过程中不断发展，而且当低级的需求被满足后，经常会产生更高级的需求，这就要求数据库的信息要及时更新。为了避免陷入“数据丰富，信息匮乏”的局面，我们有必要对海量信息进行深层次的开发，提取表面庞杂无序信息的内在联系供用户使用。我们不仅要对用户表现明显、尚未得到满足的现有需求加以分析，还要主动考虑能为

信息检索	文字关键字检索	检索用户在数据整理过程中添加的注释说明性文字信息；
	图片相关性检索	通过图片的相似度比较，获取同一个活动场景的照片；
	图片、PDF 内容检索	对图片、PDF 的文字内容进行全文检索；
	构件拆分预览	根据设定的条件，显示三维模型构件，进行 360 度旋转；
	多结果比对显示	在多个窗口中同时显示多个检索结果，便于不同点的对比；
	检索条件信息可保存为检索文件或其他形式的信息保存方式	1. 方便复杂检索条件的保存；

用户提供哪些服务，满足用户哪些潜在的需求。

用户登录圆明园数据库后，会根据个人需求查找、阅读相关资料，这个过程无形中产生了浏览痕迹，系统会智能地存储浏览内容、顺序、次数等数据，这些数据会方便本人再次使用，也为其他有此需求的人提供参考，提高了检索速度。特别需要指出，利用历史浏览痕迹，用户能够挖掘出更多隐性的知识内容。

4.2 社会反馈

首先，我们会与一些国内外权威的、开放的图书馆进行关联，使数据信息的整体体系更完善。其次，虽然我们经过多年对圆明园的研究，有了自己的研究体系，掌握了不少珍贵的历史资料，但正如前面提到的圆明园资料具有分散、不易查找的特点，为了保证资料的全面性，搜集社会爱好者的观点及所掌握的资料信息，对我们来说也是很有必要的。但目前，让研究人员与社会爱好者形成交互的平台很少，这个链条的断裂可以说是圆明园研究过程中的一大损失。

圆明园数据库的构建很好地填补了这一空白，社会爱好者可以通过这个开放式的平台，查看感兴趣的圆明园历史资料，上传文档或图档资料，向专家学者提出问题等，还可以通过与人工智能客服联系，提出数据库存在的问题或者改进建议等，审核后列在爱好者留言板上，供内部人员查看并及时回答相关问题。通过社会反馈得到的海量数据，只要我们认真筛选，还是能够提取出很多对圆明园研究有价值的信息。

4.3 数据再生成的价值、作用

在大数据环境下，我们通过各种方式，以原有数据产生新的数据，这些数据是众筹的力量，是研究人员前期大量工作的整理汇总，是专家老师们的指点与心血，更是社会爱好者的关注与奉献。我们的目标就是对圆明园的大量史料进行梳理和填补，方便圆明园研究者与社会爱好者交流与学习，形成更完善、更权威的圆明园数据库。通过这个平台资深的研究者分享他们的经验，让社会大众了解圆明园，初级研究人员了解到自己不知道的圆明园，专业研究者了解更全面的圆明园，不同阶层的用户都会有所收获。

圆明园数据库的再生数据，有很多是通过其他渠道无法获得的，如权威专家的批注，这些资源不但可以吸引更多的社会学者和爱好者，还能形成商业附加值，用于档案馆的日常维护。新数据的诞生与普及，势必会引起社会更深度的认识与重视，通过总结该工作模式的经验，可以为其他文化遗产的数据库提供指导服务。

五、总结

本文拟建圆明园数据库，通过对其前期用户需求调研和自身功能特点进行分析，总结出这个平台在大数据的环境下，它能够通过众创方式在原有数据的基础上产生更多新的有价值的数据，这种模式不仅可以提高内部人员的工作效率，还能够让更多的社会爱好者参与到圆明园的工作中来，同时对促进整个文化遗产行业的发展具有重大的意义。

参考文献

[1] 贺艳．从皇子赐园到帝君御园——圆明园营建变迁原因探析 [D]. 北京：清华大学建筑学院，2005.

[2] 肖金亮．圆明园数据库系统的探索 [C]. 数字化视野下的圆明园，2010.

[3] 黄咏梅．读者需求分析中的数据挖掘技术 [J]. 大学图书情报学刊，2006.

[4] 李玮平．基于数据挖掘的图书馆读者需求分析 [J]. 图书馆论坛，2004.

[5] 高爽杰．图书馆读者需求分析 [J]. 边疆经济与文化，2012.

[6] 王阿陶．我国数据库与数字图书馆的比较研究 [D]. 四川大学公共管理学院，2007.

[7] 宋艳萍．我国数据库建设的现状分析与发展研究 [D]. 武汉大学，2005.

[8] 宋涌．我国数据库建设研究 [D]. 天津大学管理学院，2008.

[9] 杨晓君．数据库技术发展概述 [J]. 现代情报，2011.

大数据时代历史的重塑

——历史文化遗产的数字化保护与开发

李公立

北京清城睿现数字科技研究院

大数据时代历史的重塑
——历史文化遗产的数字化保护与开发

一、引言

“大数据”时代已经到来，在商业、经济和其他领域中，决策将逐渐基于数据和分析做出而不是基于经验和直觉。大数据有三个属性，也就是经典的3V属性。第一点是规模性，它表示大数据的数据量是非常大的；第二点是多样性，它表示数据类型繁多，包括结构化数据和非结构化数据。第三点是高速性，它表示大数据的数据产生与变化频率很高。相对于传统的数据概念，大数据3V概念基本上能够和以前各种数据的定义有一个明确的区分。

我们认为在历史文化遗产这个领域中，其实一直以来都存在着相当多的数据。其数据类型可以分为三类。第一类是管理信息，管理信息可以包含遗址地的管理，其中一项重要的工作就是遗址地的监测，监测产生的传感器数据是管理信息中非常重要的一个数据来源。第二类就是文物本身，文物本身可能会产生大量记录数据，包括近景摄影测量的数据，三维激光扫描的数据，这一类数据在早期都被称作海量数据。随着大数据技术的不断发展，这类数据会逐渐盘活，盘活之后会产生新的价值。第三类就是历史图档，包括高清扫描的历史图当以及摄影摄像的各类文档资料。将各种文化遗产数据进行数字化的保护与开发是当前需要主要研究的方向。

当前信息技术发展日新月异，渗透并深刻改变人们生产、生活方式，人们每天都生活在数据的海洋里，每天都有大量的数据被创造、被利用。因此，在当前的信息技术发展及利用阶段讨论历史文化遗产的数字化保护与开发非常有必要将其放在大数据的背景下，跳出历史文化遗产和传统信息化的模式，从多领域融合及社会信息化最新发展趋势的角度去探讨新模式的创建。

二、基于大数据视角下的历史文化遗产

大数据思维的一个主要内容就是从海量数据中获取数据暗含的关联关系，通过对这些关联关系的研究，提取出有价值的事物发展变化的规律及相互影响的关系。历史文化遗产资源是历史遗留下来的宝贵财富，是历史文化发展的“根”，只有“根系”发达了，文化产业这个“枝叶”才能繁茂。我国作为一个具有5000年悠久历史的文明古国，有着丰厚的历史文化遗产资源，这些历史文化遗产资源既是我们民族凝聚力和创造力的重要源泉，也是推动城市文化、文化产业发展重要条件。大数据平台的支撑将更好地让人们从经济、政治、环境、社会等多种因素下去全面地研究历史文化遗产的原貌、变化过程及其各种因素之间的相互影响，更全面地去还原历史文化的原貌。

大数据概念的提出及相关技术的进步，不但在研究思维上影响人们对历史文化遗产的研究方向，同时也为研究过程及研究成果的利用提供了丰富的工具，为历史文化遗产研究成果的利用提供了更好的途径。在大数据背景下，历史文化遗产的数据采集、存储与管理、智慧应用的关系如图1所示。

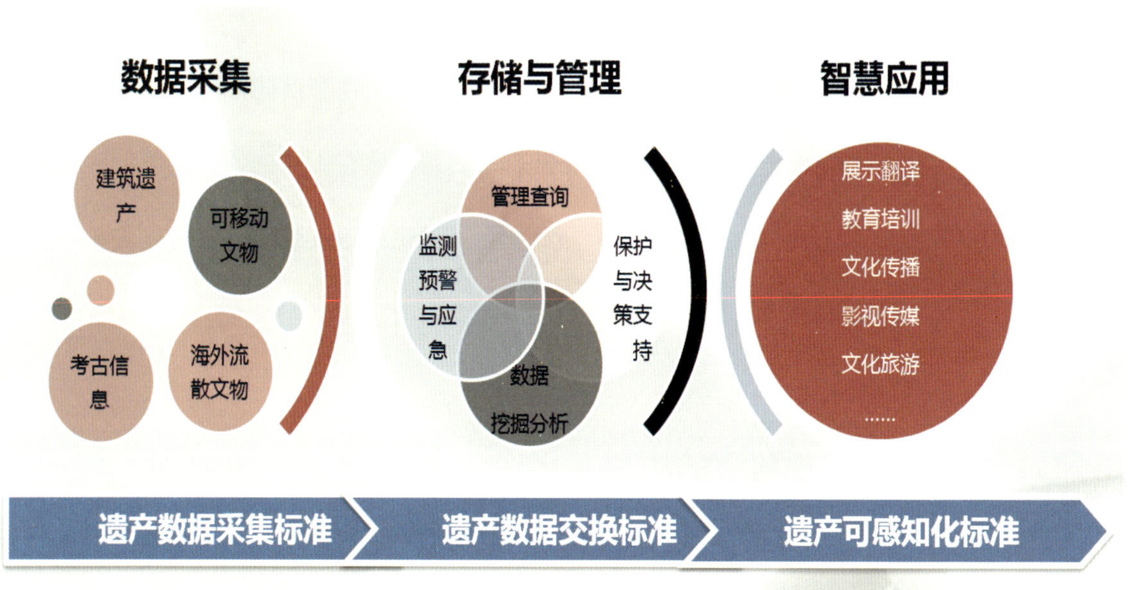

图 1

三、基于大数据概念的历史文化遗产数字化保护与开发

（一）历史文化遗产的数字化保护

历史文化遗产种类繁多，不同类型的历史文化遗产其管理的重点及方式也有很大差异，在对传统历史文化遗产管理经验和问题进行总结的基础上，运用大数据的概念和技术，从新的视角去构建分布式的数据存储和管理平台，可以为新的时代背景下管理历史文化遗产提供新的途径和工具。

以数字圆明园为例，复原研究产生了一个完全符合大数据特点的成果。再现圆明园历经15年，对10000多件历史档案资料进行基础研究。80多位研究人员，历经1500多个日日夜夜的奋斗，利用现代科技，对遗址信息进行精确采集与记录。从1744年到2015年，跨越270年，6段历史分期中的120组时空单元数字复原，完成了4000多幅设计图纸，2000多座数字三维复原模型，发表数十篇相关研究论文，实现了真实历史胜景的数字化复原和再现，总共创造了约 10TB 的成果数据。如何充分利用这些数据来完成对历史文化遗产的保护，是一个需要深入探讨的问题。

首先在文档资料方面，通过对各种文字资料的梳理，创建了基于知识的文档资料库。该资料库以知识的形式为复原研究的进一步开展提供了有效的支撑。如针对“上下天光”的研究中就充分利用了数据挖掘的技术。“上下天光”一景建成较早，“饮和”“平安院”诸额即雍正帝御书。乾隆四年彩绘绢本写景图绘成，九年御制诗序曰：“垂虹驾湖，蜿蜒百尺。修栏夹翼，中为广亭。縠纹倒影，滉瀁楣槛间。凌空俯瞰，一碧万顷，不啻胸吞云梦。”可见上下天光楼取意于洞庭湖岳阳楼，既是后湖岸线上一处显著的点景建筑，也是良好的湖景观赏点。夏秋之际凭栏赏月，南俯后湖水天一色，更是别有一番风味。因为临水主楼建筑开敞通透，因此乾隆九年御制诗中以“广亭”称之。那么，它与雍正帝多次题咏的“湖亭”是否有所关联呢？按“湖亭”之名首见于《雍邸集》中的《湖亭观荷》一诗，为皇四子赐园时期的主要景观之一。雍正年间，本景一直沿用。雍正五年和十一年左右分别写下《雨后湖亭看月》和《立秋前二日游湖亭》。顾名思义，“湖亭”当建于湖中，而且是康雍年间都有的湖。由于赐园时期圆明园的范围大致只有今后湖一带，因此“湖亭”无疑即位于后湖岸边。由于后湖岸线上仅有上下天光这组临水建筑，因此“湖亭”应即上下天光的前身，至乾隆年间方御题为“上下天光”。

其次在空间数据管理方面，建设一个供专业研究人员使用的建筑和遗址综合信息平台（如图 2），能够充分利用数字圆明园的研究成果。该平台基于二维地理信息系统和地图服务，整合三维虚拟模型数据（数字化精细复原成果等），实现二三维数据一体化，管理建筑模型 5000 个以上，构件模型 100000 个以上。建成以数据仓库为基础、集数据交换、资源共享应用服务于一体的软件系统体系，为基础研究、网络交互平台建设，遗址现场应用提供底层数据与平台支持：

1. 按照统一标准整合、集成圆明园地理空间信息资源，建设统一的基础地理信息平台（包含空间信息管理、空间分析、空间服务），提供各种时序化、事务化应用支撑，保证数字圆明园各项相关业务工作的有效开展，实现资源共享。

2. 采用空间信息技术将数字圆明园所涉及的空间要素以电子地图的形式直观形象地展现给用户，同时可以在可视化界面进行空间的查询、统计分析等。利用其开放性与便捷的查询功能，还可以为文化遗产保护、管理等工作提供 MIS 服务。

3. 将平面地图服务与三维虚拟漫游服务无缝衔接，实现对虚拟漫游场景的有效数据支持与统一管理，实现文化遗产信息与三维虚拟场景的高效融合。

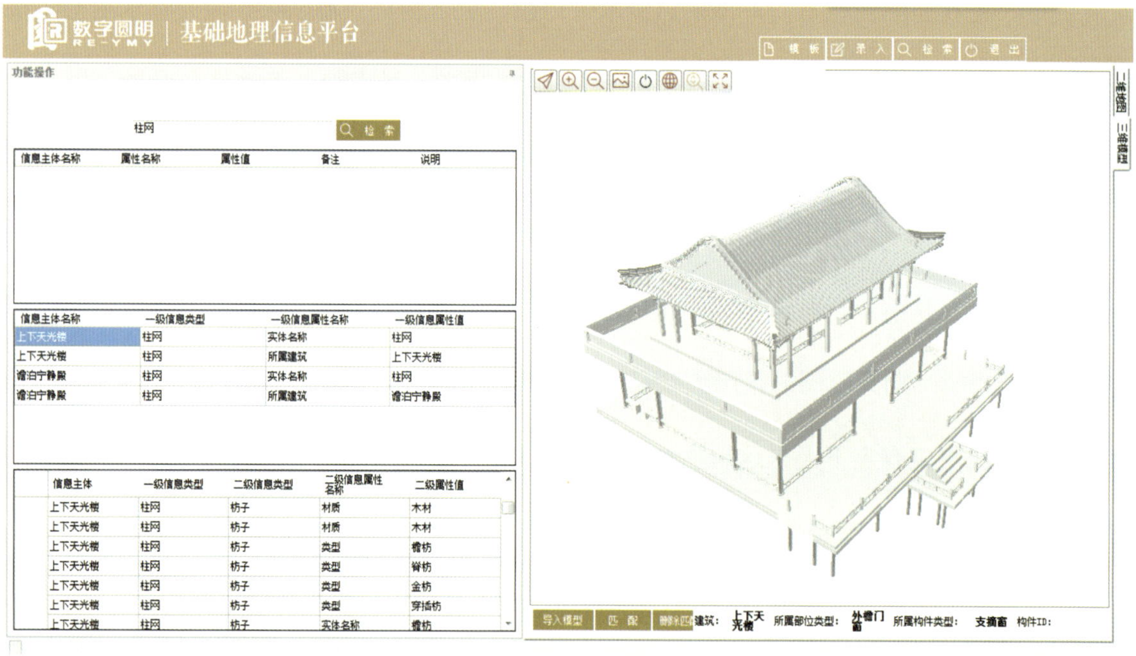

图 2

最后在实时监测与管理数据方面，以圆明园西洋楼监测（如图 3）为例，通过布置超过 260 个的数字监测设备，实现对遗址本体信息、环境信息、水文信息、振动信息、风化信息等综合性的信息采集，通过每天收集的海量数据和分析可实现西洋楼遗址全天候的无死角监测及预警。

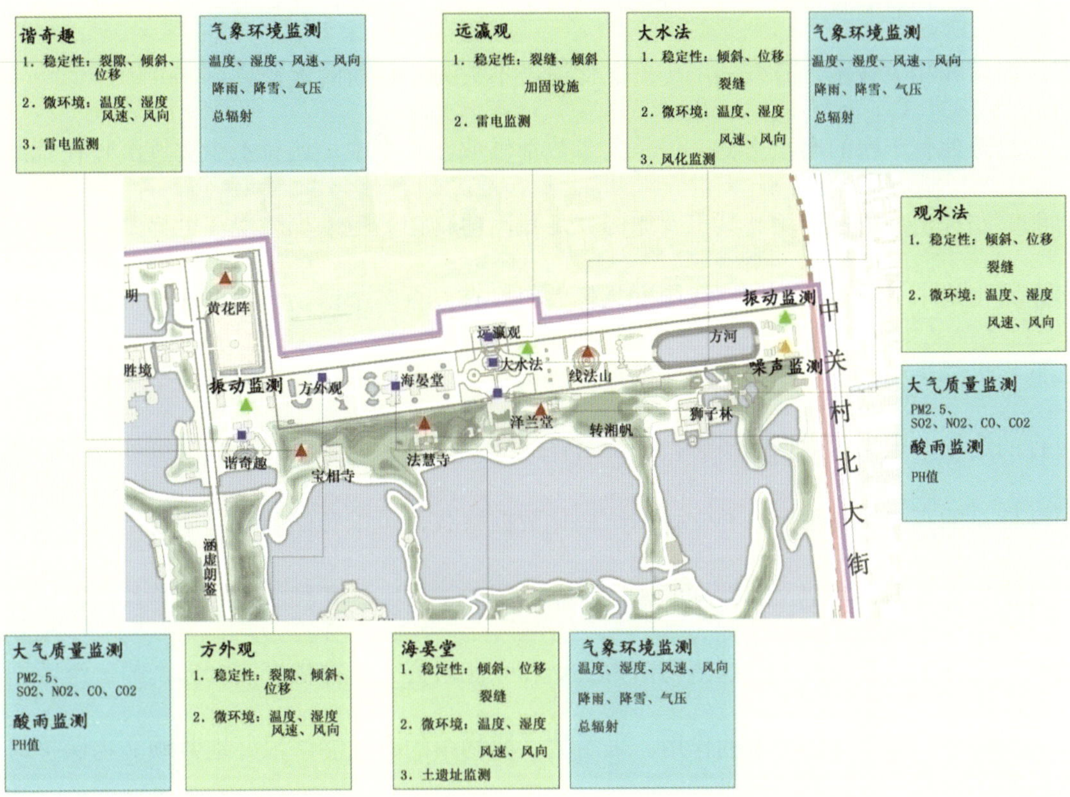

图 3

（二）历史文化遗产的数字化开发

历史文化遗产的价值往往是通过信息或知识的传播，并对公众产生正面的影响来体现的。因此，历史文化遗产能否发挥最大的积极作用，除了历史文化遗产本身所蕴含的历史、文化、艺术、科技价值外，能否采用符合人们接受信息习惯的信息传播途径则显得格外重要。同时，信息技术已经广泛应用到社会生活、工作、生产、学习的各个角落，对人们的生活、工作、学习习惯产生了深刻的影响，计算机网络已经成为人们获取信息的最主要途径。随之而来的问题是对每个个人而言，冗余信息量的增加，对这些冗余信息的辨别与处理花费的时间随着信息化的推广而增加，对人们接受对自身有价值的信息造成负面影响。因此，在历史文化遗产的利用方面需要考虑两个因素：其一是承载历史遗产文化的信息传播的方式；其二是根据人们的不同需要和特点，有针对性地传播历史文化遗产信息。在这种背景条件下，结合大数据的概念和相关技术，开发利用历史文化遗产不失为一种新的途径。

我国拥有丰富的出土文物，但是大多数都堆放在仓库中，还有不少古迹沉睡在荒原，没有能够发挥出应有的作用，其重要原因就是我国博物馆数量太少。现在世界上有博物馆三万多个，平均十五万人一个，而我国十几亿人口只有五百多个博物馆，平均二百万人一个，远远低于世界平均水平。相比增加建设实体博物馆的数量而言，建设数字博物馆是短期内比较可行的途径。根据大数据的概念，基于云存储技术搭建面向全国的文物三维模型信息及相关属性信息的存储管理平台，并支持非结构化数据格式，可以存储用户采用通用格式上传的三维文物模型数据、自定义属性项的属性数据（图片、文字、音频、视频）等。在该平台海量数据的支撑下，开发网上专题博物馆为公众和专业研究人员提供真实、逼真的三维数据和属性关联信息，发挥文物展览的作用。采用数字博物馆的方式能够很好地兼顾文物保护与其价值开发两个方面。

根据大数据概念建设的历史文化遗产综合信息平台可与智慧旅游相关平台进行互联，为其提供相关的历史文化遗产信息资源，并获取智慧旅游信息平台的用户互动信息，用以作为对应历史文化遗产信息的关联信息，对其进行信息资源的积累和分析，为用户提供更有针对性的信息服务奠定信息基础。在大数据平台的支撑下，充分利用移动互联网技术，为游客提供完善的移动导览服务（如图 4），能够使游客感知到真实的遗址无法展示的内涵信息，使历史文化以更多更好的方式向游客传播，丰富历史文化旅游景点的文化内涵。

历史文化遗产的重要利用价值在于对青少年的教育，如何将枯燥的历史知识以生动活泼的形式向青少年进行传播就需要充分利用大数据与数字技术。依托文化遗产的研究成果，创

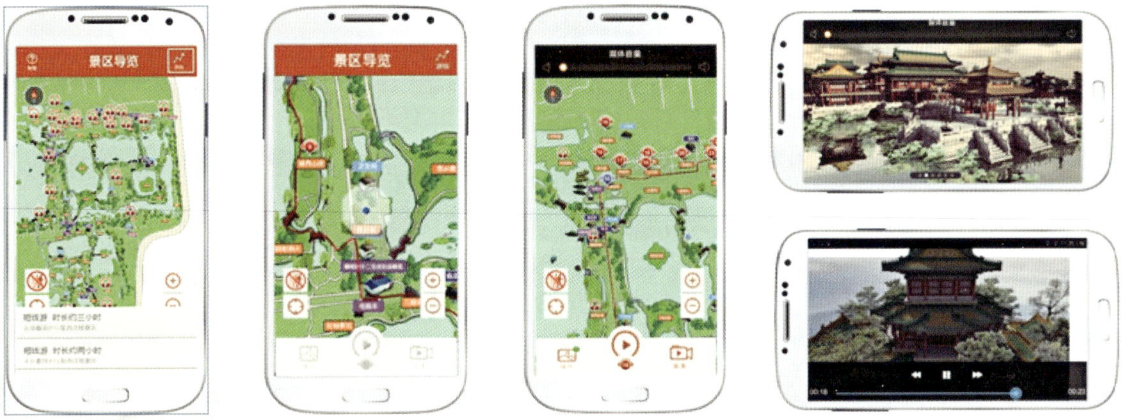

图 4

造 ARG 式的教育模式（如图 5）。ARG 是融合参与、体验、感知、学习的一种创新教育模式，借助数字化手段，通过分组竞争、遗址现场＋情境再现、角色扮演、特色任务（主题游线）、GPS 成就系统等方式实现“体验”与“学习”的高度融合与提升，增强学习成效、价值实现和团队协作。

图 5

四、结束语

我国历史文化遗产非常丰富，历史文化遗产作为历史文化的一种重要载体，在增强民族自豪感、提升凝聚力和国家认同、提升国家软实力的过程中均发挥着不可替代的积极作用。在传播历史文化、挖掘历史遗产价值的过程中若能将历史文化遗产的核心价值体现赋予新的形式，使其核心价值更好地融入到人们的日常工作、生活、学习及专业研究，以人们喜闻乐见的方式传播历史文化遗产的价值，则历史文化遗产的价值将会更大程度地得以利用。

大数据作为一种新兴的技术体系，对于历史文化遗产的保护与开发具有很好的支撑作用，通过对各种新技术的研究与探讨，形成针对历史文化遗产的大数据使用模型，必将能够提升历史文化遗产保护水平，并更有效地挖掘其历史价值，并为历史文化遗产赋予新的生命。

数字技术的迅猛发展，为故宫文化遗产的数字虚拟化提供了新的技术解决方案和技术手段。故宫博物院于 2003 年前后正式引入三维数据可视化技术。起初主要应用于故宫文化传播和对外展示方面的工作。随着三维数据可视化实践活动在院内的不断开展和深入，三维数据可视化技术对文化遗产事业的应用优势逐步得到显现，在故宫博物院的应用范围逐步扩大，如今已经与故宫文化遗产保护、研究及展示等方面紧密结合，逐步形成综合应用体系。足见三维数据可视化技术在故宫文化遗产综合事业中起到越来越重要的作用。为此，我们有必要对三维数据可视化的相关问题在文化遗产事业中的运用进行研究讨论，对其在文化遗产事业中的实施路径进行系统梳理和科学评估。为此，笔者将“直译”与“意译”作为讨论的切入点，把三维数据可视化实践活动作为一项具有数字化转换功能的“翻译”活动，对两种“翻译”模式进行分析阐释，寻找其间的内在联系，勾勒出故宫文化遗产三维数据可视化应有实施路径和规范性原则的大致框架。

文明的再现 ——“数字敦煌”

夏生平，牛源

敦煌研究院

文明的再现 ——“数字敦煌”

敦煌莫高窟是世界性文化遗产，有着极为丰富而独特的资源。敦煌莫高窟及其藏经洞出土文物，以其悠久的历史、丰富的内涵、精湛的艺术在国内外产生了重大影响，成为中华民族优秀传统文化的代表和象征。敦煌莫高窟是敦煌石窟的重要组成部分，也是古代丝绸之路上曾经发生过的不同文明之间对话和交流的重要历史见证。丝绸之路千古有之，隋唐盛世的敦煌石窟更是在继承中原汉民族和西域兄弟民族优良艺术传统基础之上，吸纳外来的表现手法才成就了这一宝贵的民族精神财富。

敦煌莫高窟可称之为古代丝绸之路上最为璀璨的明珠，建于公元四世纪至十四世纪，历经北凉、北魏、西魏、北周、隋、唐、五代、宋、西夏、元等朝代的不间断的开凿。目前，保存洞窟总数735个，保存完整的有492个洞窟。南区主要洞窟有492个，北区洞窟243个（另有5个洞窟已经编号），形成南北长1680米的石窟群。保存壁画45000平方米、2000多身彩塑、5座唐宋木构窟檐、窟前寺塔以及藏经洞发现的近5万多件文献和艺术品，具有戈壁沙漠间绿洲的环境特征。[1] 把敦煌莫高窟按现在的状况完整保存和真实地记录下来，把世界性的文化遗产永久地传承下去，留给子孙后代，是时代赋予我们的责任和义务。

敦煌莫高窟及其藏经洞出土文物，于1987年被联合国教科文组织列为世界文化遗产名

1. 潘云鹤，樊锦诗．敦煌真实与虚拟[M]．杭州：浙江大学出版社，2003:23.

录。联合国教科文组织给出了敦煌莫高窟入选世界遗产的四大理由：1. 莫高窟地处丝绸之路的一个战略要点；2. 是东西方贸易的中转站；3. 是宗教、文化和知识的交汇处；4. 莫高窟的 492 个小石窟和洞窟庙宇，以其雕像和壁画闻名于世，展示了延续千年的佛教艺术。敦煌莫高窟符合全部六条标准。在世界范围内符合世界文化遗产全部六条标准的世界文化遗产仅有三处，莫高窟是其中之一。[1] 正如在莫高窟世界文化遗产证书上写的：“世界遗产委员会已将莫高窟列入世界遗产名录，凡被列入此名录的文化和自然遗产，均证明其具有特殊的和全球性的价值，为了全人类的利益，需加以保护。”这不仅强调了列入世界文化遗产名录的世界文化遗产都具有特殊的和全球性的价值，而且明确提出保护世界遗产就是保护全人类的利益，将世界文化遗产的保护提到了前所未有的高度。

但是，由于石窟文物本身的特殊性、脆弱性，以及受到地理环境、自身条件等因素的制约与影响，敦煌石窟面临着多种病害的侵蚀，有效地保护、研究与利用这些珍贵稀有的文物资源显得非常迫切与重要。保护不仅限于保护石窟本体，还包括保护与她共存的环境；不只限于技术层面，而且还有科学管理；保护技术不是单项学科所能承担的，还需要多项学科交叉支撑；并且，保护除了加固和修复，还有日常维护和预防。更重要的是，除了保护，敦煌文化和遗产还需要进一步研究和弘扬。由于自然因素、人类活动等多种原因，敦煌石窟正面临着不可逆转的消亡危机。据科学调查，仅敦煌莫高窟约 4.5 万平方米的壁画中，就有 20% 不同程度的病坏，而且其病害的速度远甚于古代。作为一种不可再生的文化资源，敦煌石窟的保存、保护迫在眉睫。多年来我们用尽一切可能的传统保护手段，但仍无法彻底阻挡这一渐变过程。所幸的是，数字化技术的飞速发展，为石窟文化遗产的保护和长久保存提供了可能。数字化是敦煌石窟文物保护、研究、利用的必然趋势。

1. 樊锦诗． 基于世界文化遗产价值世界文化遗产地的管理与监测——以敦煌莫高窟为例 [J]． 敦煌研究，2006(6)：1-5.

一、“数字敦煌”总体设计思路

“数字敦煌”，简洁地说，就是通过非接触式的数据采集及光学测量技术，把石窟的建筑形体、塑像和壁画的材料、纹理、质地等数据信息，存入到计算机当中，达到永久地保存信息的目的。数字化技术使敦煌文化遗产在虚拟、数字的形式下得以保护的同时，也给敦煌学研究的跨领域的合作研究和利用提供了无限可能的便利。

“数字敦煌”的主要目的是将已经获得的和将要获得的图像、影像、文字、考古和保护等多种数据汇集起来，构建一个数字化、集成化的大规模石窟壁画资源库及敦煌研究数字资源保障体系，建立大型数据库平台，完整有序并且永久地储存这些资源并兼具记录、保存、阅览、检索、共享、复原、仿真、再现等多项功能，减少人为因素对石窟文物的损坏，达到永续利用的目的。同时，也要将分散在世界各地的敦煌文献、研究成果以及相关资料汇集成电子档案，建成一个包含敦煌石窟壁画、雕塑、建筑、藏经洞出土文献、敦煌石窟研究文献等较为完整、系统的资源库，完整有序并且永久地储存这些资源，并为学界和大众使用，这就是该项目的目标。

“数字敦煌”在未来将采用商业运作模式来寻求可持续发展途径。这是一个可供用户订阅的数据库。机构用户以支付的方式使用以下资源：图像、影像、论文、敦煌遗书（写本、善本书）、文书和敦煌研究的出版物等。这个数据库内容来源后台的数字资产管理体系，由原始图像和文档生成并经过压缩处理过的替代数据被输送到这个平台上来。可由多个公司设计开发，并代理销售、用户授权和客户服务。将采用电子商务商城架构模式，实现石窟数字资源库资源内容的网上交易，在线订购的电商运营服务模式。

二、“数字敦煌”核心组成部分

此前，我们曾经邀请美国加州伯克利大学东亚图书馆的周欣平馆长和琳达做了“数字敦煌”项目整体设计方案。[1]“数字敦煌”的内容，概括讲，由以下三个系统构成：数字敦煌数据库、数字资产管理系统（简称DAM）、数字资源永久保存系统。

（一）数字敦煌数据库

该数据库将包括全部敦煌信息的数据资源，是“数字敦煌”的基础。具体来讲，主要有以下几大类数据库：1）文献资源数据库，包括石窟档案（洞窟内容、题记记录）、敦煌文献（敦煌卷子、写本、藏经洞艺术品）、敦煌学研究文献（手稿、印本）、石窟考古资料（如考古报告、石窟考古测绘图、出土文物）、石窟保护数据（气象监测数据、石窟保护图像、保护材料数据、修复方案）； 2）图像资源数据库，包括石窟塑像（彩塑）、壁画（单幅、全景式）、数字化二维图像（数字化图片）、数字化三维影像（立体影像）；3）视频影音数据库；4）全景漫游数据。

（二）数字资产管理系统（简称DAM）

是以数字资源永久保存系统为中心，提供一个与敦煌学相关的所有数字资源的入库、存储、使用、归档、永久保存以及转换更新为一体的数字资源管理共享平台。它是整个“数字敦煌”的核心和基础支撑平台。在资源共享的基础上构建数字化、网络化、自动化、智能化、集成化的大型石窟壁画及敦煌研究数字资源保障体系，使得数字化的敦煌资源得以有效地挖掘利用和传承。系统提供数字资源的生成、编目、图像和影像以及文字资料的管理和输送。其他功能还包括版本的管理与监控，以及数字资源储藏和保护工作的追踪和纪录等。它也将

1. 数字敦煌——石窟壁画及敦煌研究数字资源保障体系（总体设计方案讨论稿），敦煌研究院，2012年3月编印。

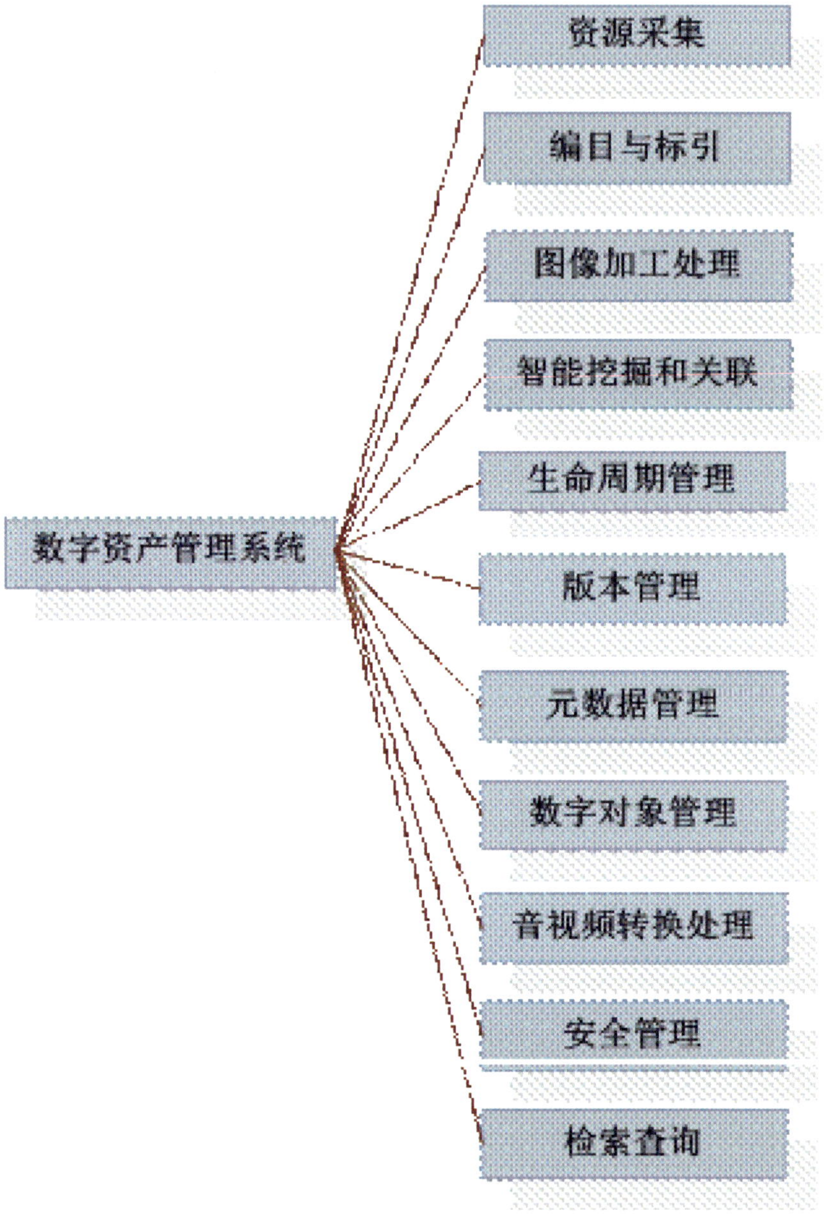

内容和元数据递送到前台的《数字敦煌数据库》平台上。

（三）数字资源永久保存系统

追踪和监控数据保存的过程和活动。包括对传送和存储后损坏的数据和错误数据进行检测，完成文档的核准，数据入库时相关技术性元数据的提取，过时文档格式的监测，文档格式的提升和转换，LTO 开放线性磁带数据拷贝过程的监测等。数字资产永久保存系统是整个项目的基础和保障。最终，在资源共享的基础上构建数字化、网络化、自动化、智能化、集成化的石窟及敦煌研究的数字资源保障体系。

这本身同时涉及长期保存体系标准，数字信息资源长期保存标准体系研究的基础数字信息资源长期保存是一项复杂而又艰巨的工作，涉及数字资源生命周期的全过程，数字信息资源长期保存的每一个过程都需要标准的支持，因此，系统地研究数字信息资源长期保存过程中的相关标准是非常必要的，然而，全面梳理数字信息资源长期保存的标准体系是非常困难的工作。一方面，是因为数字信息资源长期保存标准的多样性和复杂性，另一方面，是因为目前还不存在公认的标准体系框架。已有的一些研究可以为我们从系统实现角度分析，数字信息资源长期保存系统的标准可分为系统层次的标准、业务逻辑层次的标准和数据层次的标准。其中系统层次的标准包括数字信息资源长期保存系统标准、系统互操作标准；业务层次的标准包括摄入过程的标准、存储过程的标准、访问过程的标准和管理过程的标准；数据层次的标准包括信息模型、文件格式标准、数据转换标准、数据编码标准、数据标识标准和元数据标准等。

三、敦煌莫高窟数字化的发展历程

敦煌研究院利用计算机数字技术永久地、高保真地保存敦煌石窟的研究、应用始于 20 世纪 90 年代。在此期间，敦煌研究院开展了多项研究课题，“濒危珍贵文物的计算机存贮与再现系统研究”课题得以设立，该项目也被立为国家科委的“九五”科技攻关课题。同期，国家“863”项目提供了 40 万人民币资助，实施了“曙光天演 PowerPC 工作站在文物保护中的应用”课题。[1] 随后设立“多媒体及智能技术集成与艺术复原”项目，由浙江大学和敦煌

1. 李最雄．敦煌石窟保护工作六十年［J］．敦煌研究，2004(3):10-26.

研究院合作进行，内容包括敦煌莫高窟洞窟壁画虚拟漫游、壁画色彩演变模拟及复原、石窟三维虚拟漫游、敦煌风格图案创作等，主要是图像处理与探索技术用于艺术的辅助探索等深层次的研究，[1]“敦煌壁画数字化和国际数字敦煌档案项目的合作研究”[2]。开始了壁画数字化档案的摄影采集和图像处理工作，标志着敦煌研究院数字化工作的全面开展。这前期工作，为今天莫高窟全面数字化技术应用奠定了基础。进入新的世纪，随着国内外文化遗产旅游热的兴起，莫高窟面临日益增长的游客参观人潮以及石窟文物长久保护压力间的矛盾。围绕旅游游客接待与管理工作，敦煌研究院加强了数字化技术应用研究的投入和力量。

如上所述，通过二十多年的努力，我们在敦煌石窟数字化方面做了大量的努力，并取得了一定的成效。目前，我院和美国梅隆基金会合作建立了“ArtStor”下的“国际敦煌档案”[3]，和英国大英图书馆等多馆合作建立了“国际敦煌项目”[4]。敦煌研究院、世界各地博物馆和图书馆，与安德鲁.W. 梅隆在通力合作，为中国敦煌石窟的壁画及其相关艺术、文献制作高质量的数字图像，并将其并入一个学术性的电子档案——“国际敦煌档案”。敦煌研究院、梅隆基金会以及其他参加者，期望这个开拓性项目能够促进记录和保存敦煌石窟艺术的工作，并进一步推动全世界学术和艺术的发展[5]。

四、“数字敦煌”海量数据和面临的挑战

“数字敦煌”项目的内容是巨大和广泛的，最核心的内容是：

---

1. 李最雄．敦煌石窟保护工作六十年 [J]．敦煌研究，2004(3)：10-26。

2. 同上。

3. 数字时代：世界文化遗产地敦煌莫高窟遗产保护信息资源组织与管理 [J]．数字图书馆论坛，2011（9）：48-58。

4.5. 同上。

1. 莫高窟就需要拍摄近500多个石窟的完整图像，包括石窟壁画和塑像的单个和拼接图像，储存完整的石窟考古研究和保护数据及文献，工作量还十分巨大。而且，敦煌石窟数字化工作仍存在一些突出的难点和问题。如：目前尚未最终确定敦煌石窟数字资源库共享平台的元数据类型以及元数据标准；国内外目前尚无完整的针对石窟寺壁画数字化摄影采集领域的行业标准或规范，仅有通用性的摄影技术、曝光指数、感光度测定等相关标准或规范；国内在石窟寺壁画数字化摄影采集领域尚无国家行业标准或规范；敦煌石窟数字化目前已初步形成成套装备，但面向各类大遗址、不同环境的二维平面、三维重建、多媒体，并结合地理信息的数字化的成套装备尚待研发、改进和集成；目前适合石窟寺多媒体制作和展示的设备较为匮乏，多媒体技术和石窟寺艺术结合点尚待升华，多媒体用途方向不够明确。需进一步加大现有数据的整合、利用与开发。

2. 藏经洞出土敦煌遗书的“数字回归”

敦煌藏经洞出土文献数量巨大，达五—六万件，被称为是“二十世纪最大的考古发现之一”。敦煌文献的几大收藏机构应该进行联合编目，制定同一的著录格式和检索模式。敦煌文书馆藏目录和其他的编目格式不一样，它是介于半博物馆和图书馆两者之间的一种形式。逐步完成已刊布敦煌藏经洞出土文献目录索引数据库、敦煌文献研究目录数据库和出土文献图像数据库。主要包括收藏国家、收藏地点，最主要是展示敦煌文献的高清图像和相关联的研究文献等。

国内收藏敦煌相关文献写本的有30家之多，其中，超过100件以上的主要有中国历史博物馆、北京大学图书馆、天津市艺术博物馆、辽宁省博物馆、甘肃省博物馆、敦煌研究院、上海图书馆等。其中中国国家图书馆作为世界四大收藏机构之一，收藏数量为16000件，从而成为国内收藏量最大的机构之一。英国的国家图书馆收藏13650件，法国国家图书馆6040件，俄罗斯艾米尔塔什博物馆收藏艺术品350件，俄罗斯科学院东方圣彼德堡分所藏

18943件。[1]日本至少有14家收藏机构藏有敦煌卷子。美国也有8家机构有少量的收藏。瑞典、韩国、澳大利亚等国不详。

五、"数字敦煌"实施的意义

本课题项目主要利用数字网络技术、信息技术对敦煌石窟文物本体信息以及相关的衍生信息资源进行有效的组织、管理、存储、传播、利用，以此满足社会公众对文化的需求。其包括数据库技术、数字网络技术、资源整合、数据发掘、知识网络和知识服务等。它涉及信息资源采集、加工、存储、交换、传输、检索、利用和知识服务的全过程。

1. 该项目主要是整合流散海内外敦煌藏经洞出土敦煌文献、敦煌石窟艺术和敦煌学研究主要成果等各类资源经过数字化技术加工、资源整合、信息重组、数据发掘等技术手段形成网络资源，并对这些资源，进行科学系统分类、组织及管理，是可扩展的知识网络系统，是超大规模的、分布式的、便于使用的、没有时空限制、可以实现跨库无缝链接与智能检索的知识中心。

2. 其核心将是建设一个敦煌学学术研究与保护，以及弘扬敦煌文化及其相关知识信息资源总库，建立以文献和石窟研究对象为主的知识网络，其目的是消除"信息孤岛"，从而构建学术研究、专业资源服务的知识管理与服务平台，形成覆盖本行业的知识信息资源中心。

3. 该项目主要研究解决知识库的顶层技术设计以及数字化技术、超大规模数据库技术、数字网络技术、富媒体信息处理技术、信息压缩与传输技术、数据保存的生命周期技术、分布式处理技术、数据仓库与联机分析处理技术、信息抽取技术、数据挖掘技术、基于内容的智能检索技术、智能分词技术、自然语言理解技术等；需要建立一套针对于敦煌出土文献、

1. 夏生平．近二十年来敦煌文献的收藏、整理与刊布[J]. 敦煌研究，2008(5).

石窟壁画、研究文献等文物信息的数字化与知识库的标准体系。

该项目主要是利用数字网络技术全面提升我国世界文化遗产“敦煌文化”品牌的知识转化、传播、服务和社会共享。其服务目标主要面向国内外专家、学者、学生以及社会公众，具有“增进文化知识传播，促进学术发展、弘扬敦煌文化、传承华夏文明”社会公益性，具备权威性、全面性，开放性与互动性，构建资源之间的知识内在关联性，对于推动敦煌石窟的保护、管理、研究、利用以及国际敦煌学的研究将发挥重要的作用，特别是对提升敦煌文化的国际影响力，增强国家文化软实力和国际竞争力，都具有十分重要的作用。

六、小结

在数字时代，文化遗产数字化是信息化时代的必然发展方向。数字网络技术、信息技术在对莫高窟文化遗产进行有效的保护、对石窟文物信息进行永久性的存储等方面发挥了重要作用。如何对这些文化遗产资源进行科学有效的保护、组织、管理和利用，这就是我们实施的“数字敦煌”项目。落实数字敦煌的过程便是应用现代数字信息技术改进传统管理方法，增强对石窟壁画的保护研究和改进敦煌学研究工作形式的一项技术革新的实践，对于推动莫高窟遗址的科学管理和保护以及国际敦煌学的研究将发挥重大的作用。

新的数字技术将再一次把闻名世界的“敦煌”这一拥有 1600 多年悠久历史的丝绸之路上最为璀璨的明珠展现给世人。这种集洞窟、精美壁画、精美彩塑、建筑与满壁飞动飞天于一体的庞大石窟艺术群又将给现代信息技术提出怎样的挑战？出土敦煌藏经洞的文献又成为“敦煌遗书”，排在“国家图书馆四大镇馆之宝”首位。正如学者张秀梅女士说的那样，尽管仍有几万件遗书流散在英、法、俄、日等各国，使其尸骨未全，但在敦煌所代表的中华文化之博大精深、璀璨夺目足以让世人为之骄傲，世人因之而羡慕。而面对数字敦煌，被称为“墙壁上的图书馆”就将全面挑战数字图书馆！落实数字敦煌的过程便是应用现代数字信息技术改进传统管理方法，增强对石窟壁画的保护研究和改进敦煌学研究工作形式的一项技术革新的实践，对于推动莫高窟遗址的管理保护和国际敦煌学的研究将发挥重大的作用。在“数字敦煌”进行的今天，我们用先进的数字技术无疑会使我们的悠久历史、文化更真实再现。

敦煌艺术经典的现代媒体阐释

——以 254 窟降魔成道图的数字动画创作为例

陈海涛，陈琦

敦煌研究院美术研究所

敦煌艺术经典的现代媒体阐释
——以 254 窟降魔成道图的数字动画创作为例

1.254 窟及降魔成道图的历史价值简介

敦煌莫高窟第 254 窟开凿于北魏中期（约 465 — 500 年之间）[1]，是一个保存基本完好，艺术与学术价值突出的洞窟[2]。南壁东侧的降魔成道图是 铺造型丰富生动，整体动势强烈的艺术史杰作[3]。这铺壁画讲述了释迦牟尼即将证悟成佛，欲望之主魔王波旬（Mara）害怕他的觉悟会使得人们都脱离利欲的网罗，所以，带领魔军前来骚扰，但无论魔军使用美色诱惑还是武力攻击，都被释迦以禅定，慈悲和智慧化解。魔众最后溃不成军，纷纷降服，

1. 樊锦诗、马世长、关友惠著，《敦煌莫高窟北朝洞窟的分期》，《敦煌研究文集》，兰州，甘肃人民出版社，1982 年。
2. 对于 254 窟的整体研究，参见 Abe,Stanley Kenji（阿部贤次），《Mogao Cave 254: A case study in early Chinese Buddhist art》,UC Berkeley PH.D dissertation ， 1989; 及其中文缩写《莫高窟第 254 窟的艺术和佛教实践活动》，第 160-164 页，《1990 年敦煌学国际研讨会文集·石窟艺术编》，沈阳，辽宁美术出版社，1995 年。还有 Hsio-Yen Shih（时学颜），《READINGS AND RE-READINGS OF NARRATIVE IN DUNHUANG MURALS》，《ArtibusAsiae》，Vol. 53, No. 1/2 (1993), pp. 59-88。以及滨田瑞美，《莫高窟第 254 窟的造像壁画和观想念佛——试论敦煌北朝时期中心柱窟的造像构思》，《艺术与科学》卷九，清华大学出版社，2009 年。
关于窟中壁画题材较详细的图像学研究，请参见贺世哲著，《敦煌图像研究——十六国北朝卷》，第 169-177 页，第 205-212 页，兰州，甘肃教育出版社，2006 年。
3. 《降魔成道》图像所依据的经文主要为《普曜经》、《过去现在因果经》、《佛说观佛三昧海经》，《佛所行赞》等经典，因为表现了佛的生平，称为佛转故事（Narrative）。对于《降魔成道》图像研究的学术史归纳请参见：王平先著，《莫高窟北朝时期的降魔变初探》，《敦煌研究》，2007（6）。

而释迦牟尼也通过了试炼，证得觉悟。

254窟营建的时代是佛教与中国文化、美学相结合，获得空前发展的一个世纪[1]，但当时敦煌也处于战争与天灾的漫长考验之中[2]。

2. 古老的敦煌艺术与现代影视媒体对接的工作思路与环节

2.1 影片创作的工作思路

恰如克罗齐所提出的经典命题："一切历史都是当代史"，敦煌历史艺术所承载的信息，不仅是其所依据的经典所记录的意义，也与当年被绘制到石窟中的时代息息相关，更是今日的观看者们借以回溯到自身的文化母体，心灵借由美与感动而向广大时空敞开契机，敦煌历史艺术是"经典源头、古代呈现、当下观看"三个时空层面相交汇叠印的心灵史。我们也希望敦煌壁画的现代影视媒体可以更深入地参与到这一心灵史的建构之中去。

降魔成道的故事，佛陀心路的动人元素广为流传。从窟内壁画的角色塑造中，正在降魔的释迦牟尼，似乎还能看到他镇定、从容应对一切负面境遇的人格魅力对于那个考验时刻的敦煌信众的启迪意义。

这种感动来自经典的记述，然后从经典走入石窟壁画，承载了当时人们的祈愿，并将这

---

1. 关于佛教在中国发展的大高潮，参见［法］谢和耐著，《中国社会史》，第175-177页，南京，江苏人民出版社，1995年。
关于佛教的建筑与艺术工程的繁盛及对中国手工业、经济等的促进，请参见［法］谢和耐著，耿升译，《中国5-10世纪的寺院经济》，第241页，上海，上海古籍出版社，2004年。
2. 此时代的敦煌状况，请参见宿白著，《两汉魏晋南北朝时期的敦煌》，第232-243页，《中国石窟寺研究》，北京，文物出版社，1996年。
此时段北魏与柔然的整体战局研究，参见张金龙著，《北魏中后期的北边防务及其与柔然的和战关系》，《北魏政治与制度论稿》，兰州，甘肃教育出版社，2003年。
当时敦煌的战争情况与敦煌的放弃与保存之争，见《魏书·高祖记》，第137页，第139页，第140页，及《魏书》，第657-658页，《尉古真传附侄孙多侯传》；《魏书》第953页，《韩秀传》。

种历史的体验带入到今天的观众面前，这种历史的叠映正是敦煌文化遗产走进当代社会生活与审美的内在规律。

2.2 影片创作的技术环节

敦煌艺术经典阐释影片《降魔成道》时长共 38 分钟左右，高清分辨率 1080p25fps。其中包括 18 分钟的动画故事展演及 20 分钟的艺术史价值阐释，在影片的创作中，我们展开了这样的工作程序：

2.2.1 通过对壁画的临摹，对其艺术价值进行深入体验，获取影片表现的造型基础

影片的创作是基于临摹体验－深入认知—媒体转化这样几个步骤来展开的。

图 1 降魔成道的精确线描

临摹与认知是影片工作展开的基础，通过在洞窟中对壁临摹，可以深入观察揣摩古代匠师在绘制过程中的匠心与思考[1]。而这种反复观察与切身体验也为后续工作提供了一种内在的推动力。当影片的制作过程中各种复杂的技术与沟通环节层叠出现之时，最初的临摹观察与体验正是整个影片的出发点。

通过对壁临摹，对于魔众强烈的进攻之势、悉达多的造型构成与安定从容有了更具体的体验。在随后展开的艺术史研究之中，便将这种魔众们蜂拥而至的动态与释迦的稳定感，归纳出本画面最大的艺术特色：由魔军们强力的进攻动态所聚汇成的攻击之力，与释迦的结跏趺坐及背光系统所构成的向外张力，形成强烈的对抗之势。这对抗之势主导了整个画面，也使得这铺作品在美术史的同题材图像中拥有鲜明的特色。这也为展开美术史的阐释找到了立足点[2]。

而借由临摹，也得以体验到当年画师在绘制时给画面角色所注入的趣味与性格，这也成为动画表现的重点。

2.2.2 通过综合学习研究成果与临摹体验，完成图像的阐释解读

当对壁临摹获得了对画面的整体体验后，我们一面综合高清数字图像整理生成精确线描，一面阅读与整理学者们对降魔成道的相关研究，化现出可以视觉化的研究要素。

---

1. 关于临摹作为一种研究手段的方法论，请参见史苇湘著，《临摹是研究敦煌艺术的重要方法》，《敦煌历史与莫高窟艺术研究》，兰州，甘肃教育出版社，2002 年。
2. 对于“势”在中国文化史与美学史中的整体研究，请参见涂光社著，《因动成势》，（《中国美学范畴丛书》之五），南昌，百花洲文艺出版社，2001 年；{法}余莲著，卓立译，《势——中国的效力观》，北京，北京大学出版社，2009 年。
阿恩海姆也从视觉心理学的角度提出，“在任何一件艺术品中，都是通过各种力的相互支持和相互抵消而构成整体的平衡的。这些力的关系所具的复杂性，对于造就一件艺术品的生命力来说是至关重要的。”参见［美］鲁道夫•阿恩海姆（Arnheim，R.）著，滕守尧、朱疆源译，《艺术与视知觉》，第 26 页，成都，四川人民出版社，1998 年。

2.2.3 以壁画的历史艺术信息为依据，完成影片脚本与分镜头的设计

《降魔成道》这部影片由两个部分组成：展演其故事的动画部分与阐释其艺术价值的科教部分。两部分的创作都以壁画为基础，但在表现上各有侧重，下面将进一步介绍两部分影片的创作思路。

3. 影片阐释部分的创作

在阐释部分，我们选取了三个要素来表现254窟降魔成道在艺术史上的独特价值与渊源传承。

对于众多来到莫高窟的观众而言，佛教艺术的来龙去脉是一个让他们很感兴趣的知识要素，而降魔成道这个故事因为在佛教传播的路线上广泛留存，而可作为一个鲜活的案例。表现出不同文化圈的匠师与信众们，面对同一个故事命题所呈现出的不同艺术面貌。而经由对这些不同艺术面貌的比较与呈现，敦煌艺术所具有的独特之处也就鲜活地呈现出来了。

3.1 要素一：降魔成道的永恒构图传统。自现存较早的印度山奇大塔开始，直到犍陀罗地区，乃至西域、敦煌、云冈、龙门，各地所存在的降魔成道图像中，佛陀（或象征佛陀的塔）皆居于画面中央，而周遭则是围绕的魔众们，这种中心式构图地跨万里，时代也前后延续了十余个世纪，可谓是一种经典永恒的构图方式。

3.2 要素二：254窟中魔众的独特表现。254窟降魔成道图中延续了西来的构图方式，但其魔众的力量感的表现却与汉地的本土艺术一脉相承，显示出佛教艺术在西来传统基础上，结合本土文化进行融合的生动进程。

3.3 要素三：254窟中魔女色诱的戏剧化处理。通过这一场面，介绍古代画师绘制这样一铺优秀作品时的匠心：对经文描写的借鉴、对图像传统的参照、对生活的观察、对技巧的凝练处理。

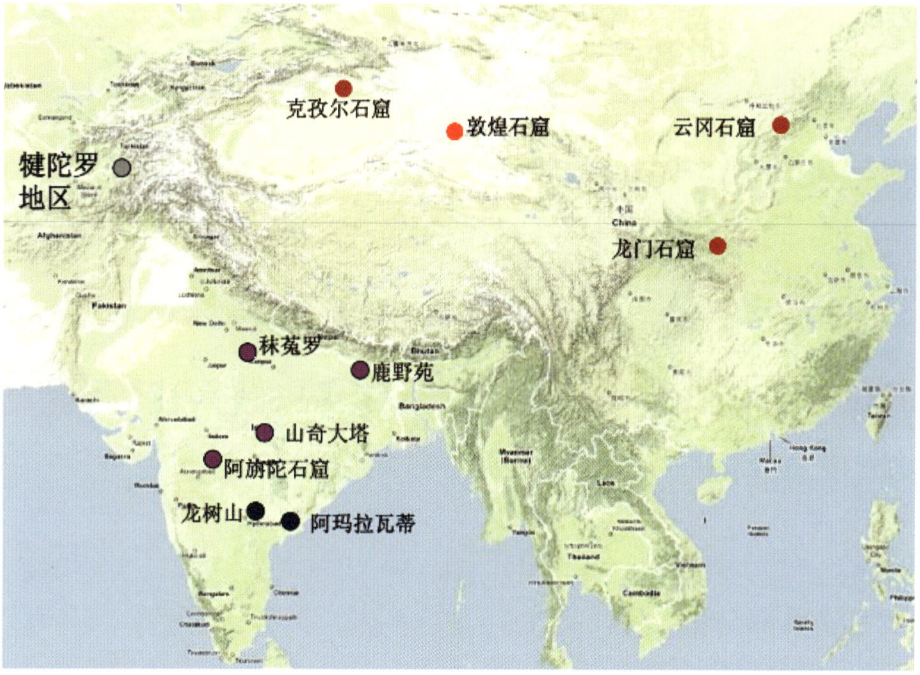

图 2 降魔成道图的广泛流传，已知现存有六世纪之前降魔成道图像的地区

图 3 降魔成道中的魔众形象与汉魏以来本土艺术一脉相承的表现思路

影片阐释部分通过以上三个要素，来展开这铺壁画背后艺术史的源流交汇与匠心。其中为观众呈现了整体地理信息图像；画面设计构思、构图、美学分析；既有整体源流，又有其绘制时刻的表现，也关联到今日我们如何去欣赏这古老艺术的途径。

当年的匠师团队将壁画设计并绘制在石窟之中时，经由他们的精诚努力，赋予了壁画以跨越时空的悠久生命力，每当艺术的搭载媒介更新，这些古老的艺术便进一步延展其自身的形态。敦煌艺术的生命力源远流长，在观众的关注中，在媒介的演变中不断发展与完型，不断帮我们接近我们的文化传统，也在不断充实拓展我们的文化体验。

4. 影片故事部分的创作

《降魔成道》的相关经文文献十分丰富，其中马鸣菩萨所撰的《佛所行赞》[1] 以生动优美的描写而著称，对结构影片段落也提供了基础的框架，帮助我们发掘经典中的事件与象征性。

在故事部分影片的创作中，我们遵循了三个要点：

文献要点	经典文献提供的义理与叙事、情感依据
图像要点	敦煌壁画图像（同时代范围内）所提供的造型与色彩依据
视听要点	从古老的文献经典与敦煌艺术元素出发，与现代视听语言相结合，展开这部动画的设计与制作

降魔成道作为释迦（悉达多）在一系列的人生抉择后的深刻转折，是他克服心魔的挑战，获得觉悟，从而将觉悟传达给世界的重要时刻。降魔者，更大程度上是指降服心魔，其对于现代社会依然有重要的启迪意味。

1. 《佛所行赞》，北凉昙无谶译，大正大藏经 No. 192。片中剧作意象大都参考本经典。

影片致力于呈现释迦的人格魅力，心灵的成长过程。所以将降魔成道的前传，即宫中生活、出游四门、山间修行也纳入到影片中来，这样便更加能够突出其降伏心魔的心灵情境与现实指向。

影片的表现规律在于寻找与展现人物的成长历程，呈现人物的行动性，而佛教经典中提供了丰富的意向来呈现释迦成长的行动性，为结构影片提供了关键要素。结合经文，我们将故事分为三场，在这个故事线索的基础上展开各项设计：

一、离开王宫	原本被拘束在宫中优渥生活之中的悉达多王子，在菩提叶的启发下，离开王宫，见证到生命的老、死之苦。
二、山间修行	悉达多被深深触动，离宫苦修，寻求觉悟与解脱之道，心魔出现，欲诱惑、恐吓他放弃。
三、降伏心魔	在与心魔的对抗中悟到心灵力量的来源，不在一己之力（之前的苦修追求独善己身），而在于融入到一切众生，慈悲、智慧与意志，以这些力量所焕发出的美来化转心中的负面能量。 这种与心魔的对抗正启迪了悉达多的最终悟道，面对内心，连结众生是他的觉悟之道。

在创作过程中，我们的设计团队也在不断探索文献经典、图像经典与现代影视语言三者间的结合契机，而所有视觉化的设计都是为了构建镜头的表演与象征的整体。

文献经典、图像经典与现代影视语言三者间的结合	1. 空间造型设计：
	2. 角色造型设计
	3. 色彩与光照氛围设计
	4. 镜头表演与组接设计

4.1 空间造型设计

在一部影片中，其主体建筑空间不仅是故事发生的载体，其内在的象征意味也和主题紧密扣和。

在故事的开始，暗线表现了父王唯恐悉达多王子离开王宫，去追寻觉悟之道，于是让宫中宴饮终夜，以图留住王子的世俗之心，而王子则对陷于宫中安富尊荣的生活深感不安，“欲使我为王，慈爱法难违；如病服非药，是故我不堪；高位愚痴处，放逸随爱憎；终身常畏怖，思虑形神疲”，于是，在菩提叶的引导下，他冲破障隔，来到宫外。

在佛陀的历程中，往往将出游四门作为一个转折契机，连带引发了之后的出家苦修，菩提树下降魔成道等一系列的历程，这个序列中所蕴含的人物的变化与成长是表现要点。在壁画中，往往将出游四门依次展现为一个平面空间。我们在影片中为了更集中而强烈地展现悉达多所面对的人生震撼，以敦煌壁画北朝时期的建筑风格为基点，设计了一处高耸的宫殿，王子居于最高层，中间是劳苦修造宫殿的大众，底层是正在攻占与守卫的战火，强化了悉达多所处社会的阶层感。他出离王宫后，在一个沿阶而下的贯穿动作中便完成了对衰老、死亡之困苦和恐惧的体验。这种高耸、华丽的阶层化空间，既是社会的层级空间象征，又是悉达多内心空间的折射，并将敦煌壁画的建筑视觉形式加以影视转化。

图 4 影片中对王子居住宫殿的设计，突出了角色行动的贯穿性

为使影片保有浓郁的敦煌韵味，设计创作时从敦煌壁画中获取了丰富的设计元素。在选择上以北朝为主，壁画为动画提供了丰富精彩的造型与色彩基础。在动画的创作过程中，我们通过不

断深入体验与工艺控制，努力用动画语言生动准确地传达出千年前匠师们的匠心与趣味。意在营造一个“发生在敦煌壁画”中的世界，丰富而有所本。

在表现宫廷生活的镜头中，如经文所言：“王使诸大臣，贵族名子弟，年少胜姿颜，聪慧执礼仪，昼夜同游止，以取太子心。”我们在镜头设计中表现了以画面的魔女为原型的舞蹈者及同时代形象的歌舞宴乐的场面。而构成王宫的视觉要素，也都来自同时代石窟图像。宫殿的色调来自北朝早期的红色地仗色彩，而窗户的窗楣则来自龛楣的图案与色调基础。我们又从人物的心理线索出发，随着悉达多由对宫中生活的忧虑不安到他在菩提叶的启迪下决意去寻找生命的真谛，窗楣的图案由繁复发展为简洁，图案由火焰变化为忍冬，由象征焦虑的红色系发展为清凉解脱感的蓝色系。在第四个窗口的背景，为了突出悉达多心理所经历的转折，设计了用一块佛座上的图案，来遮挡住整个背景空景，形成一种压抑的扁平化的感受，同时也是空间与情绪转折的契机。

图 5 王宫的歌舞宴乐场面

而在细节道具设计上，也注重图像对情境的烘托。例如此刻悉达多在宫中的生活十分愁闷不安，正如经文所言：他深感“高位愚痴处，放逸随爱憎，终身常畏怖，思虑形神疲。”据此情境，我们根据北凉275窟的佛座设计了他的座位，在造型上突出了倒三角的不稳定感，在图案上表达了其内心如坐针毡，波澜起伏的状态。

图 6 悉达多的王子之位，通过对敦煌元素的组合所营造出的图像意味，突出了其内心的不安定感

悉达多本有深厚的慈悲心，如同经文描述[1]：“又见彼农夫，勤苦形枯悴，蓬发而流汗，尘土坌其身。太子性慈悲，极生怜悯心。慨然兴长叹，降身委地坐。”当悉达多再有机缘来到王宫之外，见到了生活的各个层面，便深感于众生生命的困顿，转而寻求觉悟之道。影片中选取了“老与死”两个方面来表现，并更加剧烈化了他的遭遇。

为了表现生命的衰老疲倦与阶层感给予悉达多的强烈触动，镜头设计了王子在宫殿外见到为他营建宫殿的劳工，生命真实的衰老疲惫触动了王子，而全景的旋转移动镜头则营造了一种象征的意象，王子站在众人所举起的石块上，表现了王子意识到他的生命建立在他人生命之上的那种感受。

悉达多所生活的年代，印度也正是一个诸侯纷争、战乱频频的时代，经文也暗示了当时战争的存在，悉达多骑马踰城所骑的白马便是其父王战功卓著的战马，“太子抚马颈，摩身而告言 ：父王常乘汝，临敌辄胜怨…… 我（指父王）数乘汝战，每念汝有功”。由此，我们以相近时代的西魏 285 窟中的图像为基础，创作了战争场面，令悉达多在这种剧烈的情境中感触到生命的无常与心魔控制人性之后的可怖。

以上这些剧烈遭遇的设置便与整个建筑的立体多层，可以拾阶而下的空间设计相匹配。

1. 经文描写的是悉达多王子在树下观耕的时刻所感受到的生命触动。

当悉达多洞悉了生命的种种困苦，决意出家修行时，影片以长镜头进行了一个空间回顾，观众们从宫殿城池的基座，向上见到征伐与守卫的军队战争，再向上看到辛苦营建的场面，最高处则是歌舞升平的宫苑，既是情节的回顾，也是悉达多此刻世界观的一种展现，这便是敦煌视觉元素与镜头语言相结合的成果。

4.2 角色造型设计

254 窟降魔成道壁画拥有丰富的形象表现，释迦的镇定从容，魔众从不可一世到溃败畏缩，魔女色诱中的烟视媚行，到现形后的萎顿无力，都为动画影片的表现提供了形象基础。其想象力的丰富与造型的生动有力都在佛教艺术史中成就突出，这些艺术特色既是影片艺术史阐释部分的基础，也是利用动画来进一步阐释和延展这铺壁画的要点。故而，在动画表现中，便十分重视将壁画上的角色以动画手段准确鲜活地再现在银幕之上。

释迦的造型是影片重点，但壁画中所呈现的觉悟后的饱满法相，与经历磨砺而成长觉悟起来的苦修造型之间还存有距离。追溯着画师们的心路，寻找释迦苦修时期的造型，我们从西域佛教艺术出发，融合敦煌及汉地佛教艺术的秀骨清像，创作出片中释迦形象，追求一种慈悲、坚韧与睿智的角色性格表现。

拉合尔博物馆藏
释迦苦修像
犍陀罗地区
3-4世纪

拉合尔博物馆藏
犍陀罗地区
释迦苦修像的线描整理

莫高窟北魏第248窟
苦修像

整合了中国本土
佛教艺术
造像美学的释迦
形象

图 7 释迦苦修期间造型，从佛教艺术的源流中汲取融合，设计角色形象

在壁画中有大量的魔众，如何在有限的镜头篇幅内鲜明地表现他们，便需要借助义理与图像的共同作用。在经文中，多处提到魔的几种重要属性：“贪恚痴枷锁，轭缚于众生”，“贪、恚、痴”也就是大家耳熟能详的所谓“三毒”，贪欲、嗔恚、愚痴这三种心灵的负面因素妨害了人们获得幸福与觉醒。我们便从壁画中群魔的形象，与经文生动的描写相结合，选择了三个魔众的形态来展现“贪、嗔、痴”三毒，统摄魔众。

画面中绘制了蓝色的双头魔众，加上经文中描写的魔众“或化二头三四五，六七八九乃至十”去攻击释迦的场面，图像与经文的结合，令人启发，这不断分化膨胀的头面不正是贪欲的象征吗？于是，我们在动画中展现了魔众将自己的头掰开为两个，每个头上的嘴又不断分化，展开无底深渊，执着而痛苦的过程。

图 8 贪婪之魔的设计，由壁画上的双头怪形象与壁画结合进行的表演

壁画绘有一个骷髅怪，瘦骨嶙峋却七窍出火，一如经文所言“或有吐火鼻火出，眼耳出火头火然”，十分直接地展现了嗔恨之意味。

愚痴的意象较为抽象，壁画上绘制了许多有腹颜的魔众，结合经文中描写魔众“冥昏晦如黑云”，我们设计让这些腹颜中吐出黑色的烟雾，蒙蔽四野，就如同愚痴蒙蔽了清明的世界。

在贪嗔痴三毒的统摄之下，其他魔军们开弓瞄准，举山欲砸，举矛欲刺，也都密切地匹配原壁画的造型，充分展现壁画造型的魅力。在表演动作上，也密切参照壁画，反身发力，两腿开立，也为在影片的阐释部分介绍画面力量之势埋下了伏笔。

画面只提供了静止的二维形象，而动画表现需要各个立体的形象角度，这便需要结合临摹的体验及对敦煌造型系统的认知，为动画表现建立各个角度的形象设计。例如三位魔女的色诱一场，是画面非常富于戏剧性的一场。我们对魔女色诱的镜头表演中各个关键帧进行了精确设计，以保障动画的绘制能高质量地贯彻敦煌壁画的造型体系，最终观众们在屏幕上看到的是敦煌艺术的一种

图 9 嗔恨之魔的设计

图 10 愚痴之魔的设计

有机延展。

图 11 魔女动画表现的各关键帧造型的精确设计

4.3 色彩与光照氛围表现

色彩是无声的叙事，也是影片的氛围基础。

在影片的色彩氛围设定上，由影片的分场作为设计依据。影片分为两场，第一场为悉达多在菩提叶的引导下，离开他的宫廷生活，去往山间修行；第二场为悉达多在修行之中，魔王显现，并以色诱及武力威慑，终被悉达多降服。第一场以夜场为影片的氛围基调，参照壁画中对建筑物的表现色彩，以红色调来表现宫城城墙，王宫内景等，强调重黑色背景下的红色系；第二场则以蓝色调为基底，表现悉达多修行时刻的状态，当魔王来扰时，黑色的烟雾一度蒙蔽整个氛围，各色魔众，依照壁画的色彩，以石青、石绿、赭红等色系活跃于镜头之中。悉达多觉悟的力量与魔王力量的对决，也外化为色彩的对抗，当最终魔王的力量被化解时，蓝色清凉的色彩氛围展开，成为画面的主体。整体的影片由此产生了四个阶段的整体色调：黑地红色（暗夜宫殿场）——深蓝色（山间修行场）——黑地棕色（魔王袭扰场）——蓝色光亮瓦解了暗黑（觉悟转化魔众）。

经文为色彩氛围的设定提供了形象的描述，例如魔王包围释迦一场：“四面放火然，烟焰盛冲天，狂风四激起，山林普震动。风火烟尘合，黑暗无所见”。这种黑暗与动荡被表述的极为生动。正如当年石窟营造团队依照经典文献来进行设计与绘制，今日的现代媒体转化中，经典文献依然是灵感的源泉。

图12 经文描述提供了生动的场面色彩氛围

敦煌壁画的色彩现状富有魅力，而其色彩的原貌也令人遐思不已。在保护研究所的协助下[1]，我们对壁画进行了观察与分析，对我们的色彩指定工作有很多的启发。比如老年魔女身上的裙裾，现在已褪化为深灰色，已经很难依靠肉眼判断其原本的色彩，但通过拉曼的光谱分析，显示其成分含砷的峰值很高，提示其绘制颜料为雌黄的可能性较大，原本色彩倾向于黄色调。我们便结合颜料信息与艺术感受，一定程度上复原了当年魔女的服饰色彩。在其他魔众的色彩指定中，也综合考虑了色彩的属性与设定问题，即试图将壁画的色彩现状与色

1. 保护研究所于宗仁、柴勃隆、崔强、李娜、张文元等同事进行了洞窟壁画的电子显微镜观测、x荧光衍射观测、拉曼光谱分析、多光谱观测等多项科技观测，特致谢忱。

彩原貌通过科技手段与艺术经验相整合。随着未来科技观测能力与设计能力的不断积累发展，在艺术表现与科技观测相结合上还有广阔的空间。

光影不仅是一种普遍的视觉感受，也是情绪氛围的重要语言，我们在动画角色的塑造过程中，从电影语言的需求出发，赋予角色以光照，让光影来为人物的性格、境遇、心态营造氛围。

在光照系统中，以两种光效为主，魔王的出场都伴随着戏剧用光，强调其喧嚣自负、故作声势的一面。光线集中，光照方向多为下打光。而释迦的光线则要营造他的自发光感，表现他在困扰环境中的不懈精进，唯有释迦在深深为众生的境遇所触动的时刻，一种强烈的光照打破了之前的平静，也推动剧情进入转折时刻。

但仅有这种由影所形成的真实感的、普适的视觉表现还是不够的，敦煌特有的视觉元素与电影语言的结合，还应形成一种更丰厚的意象。

北朝时期的敦煌壁画以西域传来的凹凸晕染法为主，这种绘制方式中包含了对光照与体积感的感受与表现，是一种对既往的以线为主的传统绘画技艺的重要拓展。而历经历史沧桑后的壁画晕染，很多都发生了氧化，变成了更富于粗旷风格感的晕染色带，这种特征也成为了敦煌壁画今天留给观众们的重要视觉符号。

我们也循着当年画师们的思路，在人物表现的光照系统之内，加上了晕染系统，通过光照表现氛围，通过晕染系统传达人物的性格深度，在视觉上传达出敦煌的特色。一种视觉系统的创新，往往是其内在的视觉元素的创新所带动的，我们也试图通过此次尝试，将一个光照元素与特定系统相整合，创造一种敦煌艺术在电影媒体的表达中的丰富厚重与贴切感。

4.4 镜头表演设计

行动性是影视表现人物塑造人物最重要的基点，有了行动性，人物才能鲜活动人。如何在悉达多修行与降伏心魔的过程中，综合经典文献与壁画的意象基础，发挥动画语言的特色

图 13 角色的光照与晕染系统的整合，营造出更为丰富的敦煌感的视觉系统

寻找到其行动性，是通篇镜头表演的基础。

群魔对悉达多的攻击是壁画所提供的行动基础，而悉达多如何在这心魔围攻中获得力量与转折的契机，则是一个关乎主题的内在核心。

在经文描写中，佛陀降魔是在禅定之中施展法力令众魔退散，既然是禅定，其外在的行动性便不强，而经文对其内心的描写也以其自在安详为主，尽管心魔实力非常强大，但好像悉达多是稳操胜券，对魔军手到擒来，在经文的描写中观众可以通过想象来完形角色。但如果影片这样表现，在人物展现上便较为简单了。

我们便在剧作上致力于寻找到悉达多生命成长的行动性，而行动性往往与挫折和起伏相关。正如经文的描写，释迦的心灵成长与觉悟之路经过了极度的低谷与转折，经文中有一处细节，给人感触尤深，讲悉达多经过六年苦修，身体极为虚弱，他自叹疑惑相较出家苦修之前更加深重，他觉察到与众生之缘隔绝的苦行是无从获得觉悟的，“寂默而禅思，遂经历六年，日食一麻米，形体极消羸，欲求度未度，重惑逾更沈”。悉达多决意不再无谓地苦行后，起身往尼连禅河中洗去身上经年的尘垢，可欲上岸时，羸瘦之极的悉达多，这位未来的佛陀，竟然虚弱到无力登上河岸，几乎被河水卷走，在树神的帮助下，才得以攀援着树枝上岸。随后他转而寻求一种与周边的众生和世界相关联的修行方式（接受乳糜与青草铺座的供养）。

在接受供养后，于岸边的菩提树下发愿要获得正觉，而使魔宫震动，展开了降魔成道的历程。

此时的悉达多，早已放弃了王子的身份与地位，而修行之路也遭遇挫折坎坷，多年过去，自觉一无所获，某种程度上也一无是处，全无可自证的依据。相信他彼时的内心一定非常复杂，而心魔也趁此时刻向他展开攻击，希望将他的修行之路完全阻止，使他重回世俗之心。恰如坎贝尔在他的著作《千面英雄》中指出，人类的英雄总是从巨大的挑战中胜出并诞生的，悉达多面对的是艰巨的自我挑战，是平复与转化盘踞内心无数身世的"贪、嗔、痴"心魔的攻击，也是最终极的考验。

他既往的修行方法遇到瓶颈，他的心魔又遮天蔽日地袭来，当悉达多被贪嗔痴的火焰所包围，处于危急时刻时，他回顾他出游四门的遭遇，回顾众生在心魔的迷惑与驱使下的彼此戕害，而众牛却浑然不知在无数的生世流转中，彼此都是至亲的亲人，"受生死无量，一切众生类，悉曾为亲属，而起大悲心"，对众生悲悯的泪水流下，浇灌在菩提叶上，原本孤立的菩提叶，孤立的觉悟种子，开始与众生关联，扎根大地，生根成长。悉达多降魔的触地印也正含有这种象征性。一棵菩提树成长起来，悉达多降服心魔的力量也成长起来。这个桥段的设计也成为影片的重要设计意向。而这背后都蕴含着佛教传统艺术中的义理与美感。例如一灯燃百千灯，灯灯相接，一灯逐千年暗晦的意象都得以视觉化地传达出来。

图 14 魔王展现其武力，将对垒的两军玩弄于股掌之间

图 15 悉达多以菩提叶为舟，在魔王的巨浪之手中救度溺水的众生

他重新思索他当年出家修行求道的动机与触动因素，正是众生生老病死所给予他的震撼与困惑危机感，带着这种对众生的整体关注，他重新进入到禅定中去，这种将众生为一体来观照的整体性的能量给了他突破蒙蔽，获得觉悟的可能。

在此时刻，悉达多觉悟到，在生死旷野之中，他所希望获得的觉悟之果，并不能通过单纯苦修获得，而是需要通过对众生的慈悲与关连而获得。

这也正是《普贤菩萨行愿品》中所书写的感人意象[1]：在生死旷野的沙碛之中，耸立有一棵大树，修行觉悟者与众生都同属这棵大树，众生是大树的根系，而修行觉悟者则是大树结出的花果。要在这不毛之地诞生这样瑞光四射的花果，则必须要有慈悲的心灵之泉的灌溉，如果没有对众生慈悲的深情，也就不会有觉悟之光的到来。

这一方面是一种佛教大乘化的思路，也是近代社会的普世价值之所在。这种意象也启发了整片行动性的基调。

魔王的行动性在经文中十分丰富，而剧作的要点是找到他这一系列外在武力之后的逻辑。魔王拥有相当的法力，自信可令日月坠落，让天地摧折。有趣的是，按经文的表述，他与悉达多的对抗主要是集中在意识形态的层面，“魔王复放邪见发，化成邪冥覆世间；菩萨复放正见发，化成为日除魔冥”，魔王放出“邪见”，而悉达多则以“正见”化解。鉴于魔王是掌管世间利、欲的天神，我们便设计其“邪见”主要围绕利、欲二者展开，即对欲望带来的财富与武力带来的征服的夸耀。而这抽象的观念之中，我们结合经文中“众生悉漂没，生死之大海”的意象，使之形象化为巨浪汇集的巨手，在五欲之海中，攫取一切的巨手从大海中

1.《大方广华严经·普贤菩萨行愿品》，唐，般若译，此经最早于东晋佛陀跋陀罗译出，后流传版本较多，此品中觉者依众生之根的意象，其内涵在多部早期译出的经典中都有体现，而以此品较为完整，优美，故在剧作中参照其意象。经文为：“诸佛如来以大悲心而为体故。因于众生，而起大悲；因于大悲，生菩提心；因菩提心，成等正觉。譬如旷野砂碛之中，有大树王，若根得水，枝叶华果悉皆繁茂。生死旷野菩提树王，亦复如是。一切众生而为树根，诸佛菩萨而为华果，以大悲水饶益众生，则能成就诸佛菩萨智慧华果。何以故？若诸菩萨以大悲水饶益众生，则能成就阿耨多罗三藐三菩提故。是故菩提属于众生。若无众生，一切菩萨终不能成无上正觉。”

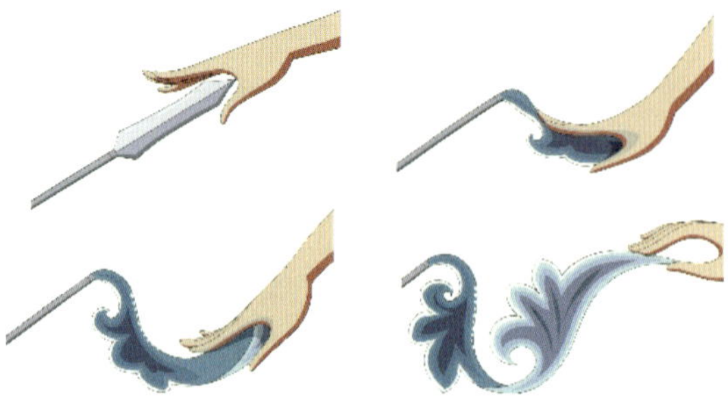

图 16 悉达多将魔众的武器变成花朵

幻化而出，似手又似水，将自然的环境与形态抹去，建造一个空前华丽的幻象给修行中的悉达多，试图诱动他的凡心。镜头段落又安排了进一步的高潮，如同壁画中阿修罗手擎日月的大手，影片也利用手的意象来凸显魔王擎掌乾坤的力量与霸气，鼓动生死大海的巨浪，玩弄对垒的两军于股掌，向悉达多施以武力征服的诱惑。

当魔王的巨浪吞噬世间之时，悉达多的慈悲愿力所化，菩提叶的小船在巨浪中救起众生，同时又要应对巨浪之手的不断袭击，最终将巨浪之手化解，而这一过程也使得菩提叶之舟成为一盏明灯，灯灯相传地照亮了曾被黑暗笼罩的地方。

这种意象的贯穿运用，来源于壁画及义理所蕴含的象征性及启迪。两方的较量更深层的是一种世界观的对抗与消解，利益与欲望之主的魔罗向悉达多展现他的欲望与力量带来的奢华与荣耀，而悉达多则一一点破，更加深入地展开了敦煌艺术的风格样式与蕴含的深意。

而当魔众们进攻悉达多时，经文上描写他们举石不能下，弓箭折断，武器化为花朵，这种化干戈为玉帛的意象非常动人。由此我们设计了武器变为花朵的一场。在背光中，悉达多的能量转化为一只光之手，将魔众的武器转化为忍冬花朵，便是对这种以巨大的能量包容与转化的神奇精神的形象表现，而忍冬花朵的原型来自 254 窟的中心柱龛楣，也凸显了敦煌艺术元素参与到现代艺术表现中的丰富可能性。

5. 敦煌艺术的数字媒体阐释的拓展与衍生创作

5.1 洞窟的整体虚拟演播环境的设置

在接下来的制片工作中，我们将完成254窟北壁《割肉贸鸽图》及整窟时代背景的影片阐释工作，我们会将这四部影片整合为一个虚拟整窟沉浸式演示系统，向观众提供阐释影片播放，知识互动的演播系统，观众可以利用这个演播平台深入体验敦煌艺术的美与感动。这个系统可以广泛用于敦煌文化遗产地现场及对外展览[1]。

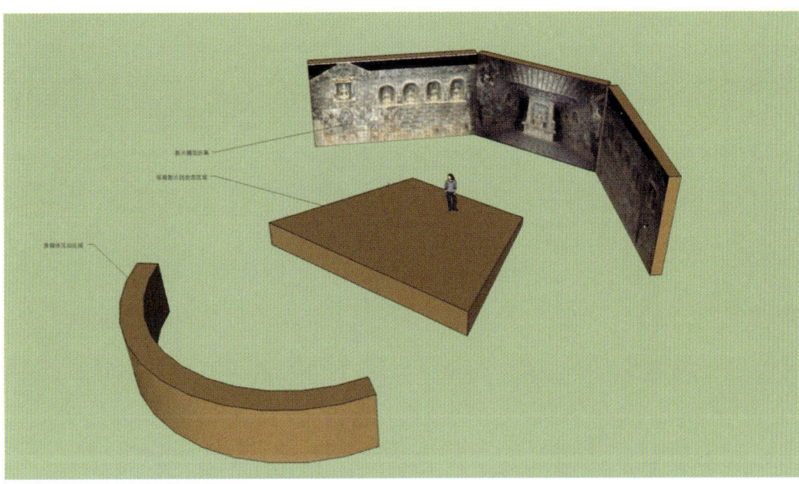

图17 虚拟演示系统，由影片播放区与互动区共同构成

5.2 结合洞窟艺术内涵与影片表现的衍生品设计

动画将大量的壁画形象外化为了生动的动画形象，当年画师很好地理解了佛经所言：“菩

1. 在博物馆学领域，随着经验学习理论（ELT）的深入推广，文博机构越来越重视如何提供给观众以优良的学习与导赏节目。加上数字博物馆的不断兴起，通过多媒体手段赋予观众良好的观看体验与学习提升契机，都成为博物馆界的前沿课题。在数字媒体领域，随着新媒体科技与文化遗产的结合日益紧密，文化遗产的数字化演示也呈现出应用普及化、技术升级化的潮流。但单纯的演示还是远远不足的，目前在文博展览中应用的多媒体系统，往往重视复杂技术与设备的应用。但在内核的学术研究与生动表现的深度连接，表现形式与文物本体的紧密关联，表现技巧的精益求精上，都还有很大的提升空间。在未来的发展中，必然是进一步强调研究——阐释——展演——衍生的完整过程，从初期的重视技术手段的新奇复杂，逐步转向重视技术为对象服务，追求以内敛型的科技手段，来突出呈现文化遗产本体的文化艺术魅力，并易于被观众接收与认知。突出演示中的学术分量，又可以流畅、生动地表现，能吸引观众，引发强烈共鸣。在敦煌学研究领域，整窟研究已成为一个新的趋向，并且已经有了数个研究个案。既注意历史因素对石窟的影响，又能充分揭示石窟的艺术价值所在，将细致的局部分析与更整体的图像序列分析整合起来，同时，将相关研究转化为媒体表现，对于深入认识敦煌莫高窟这样一个以整窟视觉艺术呈现出来的历史宝藏也是一种推动。

萨默然观，如看童儿戏”的角度，尽管表面上他们张牙舞爪，但浑圆有力的造型，充满憨态的表情，这使他们可以风趣地对应现代观众的各种感受，我们以魔众群落入手，设计了系列的公仔玩偶，这些造型的核心便是表现了当画面小魔众们心中的负面能量被化解后的欢快，憨态可掬。可以有效地将壁画经典——动画阐释——当下生活的这一环节加以连结。如图中的白象怪，在壁画上本是手抱石块，鼻子卷住一把短刀，凌厉地攻向悉达多，而在衍生品设计中，这个白象怪则脱去了负面能量对他的控制，手捧莲花，鼻子也卷着莲花，面露笑意。这种转化正是在轻松中实现了文化与历史智慧的传递。

5.3 敦煌艺术经典的现代媒体阐释群落的生成

随着数字媒体阐释工作的积累与系统化，未来将会逐步形成以敦煌艺术经典作品为点，经典洞窟为线，时代为面的阐释群落。敦煌艺术将会更加亲切便捷地普及到我们的日常生活与审美体验之中，完善敦煌文化遗产的“经典记述—石窟绘制—当代体验”的三重叠映。

论故宫文化遗产三维数据可视化的实施路径

——直译与意译的关系

黄墨樵

故宫博物院资料信息部

论故宫文化遗产三维数据可视化的实施路径
——直译与意译的关系

一、导言

故宫博物院是在明、清两代皇宫及其收藏的基础上建立起来的世界级综合性博物馆，世界文化遗产，是中华传统文化和艺术的宝库。故宫的不可移动文化遗产，涉及建筑面积约17万平方米，是世界现存规模最大、保存最完整的宫殿建筑群。故宫的可移动文化遗产，主要以清宫旧藏及遗存的文物藏品为主。根据故宫博物院第5次（2004年至2010年）藏品清查工作的统计，故宫藏品共有25个大类，即铜器、金银器、珐琅器、玉石器、雕塑、织绣、雕刻工艺、其他工艺、文具、生活用具、钟表仪器、珍宝、宗教文物、武备仪仗、帝后玺册、铭刻、外国文物、其他文物、古籍文献、古建藏品、漆器、陶瓷等大类。总计1807558件，其中珍贵文物1684490件、一般文物115491件、陶瓷标本7577件。

数字技术的迅猛发展，为故宫文化遗产的数字虚拟化提供了新的技术解决方案和技术手段。故宫博物院于2003年前后正式引入三维数据可视化技术。起初主要应用于故宫文化传播和对外展示方面的工作。随着三维数据可视化实践活动在院内的不断开展和深入，三维数据可视化技术对文化遗产事业的应用优势逐步得到显现，在故宫博物院的应用范围逐步扩大，如今已经与故宫文化遗产保护、研究及展示等方面紧密结合，逐步形成综合应用体系。

足见三维数据可视化技术在故宫文化遗产综合事业中起到越来越重要的作用。为此，我们有必要对三维数据可视化的相关问题在文化遗产事业中的运用进行研究讨论，对其在文化遗产事业中的实施路径进行系统梳理和科学评估。为此，笔者将“直译”与“意译”作为讨论的切入点，把三维数据可视化实践活动作为一项具有数字化转换功能的“翻译”活动，对两种“翻译”模式进行分析阐释，寻找其间的内在联系，勾勒出故宫文化遗产三维数据可视化应有实施路径和规范性原则的大致框架。

二、直译与意译

文化遗产的三维数据可视化就是一个存在形态转换过程。转换由两个环节完成，一是文化遗产数据的采集环节，二是文化遗产数据的加工环节。这两个环节是整个文化遗产数字化应用的基础环节。三维数据可视化中的“直译”与“意译”就针对这两个环节而言。

数据采集环节：

1. 内容：一是获取采集对象的体量和形状数据，二是获取采集对象的色彩数据，包括纹理数据。

2. 手段：目前采集手段主要是三维扫描仪和高分辨率数码照相机两种方式。

3. 原则：最大限度地避免采集过程中引起的信息丢失。

数据加工环节：

1. 内容：一是点云数据的修正和弥补。二是转换点云数据，生成原始多边形模型。三是依照原始多边形模型，进行拓扑重建，生成具有可编辑属性的多边形模型。四是为处理好的多边形模型贴好材质图像和增添质感属性。

2. 手段：主要依靠专业的二、三维图形图像处理软件。

3. 原则：基于三维扫描的点云数据，尽可能与文物实体的各项属性数据保持一致。

“直译”与“意译”的概念来源于语言翻译活动，是两种不同的语言翻译方法，在翻译活动过程中两种不同倾向。所谓语言翻译活动中的“直译”，是指翻译时要尽量保持原作的语言形式，包括用词、句子结构等。特别是保持原文的比喻、形象、民族特色和风土习俗等。“意译”是指在忠实原文内容的前提下，摆脱原文结构的束缚，使译文符合目标语言的规范。[1]笔者将语言翻译活动中的“直译”与“意译”概念引入三维数据可视化实践中，基于以下考虑：

1. 目标相似：两种活动的目的都是将内容的一种存在形态转化成另一种形态。例如将英文版的《哈姆雷特》通过翻译转化成为中文版的《哈姆雷特》。虽然形式变了，但都描写的是哈姆雷特为父报仇的悲剧故事。再例如在三维数据可视化实践中，将一文物的实体形式转化为数字虚拟形式，虽然存在形式变了，但内容还是那件文物。

2. 直接性相似：语言翻译活动中的“直译”，强调译文要与原作保持形式上的一致，无论是用词还是句子结构，都必须准确转换，将译者的干预降至最低。这一点与三维数据可视化实践中，强调可视化成果的直接转换生成，将人工主观干预降至最低较为类似。

3. 间接性相似：语言翻译活动中的“意译”，强调译文在忠实原文内容的前提下，适当发挥译者的主观能动性，使译文符合目标语言的规范和习惯。在三维数据可视化实践中，首先要求尽可能保存文化遗产承载的各种信息，在此基础上对转换而来的原始可视化数据进行人工干预，甄别、筛选、提取、优化，形成符合应用要求的可视化数据，这种间接性强调人的主观判断和取舍，与语言翻译活动中的“意译”存在相似之处。

2.1 关于“直译”模式

正如西方翻译理论家乔治·斯坦纳所认为的：“（翻译）最理想的状况是，在转换时不

1. 参见马亚丽：《论翻译的方法——直译与意译》，《时代文学》2010 年第 10 期，第 34 页 .

遭受任何的损失。”[1]对于文化遗产的三维数据可视化来说亦是如此。最为理想的状态就是将文化遗产的实体状态通过计算机相关技术，完整而无误地进行转换，使文化遗产不因形态的转变而丢失任何信息。而所谓“直译”模式就是保证可视化成果具有高度还原度的前提下，将人工干预减少至最低程度，避免人为误差，从而减小文化遗产的数据集合遭到不同程度的丢失或损坏的可能性，与此同时实现高度自动化，大幅度提高可视化转换的效率。具体来说就是要求在文化遗产数据的采集环节实现全自动、高精度三维扫描。不仅能够获取文物的精准形状的点云数据，还要能够获取高精度的色彩数据。在文化遗产数据的加工环节，能够自动弥补、修正采集过程中形成的误差；自动检查通过点云数据生成的多边形模型（Polygon Model）是否存在错误，拓扑结构是否合理，并自动进行校正；将采集的色彩数据转换成图像数据，自动实现材质贴图的正向投射和无缝拼接，并为多边形模型自动分配好具有规律性和可编辑性的UV坐标[2]；根据应用需求的不同，自动对三维几何模型进行拓扑优化，生成多规格具有可编辑属性的多边形模型（Editable Polygon Model）。其实“直译”模式并非只是一个理想。每年，数据采集环节和数据加工环节都有新的技术解决方案不断涌现。许多涉及采集和加工流程的技术环节都呈现出精确化、自动化、智能化的特征。随着信息技术的不断发展，使得我们不断向“直译”的理想靠近，并最终实现这一理想。

---

1. Steiner, George, After Babel: Aspects of Language and Translation, Shanghai: Shanghai Foreign LanguageEducation Press, P319(2001).

2. 所有的图象文件都是一个二维平面。水平方向是U，垂直方向是V，构成二维的UV坐标系。三维的多边形模型为了贴图额外引进了UV坐标，以便把多边形的顶点和图象文件上的象素对应起来，这样才能在多边形表面上定位纹理贴图。所以说多边形的顶点除了具有三维的空间坐标外，还具有二维的UV坐标。 对于纹理贴图而言，一张贴图的U和V坐标的数值范围都是0到1，而不管其实际分辨率，三维制作软件会自动将UV纹理坐标换算成贴图的象素坐标。参见百度百科：UV坐标，http://baike.baidu.com/view/4961929.htm?fr=aladdin.

2.2 关于“意译”模式

自引进三维数据可视化技术以来，我们一直都希望找寻到一种性能强大、自动化程度高的三维扫描、加工系统。但基于现行技术条件和综合外部因素，目前还没有能够找到满足要求的技术解决方案。“意译”模式则是针对目前的情况而提出的。“意译”模式涉及以下三个方面的内容：

1. 数据修正：包括数据筛选和数据补全两个部分。在采集环节中，由于采集环境或多或少的影响，三维点云数据会产生一定数量的噪点（noise point），形成冗余数据。这些冗余数据需要人工进行筛选和剔除。同时，由于采集环境的限制、采集对象的形状（遮挡部位、镂空处、不规则曲面形成的狭小空间等）、材质（颜色过暗或过亮、强反射或折射现象等）、体量限制（过大或过小）或是采集时间限制等因素的影响，现行技术手段无法采集到完整的三维点云数据，而导致形成一定数量的采集盲区，无法在加工环节生成有效的多边形模型。这就需要在加工环节中，进行人工补全。

2. 拓扑重建：由于采集过程中获取的三维点云数据数量十分庞大，动辄千万，少则百万，同时自动生成的多边形为不规则三角形，整个模型拥有至少百万量级的不规则三角形面片，根本无法进行编辑再应用。因此需要对不规则三角形模型进行拓扑重建（Topology Reconstruction），改善多边形点、边、面的关系，以获得布线合理，拓扑结构优化的具有可编辑属性的多边形模型。

3. 色彩重获：对于色彩采集的部分，现行技术条件只能获取点云的色彩信息（Vertex Color），而自动转化的材质贴图图像基于软件自动分配的贴图 UV 坐标，并不具有规律性和可编辑性，这给后续加工环节带来了极大不便。因此需要使用高分辨率数码照相机对色彩信息进行单独采集，以获取采集对象的正射影像图（Digital Orthophoto Map）。由于采集对象的形状多为曲面，因此需要经过多次采集和后期人工拼接，才能形成能够充当材质贴图的合格图像。

经过这三个方面的适当的人工干预，最终生成达到文化遗产三维数字化应用标准的文物多边形模型。再根据文化遗产保护、研究及展示等领域的具体要求，分别对模型面数、细节配置及贴图精度进行调整，以分别契合各自领域的具体要求，最终完成整个文化遗产三维数字化应用过程。

三、实施路径选择

在一般看来，“直译”带有更多的理想主义色彩，而“意译”更多地则被看作是对现实的妥协。实际上“直译”与“意译”两者并非对立。目前，采集、加工技术的限制必须让人作为关键一环参与到三维数据可视化的过程中。但从长远来看，随着技术的不断发展，人的干预会越来越少，这也是技术发展的必然方向。但不可否认，正因为人的加入使文化遗产的数字重生获得了生命力。文化遗产是各个历史时期的人类利用当时的工具，通过当时的思考，创造出来的具有文化价值的事物。而当下的人类通过现代技术，以一种全新的形式，即三维数据可视化的方式，重新构建起之前人类创造的文化瑰宝。用另一种方式去重温和体会文化遗产的造型技艺以及色彩之美，通过数字技术去探索和发现一些依靠传统方式无法获取的文化信息，将文化瑰宝以一种更为长久的形式予以保存，使这项数字化转换活动赋予了深刻的人文意义和厚重的仪式感。如果完全依靠计算机自动生成，完全没有人的参与，这将有损三维数据可视化这项数字化实践活动的部分意义。这也决定了“直译”离不开“意译”。

“意译”并非主观臆想的“胡译”。“意译”模式虽然强调人的参与，但这种主观能动性的发挥是有前提条件和严格要求的，不仅要对文化遗产实体进行仔细观察和全面了解，更是需要建立在大量带有“直译”色彩的自动化数字转换基础之上，能够保证数字化转换精度和绝大多数文物信息的保留。可以说“意译”的完美演绎得益于“直译”所带来的直接性成果。

可以说“直译”与“意译”并非竞争关系，而是互为依靠、相辅相成的关系。不断追寻“直译”模式并不妨碍将“意译”模式作为实践工作的标准形态。以“直译”为目标，同时利用部分“直译”模式产生的直接性成果，以指导“意译”模式的进行，以获得近似于“直译”模式所呈现的三维数据可视化成果。“意译”是过程，“直译”是目标。故宫博物院的文化遗产三维数据可视化实践活动正是沿着既重视实际的“意译”模式，同时也以“直译”作为最高目标的三维数据可视化路径前行。

四、实践概述

十余年间，故宫博物院多个部门都相继进行了多次三维数据采集和加工试验。涉及多种非接触式三维扫描仪器的试验应用和后续加工软件应用。本章节将节选三个时间段的相关试验，即养心殿室内外陈设、灵沼轩建筑石雕及可移动文物三维数据采集和加工试验，分别进行概述和分析，以佐证“直译”与“意译”两种模式的相互作用关系。

4.1 养心殿室内陈设三维数据采集和加工试验

2006年10月使用Konica Minolta 公司生产的VIVID910激光三维扫描仪对养心殿室内外陈设进行三维数据的采集及加工试验。本次试验所选择的采集对象均是外形复杂，单纯参考图像照片手工建立三维模型比较困难的文物。一共7件文物，分别是养心门前鎏金铜狮（一对）、养心殿前仙鹤香炉、养心殿东暖阁内掐丝珐琅太平有象和铜镀金牛驮瓶花表、养心殿正殿内的碧玉甪端香薰和嵌珐琅三足大薰炉。扫描全部文物使用工作时间累计近15个小时（图1）。

我们可以通过图例（图2）对这次三维数据采集和加工试验中完成的部分文物三维数据可视化成果进行初步评估。图例中的红色三维模型均为点云数据直接转换而成的不规则多边形模型。可以清晰地看到模型中有许多空洞，例如鎏金铜狮的前胸下部位置，以及腹部位置都因扫描仪无法获取该部位的点云数据而形成的数据空洞；也有因采集对象的材质特性而无法获取准确的形状数据，例如铜镀金牛驮瓶花表的铜镀金和玻璃材质有较明显反射，激光无法获取准确的形状数据，生成变形失真的多边形模型，以中间钟表部位最为明显；还有不应该出现的冗余数据，例如紫檀雕花角端座与地面结合处形成了冗余数据。虽然所有自动生成

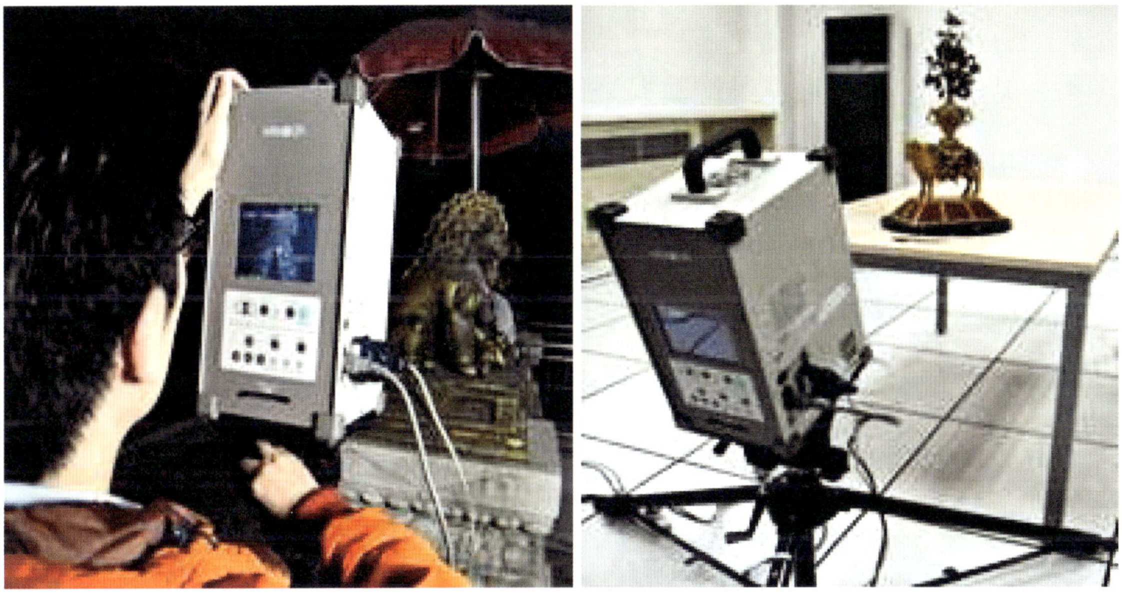

图 1 养心殿室内外陈设进行三维数据的采集试验现场

图 2 部分文物的三维采集、加工数据

的不规则多边形模型都有这样或那样的问题，但三维扫描的目的并非一次性生成可以达到应用级别的多边形模型。从数据获取的精度要求和完整度上看，三维扫描所获取的数据能够支撑起加工环节所要求保证的数字化转换精度和绝大多数文物信息的保留。也就是说“直译”产生的原始数据可以作为参考依据，运用到“意译”中去，运用专业的数据处理软件，如RapidForm逆向工程软件，通过人工干预，补全空洞数据、甄别冗余数据并参考正射影像图重构变形失真数据。

4.2 灵沼轩建筑石雕三维维数据采集和加工试验

2011年针对故宫东六宫之一延禧宫内的灵沼轩的虚拟修复项目正式启动。当年9月，首次利用由Breuckmann公司生产的SmartScan光栅式三维扫描仪对灵沼轩一层西北外立面的石雕进行了三维数据的采集试验，并进行了后续的数据加工试验。这次试验意在检验光栅式三维扫描仪在故宫文化遗产三维数据采集过程中的表现，观察其生成的点云数据是否达到应有的精度要求和完整度要求，并评估整个过程的自动化程度。整个实验持续2天，共10小时。由于光栅三维扫描作业环境要求尽可能保持暗的状态，因此作业时间选择在故宫闭馆之后的晚上进行（图3）。

由于整个石雕处于建筑外立面上，完全垂直于水平面，因此只需要调整扫描仪的高度，并同时微调俯仰角就能顺利地进行原始点云数据的采集工作。同时，由于采集对象的材质是石材，为漫反射材质，不会对扫描光束产生镜面反射和折射，因此石雕所有区域扫描都十分顺利，一般石雕的一个区域只需要三到四次扫描就能够完成。采集试验效果证明，SmartScan光栅式三维扫描仪对石质浮雕文物的扫描效果良好，能够确保点云数据的完整度和精度，自动化程度比之前使用VIVID910要提高不少，基本达到“直译”效果。

在其后的数据加工试验中，也使用了RapidForm逆向工程软件对采集的原始点云数据进行加工处理。由于原始点云数据基础较好，只对其进行了较少的数据补全作业。经过一系列常规的处理，生成了能够作为拓扑重建依据的不规则多边形模型（图 4）。

图 3 灵沼轩石雕三维数据采集试验现场

图 4 石雕点云数据经过处理后生成的不规则多边形模型

后来对不规则多边形模型进行了评估，认为即便不进行拓扑重建，该模型的布线合理程度对模型的最终可视化效果不会产生本质上的影响，因此放弃了人工拓扑重建，而改用软件自带的自动减面功能，对不规则多边形模型进行自动减面作业，以达到应用级别的多边形面数要求。这也从另一个角度说明了“直译”和“意译”的使用并非一成不变，根据需求的不同，情况的变化，做出相应的调整。

4.3 可移动文物三维数据采集和加工试验[1]

故宫博物院于2013年承接了“可移动文物数字化保护标准研究与规范（以古书画和青铜器为例）”的国家级科研课题，并于当年12月，再次利用SmartScan光栅式扫描仪对三牺鼎（青铜器）、宣德款青花开光灵芝纹石榴尊（青花瓷器）、九州清晏殿建筑烫样（纸板立体模型）、铜“圣旨”合符（铜镀金器），共四件不同材质的可移动文物进行了三维数据采集和加工流程的规范性试验（图5）。整个试验采集环节花费12小时，加工环节单人花费16小时（图5）。

由于之前进行过多次三维数据采集和加工的实践，团队也逐渐开始摸索和总结三维数据可视化工作的一些规律性原则。因此，这次试验的目的并非一定要将4件文物的三维数据采集完整，而是关注于对可移动文物数据的采集和加工流程进行系统性和规范性梳理，为相关课题做好预研工作。经过归纳总结，数据采集环节可以分为5个流程节点。

1. 采集作业环境搭建(Environment Setup)。由于这次试验采用的是光栅式三维扫描仪，按照其技术要求，对环境光线进行了严格管控，专门搭建了一个大型暗室(图6)，用采集作业。同时基于文物保护原则，室内保持整洁，对文物、人员及仪器之间都设立了足够的安全距离，以保证文物绝对安全。

---

1. 本次试验并没有将色彩数据采集和加工纳入试验范畴。由于SmartScan采集的色彩数据无法直接进行数据应用，加工价值并不高。因此推荐使用高分辨率数码照相机单独对文物进行色彩及材质贴图的数据采集并加工成可应用的材质正射影像图。同时由于扫描仪的技术限定，在整理流程节点时，主要基于SmartScan的技术特性，其他品牌或种类的三维扫描仪可能会有所不同，但大致的技术方向趋于一致.

扫描对象	文物号	扫描日期	镜头	扫描次数	作业时间	截图	扫描部位
三牺鼎	新 10133	2013.12.19	FOV225	52	2h	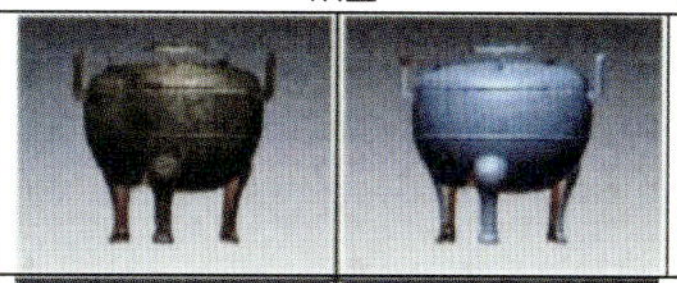	全体
三牺鼎		2013.12.20	FOV225	35	1h		盖子
三牺鼎		2013.12.20	FOV225	24	0.75h		底部、内部
宣德款青花开光灵芝纹石榴尊	新 81156	2013.12.20	FOV225	54	1.75h	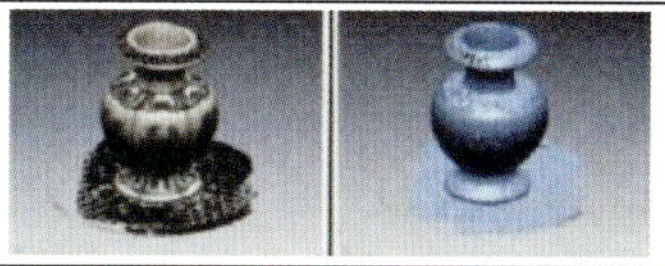	全体
宣德款青花开光灵芝纹石榴尊		2013.12.20	FOV225	6	0.25h	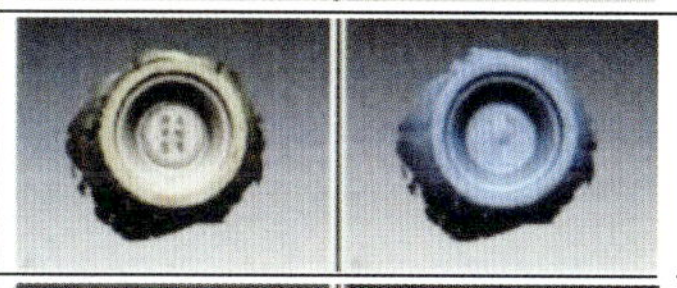	底面
九洲清晏殿建筑烫样		2013.12.23	FOV450	34	1.5h		全体
九洲清晏殿建筑烫样		2013.12.23	FOV450	27	1.5h		正面
九洲清晏殿建筑烫样		2013.12.23	FOV450	18	0.75h		背面
九洲清晏殿建筑烫样		2013.12.23	FOV450	16	0.5h		内部构造
铜“圣旨”合符	故 167282	2013.12.24	FOV90	43	1.5h	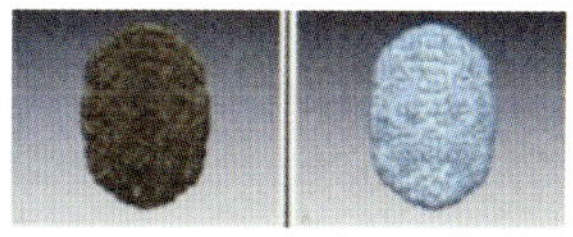	正面
铜“圣旨”合符		2013.12.24	FOV90	11	0.25h	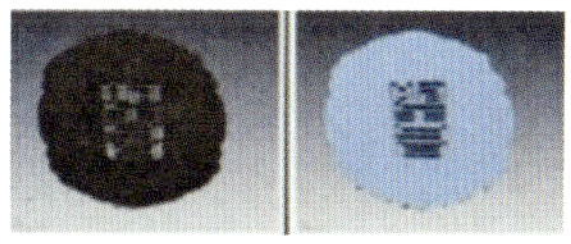	背面

图 5 可移动文物三维数据采集试验相关参数

2. 采集设备校准（Calibration）。三维数据采集是一项十分精密的光学测量活动，须检查诸如仪器的光学元件状态是否良好，元件是否选用恰当，各子系统间是否匹配到位，测量诸元是否合适等方面。进行测量三维扫描是一个采集数据的自动化过程，所谓“失之毫厘谬以千里”，准备工作是否充分得当，会直接影响到采集精度的好坏。这也从一个侧面表明“直译”也并非无条件的，是需要有准备前提的，需要人的大量参与，充足的准备工作会大大提高“直译”的最终效果。因此这个环节，宁愿多花一些时间，也要将各项调试校准工作做到位、做充分。

3. 分块扫描(Scan)。这个环节主要依靠人工摇移三维扫描仪，通过对某一区域进行复次、多角度三维数据采集。虽然是通过仪器自动获取文物点云数据，但需要人控制仪器的位置和方向，因此采集效果的好还或是采集次数的多少，都与人的主观能动性参与密不可分。

4. 拼接和对齐（Merge & Align）。由于是分块扫描，需要进行拼接和对齐作业，才能最终组合成完整的文物三维点云数据。通过扫描软件进行特征点识别，自动对前后两次扫描区域进行拼接对齐。对于特征点的选取必须人工进行，特征点的选取是否合乎技术要求，也会对采集效果和后续数据整合产生影响。

5. 数据整合（Integration）。分块扫描作业结束后，所有的点云数据看似处于弥合状态，但并没有形成单一整体数据，而且由于是复次、多角度扫描而成，必然会出现大量重复数据堆积，极大影响后续加工环节的工作。因此需要对点云数据进行整合和初步优化，为后续数据加工环节提供良好的原始数据基础。

然后是数据加工环节可分为 3 个流程节点。

1. 数据转换（Data Conversion）。从原始点云数据转换成为不规则多边形模型。一般在扫描仪自带处理软件中输出成通用工业标准格式，如 STL（STereo Lithography）格式。

2. 数据修正（Data Correction）。我们选取了三牺鼎模型作为数据修正的试验对象。

这次修正主要是进行补洞作业。由于使用的是光栅三维扫描仪，因此采集对象颜色接近光栅的白色和黑色时，表面数据就存在无法获取的问题，需要调解曝光度和变换光圈，反复扫描，表面数据才能有可能获取。由于采集时间不足，因此在这次采集的文物数据中，空洞的问题比较普遍。补洞主要针对实际半径在 0.5cm 左右的圆形区域内的空洞，通过对照实物逐一对试验对象进行人工补洞作业。

3. 拓扑重建（Topology Reconstruction）。由于 STL 模型仅仅记录了物体表面的几何位置信息，没有任何表达几何体之间关系的拓扑信息，所有多边形拓扑关系都由计算机自行生成，一般为不规则三角形拓扑关系。[1] 这就需要为多边形模型重建规则的拓扑关系。在这次试验中，我们选取宣德款青花开光灵芝纹石榴尊的不规则多边形模型作为拓扑重建的试验对象。基本做法就是依附于不规则多边形模型之上，严格参照其形状，逐一创建规则的多边形及其之间的规整关系，并最终生成具有规则拓扑关系、多边形分布和面数合理的多边形模型（图 6）。拓扑重建环节十分考验制作者的图形软件操作能力和造型能力，制作者能力的

图 6 从左到右依次为：不规则多边形模型（默认着色显示模式）、不规则多边形模型（线框显示模式）、拓扑重建后的规则多边形模型

1. 参见百度百科：STL（文件格式），http://baike.baidu.com/subview/332356/10428597htm#viewPageContent.

高低较大程度上决定了拓扑关系的好坏及多边形面数利用率的高低。

在这次整个试验过程中，我们感到真正意义上的“直译”模式目前还离我们比较遥远，但其中的一些关键流程节点，则已经运用了“直译”模式。这为整个三维数据的可视化奠定了坚实的原始数据基础，而后通过正确的人工干预，能够达到保证数字化转换精度和绝大多数文物信息的保留要求。

五、展望未来

未来，“效率”与“质量”是两个关键词。由于“意译”模式需要大量人工参与，使得三维数据可视化的效率普遍不高，而“直译”模式往往更倾向于效率，而没有更多的精力去进行严格的质量控制。因此，“效率”与“质量”间的共赢成为未来文化遗产三维数据可视化向往的目标。随着三维数据可视化技术的不断发展，越来越多的三维数据可视化综合解决方案进入我们的视野。例如较为先进的倾斜摄影测量技术已经开始在故宫博物院对不可移动文物进行了初次试验，试验中较好地兼顾了效率与质量，并取得了良好效果。今后，我们还将不断挖掘各项三维数据可视化相关技术在保护、研究和展示故宫文化遗产方面的应用潜力，本着“学用并举”的原则，开展文化遗产三维数据可视化技术应用的相关试验，不断梳理、总结和规划故宫文化遗产三维数据可视化的实施路径。

参考文献

[1] 朱宜萱等. 应用GeoStar 建立数字佛像三维模型的研究[J]. 测绘信息与工程，2004，(4)：7-9.

[2] 邵振峰等. 立体影像对的复杂房屋三维拓扑重建[J]. 武汉大学学报·信息科学版，2004，(11)：999-1003.

[3] 周克勤等. 基于激光点云的3维可视化方法[J]. 测绘科学技术学报，2006，(2)：69-72.

[4] 王伟等．Pictometry 倾斜摄影技术及其在 3 维城市建模中的应用 [J]．测绘与空间地理信息，2011，34(3)：181-183.

[5] 侯宝明等．三维网格模型的快速拓扑重建算法 [J]．计算机应用，2010，(11)：3002-3004.

[6] 程钢等．文物景观的三维数字化方法研究 [J]．河南理工大学学报（自然科学版），2010，(4):484-488.

[7] 马亚丽．论翻译的方法——直译与意译 [J]．时代文学，2010，(10)：34.

[8] 方仪力．直译与意译：翻译方法、策略与元理论向度探讨 [J]．上海翻译，2012，(3)：16-20.

[9] 李肖等．实时三维技术在交河故城遗址保护中的应用 [J]．文物保护与考古科学，2013，(1)：24-29.

浅谈 CG 动画技术在非物质文化遗产再现中的应用

——以《龙耳虎足方壶的制作工艺》CG 动画专题片制作为例

司冰

故宫博物院资料信息部

浅谈 CG 动画技术在非物质文化遗产再现中的应用

——以《龙耳虎足方壶的制作工艺》CG 动画专题片制作为例

进入 21 世纪以来，科技对艺术的影响变得更加强烈和迅猛，数字技术的发展为艺术创造了更广阔的表现空间，科学技术的发展为博物馆的文化传播提供了更加丰富的传播手段，从而促进了数字博物馆的建设。作为一种新兴的文化传播载体，数字博物馆给文化的传播和保护带来新的方式，带来了区别于传统展厅实物展示的文化展示平台。数字博物馆摆脱了传统意义上博物馆所必须的建筑、陈列、参观时间等条件的束缚，消除了时间、空间限制，同时还扩大了服务对象的数量，提高了文物的展出率，改善了展示效果，使任何人在任何时间、任何地点都能够获取所需的文化信息。

数字博物馆作为一种全新的传播媒介，将一般（实体）博物馆所应具有的教育、研究、展示、收藏等功能以数字化的方式进行再造和呈现，是在信息时代对博物馆职能进一步的延伸和扩展。数字博物馆对现代文化的传播起到推动作用，出现了以新媒介、数字影像、CG 特效、网络技术等为代表的文化展示手段，特别是数字视觉媒体的的发展，使得博物馆的文化传播受众群体更加广泛。如今传播媒介的多样化、受众群体的增多使博物馆工作更加富有创造性。

一、视频专题片在展览中的作用及龙耳虎足方壶的铸造工艺

故宫博物院作为我国最大的博物馆，以文化教育、知识传播作为博物馆发展重心，在各类文物展览中通过不同的视觉传播媒介，辅助实体文物为观众讲述文物背后的故事。其中配合展览制作的视频专题片是每个展览中使用最普遍的媒介形式，比如上世纪80年代钟表馆制作的《故宫钟表》；为新开放的武英殿书画馆制作的《中国书法欣赏》《中国绘画欣赏》；为陶瓷馆制作的《古陶瓷之美》；为配合美国大都会博物馆的乾隆花园特展制作的《玉萃轩通景画修复》等，观众在欣赏文物藏品的同时，可以在展览中通过这样的一种视觉传播媒介，了解更多的历史知识，增加观众对展览的更深入的了解，丰富展览的展示内容。《龙耳虎足方壶的制作工艺》专题片的策划之初是为了配合故宫博物院的常设展览《青铜器展》制作的。故宫博物院的青铜器藏品为15973件（套），是国内收藏青铜器最多的博物馆，其中具有较高的艺术及研究价值的有：商代三羊尊、西周格伯簋、春秋少虡剑、龙耳虎足方壶等。龙耳虎足方壶是故宫博物院青铜器藏品中春秋时期的艺术精品，全壶通高87.5cm，宽47.2cm，重41kg。颈两侧附一对壮硕的龙形耳，壶身有细密的蟠龙纹，龙回首卷尾呈蹲立状，足下卧二虎。此壶造型优雅，纹饰繁缛精美，龙虎上下呼应，栩栩如生。它美妙的造形设计和精湛的制作工艺，令世人赞叹。这件稀世瑰宝，充分体现了我国古人的聪明智慧，是我国铜器制造史上最具有代表性的作品之一。在策划青铜器展时，策展人希望从两个方面来展示古代青铜器，一是院藏的青铜器实体文物，二是向观众介绍古代青铜器是如何铸造的作为故宫博物院视频采集加工的科室，在接到此项工作后，首先对我国古代青铜器的铸造进行简单的了解，先秦青铜器的铸造工艺基本有两种：失腊法、分铸法。而龙耳虎足方壶则是两种铸造工艺集大成之作，整个壶身是分铸法铸造的，其中龙耳使用的是失蜡法。失蜡法主要用于制作青铜壶的耳部等部件；分铸法用于铸造壶身，以及将铸好的各部件整合成最终成品。

二、CG动画技术在《龙耳虎足方壶的制作工艺》专题片中的应用

通过对龙耳虎足方壶铸造工艺的了解，确定了此次专题片的主题及内容。主题是文化专题片的核心价值所在，也就是制定选题的目的意义以及通过制作专题片所要达到的目的。下一步的工作就是选择什么样的视觉制作形式来传达主题内容。博物馆文化展示影片多数情况下用来展示历史故事或文物风采，而由于种种因素的限制，影片创作者不能用自己的摄影机捕捉到第一手历史素材。而文化专题片又需要形象化的表达，于是就需要通过可行的手段进行真实信息的表现。由此可见，文化专题片因为其先天的局限性，势必需要经由一些途径方法来对已发生过的，未能用摄影机记录下来的事实进行再现或描述。通过现代科技手段表现馆藏文物或传统技艺，使得影片更加具有深度，更具有说服力和感染力。在制作专题片的过程中，除了主题及表现方式的主观因素外，制作资金及制作周期等客观条件也会限制影片创作。因此龙耳虎足方壶的制作工艺虽有历史文献可寻，但古老的青铜铸造工艺已经被现代先进的铸造技术所取代，真实的情景再现当时的铸造工艺是不可行的，CG动画的虚拟现实的技术手段便成为唯一的一种可行的表现形式。CG动画特效与真实的情景拍摄在画面表现和制作手段上是有很大不同的，CG动画特效的画面表现比较单一，气氛渲染比较平淡，空间感不强；真实的情景拍摄能够较全面展现历史的环境气氛、人物、工艺特点，有强烈的画面空间感。从制作手段及方式上对比，CG动画特效只需要专业的动画制作人员和计算机就可以完成整个影片的制作，而真实的情景拍摄则需要前期的场景搭建、摄制组的筹备（导演、演员、摄影、灯光、美术、化妆等）、中期拍摄及后期剪辑制作等一系列影视制作流程，从资金到人员配备都超出了我们所能控制的范围。因此在选择专题片的制作方式时，一定要根据博物馆自身的实际情况，选择最合适的制作手段和展示方式，给观众呈现最生动的文化内容。

CG 动画特效的表现形式是为主题内容服务的，因此《龙耳虎足方壶的制作工艺》专题片接下来的工作就是主题脚本的策划及编写，在经过青铜器专家对专题片故事文稿的最终审核后，便进入 CG 动画的制作阶段。在开始工作之前，需要根据策展人要求明确制作周期，主体内容的确定制定工作计划。

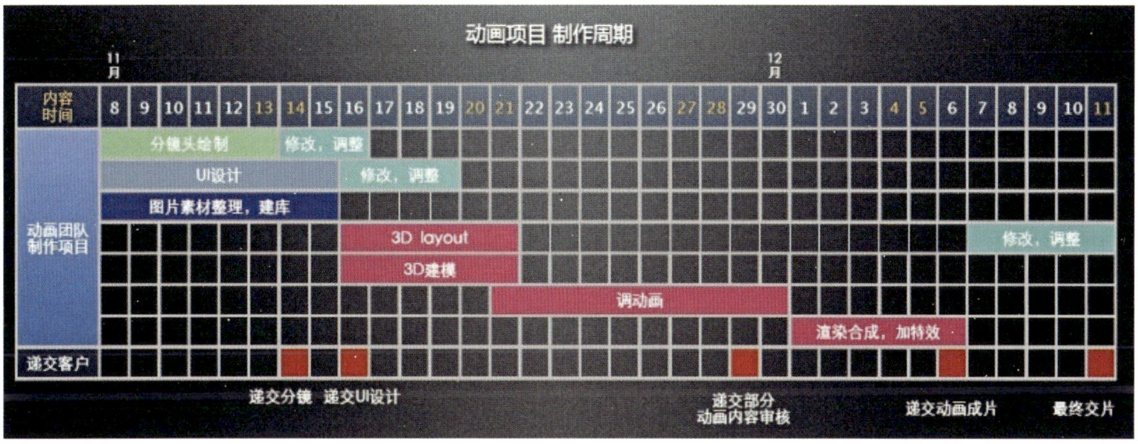

1. 分镜头脚本：它是将文字转换成立体视听形象的中间媒介，是导演将整个影片或电视片的文学内容分切成一系列可摄制的镜头的剧本。其内容包括：镜头号、镜头长度、景别、镜头运动、画面内容、解说、音乐等项目。主要任务是根据解说词和主题脚本来设计相应画面，配置音乐音响，把握片子的节奏和风格等。在制作分镜头脚本时如果影片播放过程需要配合旁白解说，文稿撰写人员必须先把解说撰写出来，然后由分镜头编写人员依据策划及解说内容，将要表现的画面内容以分格分镜的方式绘制出来，作为动画制作的参考。《龙耳虎足方壶的制作工艺》全片共 370 个镜头，我们对每个镜头都进行了景别及运动轨迹的细化。

2. UI 设计：UI 即 User Interface 的简称，UI 设计是对动画背景界面、整体效果等视觉元素美观的整体设计。这一步是可以与分镜头脚本同时间来完成的，最后可根据分镜头的内容表现需要进行相应的调整。

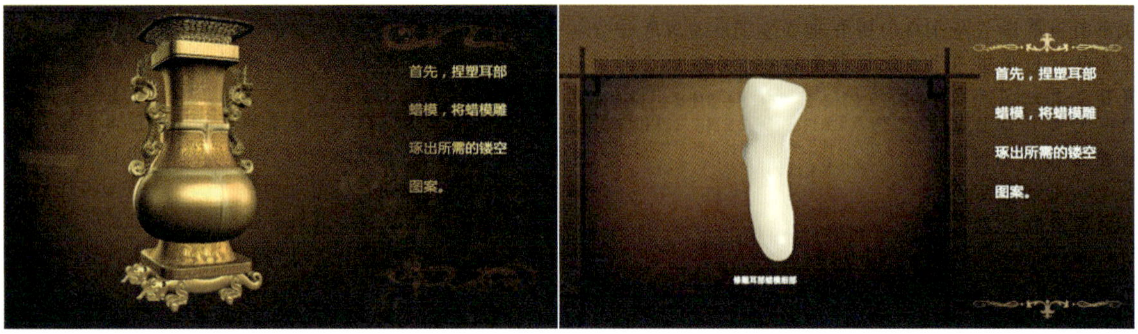

3. 数据采集、整理：数据采集包括两个内容，器形数据采集及器物外形图片数据采集，器形数据包括整体及局部器形的长度、厚度及各部位比例。图片数据采集使用相机对器物全行，局部进行拍照，特别对古代青铜器的表面材质、质感进行数据采集。

4. 3DLayout：这是一个属于动画专用名词，也是比较重要的工作，工作性质属于动态分镜，例如设计多层次背景，令每层背景移动速度不同，就能表现出逼真写实的远近距离感。动画制作人员根据有关文字解说的分镜脚本、相关的画面及参考数据，首先创建器物的 3D 模型，收集相关的场景数据，然后将杂乱简略的画面仔细地呈现出来，作为日后动画、背景、色指定等等的依据。

5. 3D 建模：3D 建模环节是整个制作流程的基础环节。在该环节中，根据采集的基础数据及 Layout 中提供的粗模，建立更精细、比例更准确的模型。所有 3D 物体模型的创建，基本上都是先分别创建各个零件，再加以组合成为完整的主体。因此，在创建模型过程中，需要将 3D 物体在空间中加以快速定位与组合。另外，由于有很多 3D 模型会陆续被创建，所以，良好的物体管理结构及规划也成为 3D 动画制作过程中相当重要的环节。

6. 摄像机跟踪和灯光匹配

将模型矢量数据转换为图像数据后，需要架设摄像机取景与创建灯光。3D 动画软件的摄像机功能及照明操作，与现实中使用摄像机结合灯光或摄像机拍摄工作的概念类似，因此多掌握一些拍摄技巧与经验，会对 3D 计算机动画场景的分镜取景及良好的灯光设定效果有相当多的帮助。在 3D Studiomax 中架设摄像机和创建灯光需要理解掌握以下设置：灯光类型、灯光定位、摄像机类型、虚拟试图、匹配摄像机、三维运动追踪、二维摄像机匹配。

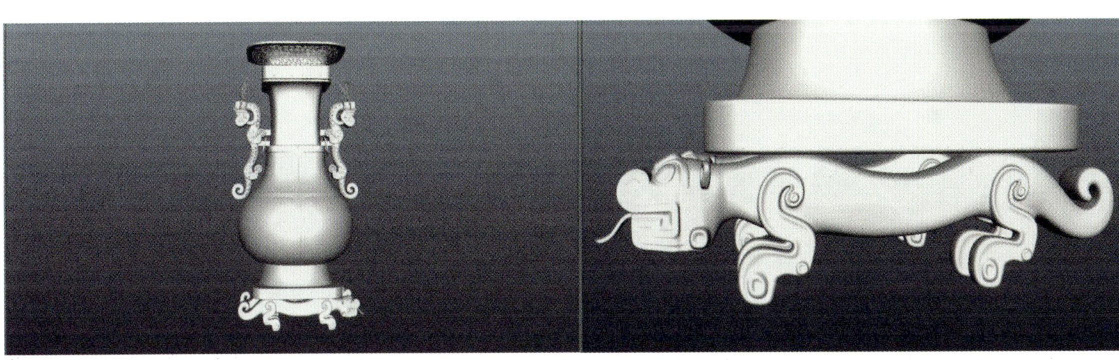

7. 贴图和材质处理："材质"是指附在 3D 物体表面，创建各种质感的仿真效果的 3D 动画组件之一。材质的定义与处理，也是 3D 动画制作过程中相当重要的环节之一，被仿真的物体看上去真实与否，不但取决于模型创建的水平，材质处理也起着相当重要的作用。实际上，材质处理属于图像处理的范畴。优良的图像处理能力，在这个阶段是不可或缺的基本功能。我们根据之前进行的图片数据采集的材质数据按照完成最终的表面材质的处理。

8. 动画调整设置与制作：完成所有静态场景物体的定义后，就可以设置场景中的物体，并创建动画。动画制作应是 3DS MAX 中最难掌握的环节，由于所有的设置都要经过长时间的计算才能成功（例如，一帧画面的渲染需要 5s，则短短 30s 的动画成品，等待渲染计算的时间就长达 3600S）。动画摄制完成后，进行进一步的特效制作，将设置的效果直接通过渲染程序输出为动画制作。

9. 完成的动画成片，经过审查后，按照后期剪辑需求生成视频文件。

以上便是动画制作的基本过程，生成的视频文件经过加入音乐、解说、字幕等后期其它影片元素后，最终的《龙耳虎足方壶的制作工艺》专题片完成。整部影片制作周期为 1 个半月时间，相对于用摄像机拍摄完成的文化专题片来说，利用 CG 动画技术制作的文化专题片缩短了制作周期，节约了制作成本，同时增强了主题内容呈现及观众的感官体验。

三、新媒体技术的应用对非物质文化遗产保护的意义。

CG动画技术的推广及应用已经非常普遍，在博物馆的数字化建设及文化展示中，不应该把普及的技术看成是落后的技术，不能一味追求高科技来提升展览展示水品，文化知识的传播需要博物馆寻找适合于自身的传播方式及传播途径。通过《龙耳虎足方壶的制作工艺》CG动画专题片的制作，我们意识到CG动画技术适合对已经消失的非物质文化遗产及无法实景再现的工艺传承进行全面的解读和展示。让历经了风霜雨雪、战乱兵戈、王朝更迭、精美绝伦的青铜器物的制作过程完整的呈现在展览中，让观众可以清楚地感受到华夏文明之灿烂，多少能工巧匠前赴后继努力探索，使如此巧妙的铸造工艺可以被我们清晰地解读、研究。我们深深地被古人的智慧与坚韧所折服。

非物质文化遗产强调的并不是那些物质层面的载体和呈现形式，而是蕴藏在这些物化形式背后的精湛的技艺、独到的思维方式、丰富的精神蕴涵等非物质形态的内容。中国非物质文化遗产以其精神性与智慧性的形态方式和活态传承的特殊品格，在人类社会和世界文明的进程中产生着巨大的影响，在世界文化宝库中享有极其崇高的地位。

数字视觉媒介为我们记录和传承中国的非物质文化遗产提供了一种很好的形式载体。视频文化专题纪录片凭借特有的传播方式和记录手段、深远的文化传播力，成为一种很好的传播形式。我们可以充分利用电视媒介最先进的CG动画技术手段，优秀的创作理念，加之精良的拍摄制作，用专题片的表现形式，对非遗项目进行深度挖掘创作，充分揭示遗产背后的文化价值，向观众展示其权威的专业性、丰富的文化知识性、优秀文化的传承性、珍贵的文献史料性及赏心悦目的艺术性。

四、结语

随着博物馆事业的迅速发展，网络、数字电视、互动媒体、交互游戏、虚拟空间等新媒体信息传播技术在博物馆的应用越来越重要，逐渐成为数字博物馆建设工作的重心。特别是数字视觉媒体的发展，成为博物馆文化记录和传播的重要手段。历史文化的传播需要新的数字媒体技术的支撑，《龙耳虎足方壶的制作工艺》专题片是新技术与文化艺术的完美结合，科学与艺术结合的最终目的是大众传播。现代科技的发展，为非物质文化遗产的传播和继承提供了有效的方法和传播途径。在博物馆的文化展示及传播中，如何选择适合于我们所要展现的非物质文化遗产的表现方式，是现在文化遗产传播与保护工作中所面临的问题。新的技术手段为我们提供了更多的文化展示方式，但不一定是最适合的文化展示和传播的手段。艺术形式是没有界限的，合理地利用和选择新媒体展示技术，我们的工作才能更加系统化，规范化，更有利于对非物质文化遗产内涵有效地传播。

古建筑数字资源的元数据加工与管理

田园

故宫博物院资料信息部

古建筑数字资源的元数据加工与管理

一、紫禁城古建筑资源简介

紫禁城建成于明永乐十八年（1420），作为中华近古明、清两代帝王的宫殿，紫禁城已经历了几百年的风风雨雨，一直见证、记录着历史的兴衰。紫禁城是我国古代宫城发展史上现存的唯一实例和最高典范，也是世界上现存规模最大、保存最完整的古代建筑群。紫禁城内占地72万平方米，现在保留的建筑面积约16.7万平方米。作为我国古代宫殿建筑发展的集大成者，它在建筑技术和建筑艺术上代表了中国古代官式建筑的最高水平。紫禁城宫殿建筑，作为历史文化遗产，不仅是研究我国古代宫殿建筑史，规划设计思想史、建筑技术史与东方艺术史的典型例证，而且也是研究我国社会、历史、哲学的文化宝库，其丰富的时代内涵，堪称我国灿烂文化的一尊典型载体。

作为紫禁城建筑的管理单位故宫博物院成立于1925年。1961年被国务院公布为全国第一批重点文物保护单位，1987年12月在巴黎教科文组织总部举行的第十一届世界遗产大会上，列入《世界遗产名录》。世界遗产委员会对故宫有个总体的评价：紫禁城是中国五个世纪以来的最高权力中心，它以园林景观和容纳了家具、工艺品的9000个房间的庞大建筑群，成为明清时代中国文明无价的历史见证。

紫禁城古建筑资源内容丰富。紫禁城南北长961m，东西宽753m，四面围有高10m的城墙，城外有宽 52m 的护城河，真可谓有金城汤池之固。紫禁城有四座城门，南面为午门，北面为神武门，东面为东华门，西面为西华门。城墙的四角，各有一座风姿绰约的角楼，民间有九梁十八柱七十二条脊之说，形容其结构的复杂。紫禁城内的建筑分为外朝和内廷两部分。外朝的中心为太和殿、中和殿、保和殿，统称三大殿，是国家举行大典礼的地方。三大殿左右两翼辅以文华殿、武英殿两组建筑。内廷的中心是乾清宫、交泰殿、坤宁宫，统称后三宫，是皇帝和皇后居住的正宫。其后为御花园。后三宫两侧排列着东、西六宫，是后妃们居住休息的地方。东六宫东侧是天穹宝殿等佛堂建筑，西六宫西侧是中正殿等佛堂建筑。外朝、内廷之外还有外东路、外西路两部分建筑。外东路南部是皇子居住的撷芳殿，俗称南三所，北部是乾隆皇帝营建的太上皇宫殿——宁寿宫。外西路南部是皇太后居住的慈宁宫、寿康宫，北部除皇太后居住的寿安宫外，还有英华殿等佛堂建筑。

紫禁城古建筑藏品资源还包括收藏的样式雷图档 3000 余件和 2000 多件清代皇家建筑档案及 80 多个“烫样”，即当时清宫总设计师画的各种平面图和做的建筑模型；还有室外陈设共计 831 件，其大小形状各异，材质不同。

所有这些古建筑及其资料都正在数字化生成相关数字资源。与古建相关的还有建国以来，累计完成大小维修工程几百余项。2002 年启动的大修也确定了整体维修、完整保护的方针，要再现故宫庄严肃穆辉煌的盛世风貌，充分展示历史文化价值与内涵。保护工程是全面了解建筑遗产的最佳时机，完整真实地记录工程维修，同时继承和发扬传统技术，在大修工程中贯穿研究，现场勘查、测绘记录也都在逐步数字化，变成宝贵的数字资源。

二、古建筑的数字资源种类及其特点分析

（一）古建筑数字资源种类

故宫古建筑的数字资源包括古建筑历史上以及现在的建筑影像、原状陈列影像、历史文

档（关于建筑的档案等）、档案（有关建筑的历史、维修资料、公文等）、图纸（立面图、彩画、保养维修工程图）、视频（建筑内外维修前后以及维修过程）。其中古建筑影像就有建筑群整体影像、能反映群体建筑和单体之间关系的影像、单体建筑的外部各个立面影像（正立面、侧立面、背面）、能反映单体建筑主要构造与结构的影像（梁架或其他）、能够说明建筑地点与年代特征的局部影像（屋顶、台基和墙体的装饰；斗拱、彩画、装修及其他）、陈设在建筑内、外的附属文物（雕塑、碑刻、室内外陈设物、壁画等），此外还有古建大修、相关会议等。

（二）数字资源的特点

图像和视频已经逐渐成为人们记录和分享信息的主要方式，藏品的数字资源是对藏品的直观性描述手段。在现代博物馆，数字资源被看做与实体资产具有同等价值，甚至更加重要的资源，因为它日益增强的重要性，我们有必要对数字资源加强管理。故宫博物院从上个世纪 90 年代开始致力于数字资源的采集与管理，至今已走出一条适应本博物馆的数字资源管理之路。

古建筑的数字资源多种多样，有照片、历史文档、档案、视频、图纸等。数字资源的管理是在分析的基础上确定方式方法的。当然，最简单的方式是把一切数字资源都作为一个附件附属于藏品，但这样将无法进行细致并且专业的标引，比如视频无法进行关键帧的抽取，无法进行分层编辑，如片段、场景、镜头的编辑。比如历史文档生成的影像也与藏品影像不同，历史文档除了元数据标引外，还需要将其全文数字化，变成方便编辑的文本文件。而藏品影像可能需要对其细节的展示，可以浏览到极其细微的地方，可以在影像上直接标注研究成果。历史文档和档案都是文本文件，但历史文档是一个实物多个连续影像，而档案却是一个文件包，内含主要文本文件和一些附件文件，附件文件的格式多样，一切格式都有可能。视频系统中虽然可以存放图片等文件，但检索和利用的效率大打折扣。为了以更专业的方式管理各类数字资源，针对不同的数字资源特点分别构建了相应的数字资源系统。

三、构建数字资源系统中重要的翻译手段即加工产生的元数据，分析元数据，对元数据的分类以及分析各个元数据所起的作用可以设计出不同数字资源系统合理并且适合的加工流程

每个数字资源系统都是数字资源本身和其元数据的集合，元数据是关于数据与信息资源的数据，即关于数据与数据集的内容、质量、状况和其他特性的信息。

（一）元数据标引

元数据标引是对数字资源的内容和形式特征进行分析、选择和记录的过程。

每个数字资源系统中的元数据都分成项目管理信息、资源属性信息、资源关联信息、文件存放信息、资源加工信息，其中资源属性信息包括基本信息、描述信息、版权信息和资产管理信息。当然不同的数字资源还有专属元数据，如图纸系统中的图纸比例尺、历史文档系统中的历史纪年、视频系统中的画面宽高比等。

项目管理信息主要指生成数字资源的任务信息，其中最重要的字段就是项目启动时间和项目名称，这些字段可以为以后数字资源的利用提供参考依据。资源属性信息中的基本信息包括资源编号、资源名称、数字化方式、原始文件名、系统分配的文件名等，其中数字化方式可以决定数字资源加工流程的走向。资源属性信息中的描述信息包括资源分类、采集者、采集时间、内容描述、现状和密级等，其中资源分类决定哪些字段必填项、字段填写规范、资源可以在哪个藏品系统中显示。资源属性信息中的资产管理信息包括资源的数据量等。资源关联信息包括相关古建名称、相关局部信息等，相关古建名称可以将数字资源和古代建筑管理信息系统中的某一个古建筑关联。文件存放信息包括各种资源存放的服务器及路径。资源加工信息包括所有采集人员及其采集时间、审核人员和审核时间。

根据各类资源特点，将元数据分到不同的加工流程。影像系统根据实际工作情况以及元数据的分类将流程主要分成四个：属性录入、影像录入、电子影像审核和终审。对古建筑的项目信息和名称、拍摄者、拍摄日期、拍摄内容等描述信息可以在属性录入流程填入，对于影像的属性如拍摄设备、影像数据量、影像文件等则在影像录入流程完成，然后经过系统授予角色的电子影像审核人员进行影像质量的审核，合格的提交后系统分配统一的文件名，最后再经过刻制备份光盘和终审阶段实现影像元数据的发布。图纸系统流程分成收稿、扫描、审核，历史文档系统流程分为收稿、审核、全文录入、校对、验收几个流程，视音频资源采集系统流程分为上载、分配任务、编目、审核，档案系统作为公文流转的最后一步，流程为归档和转 pdf 格式。

每个数字资源系统都是根据需要规范加工流程和元数据，为此制定了各种古建筑拍摄及录入规范，包括大型建筑、古建大修、古建彩画、古建烫样模型等规范。

（二）古建筑信息管理系统

所有的古建筑相关数字资源可以统一显示于古代建筑信息管理系统。古代建筑信息管理系统建立于 2001 年，完成后使紫禁城宝贵的藏品资料得到科学有效的管理和利用。古代建筑信息管理系统中包括古建区域和古建单体等的基本信息、技术信息等，还有方便灵活的检索系统。

系统由五个主要功能模块组成：古建信息模块、辅助工具模块、统计模块、用户管理模块和系统维护模块。其中古建信息模块实现古建信息的查询、浏览、录入功能；辅助工具模块实现古建相关的普查、使用、修缮记录登记以及启动相关系统；统计模块实现各种方式的信息统计；用户信息模块实现系统用户管理和个人密码管理；系统维护模块实现环境变量的设置和基表的维护。

古代建筑信息管理系统中的信息分成目录树结构浏览，分成四十多个区域、一千六百多个单体，每个单体建筑都有名称、建造年代、建筑面积、间数、历史沿革、历史功能、简介、相关资源等信息。

每个古建筑如果有相关的数字资源会使用开放链接技术显示于古代建筑信息管理系统的相关资源列表下面。开放链接技术通过解析服务器链接来源资源和目标资源，较好地解决了链接的上下文相关问题，对用户来说，可以通过扩展服务高效地得到所要的信息，对管理系统来说，可以有效地整合目标资源。数字资源库由于建设者不同，导致平台异构，使用方法、覆盖范围不尽相同。开放链接是一种基于 Web、使用指定语法传送元数据的标准，它用来为元数据或一个信息对象的标识符创建 web 传输包，这样的包是上下文相关链接或开放链接技术的核心。通过标准化的语法，OpenURL 可以激活许多其它新的、特定用户的服务。基于 OpenURL 标准，保证链接的规范性和标准化。开放链接技术，可以将数字资源的内容进行无缝链接，并对所链接对象进行本地化控制，支持可定制的一站式检索，支持用户对多种信息内容的集成利用。运用这种技术用户在古建筑信息系统中只要点击其所需要的资源信息分类，相关的目标数据就会立即在浏览器中显示，相关的资源信息会自动从资源数据库中调用。

四、元数据加工管理需要分析加工人员特点

元数据加工管理除了分析数字资源本身的特点和利用方式外，还需要分析加工人员特点，进行一些易用性设置，如拍摄日期的设置可以使得录入人员只能看到自己上传的影像文件，并且链接影像中区分链接过和没有链接的条目，方便选择影像录入。另外最方便的是其中一批影像共用的元数据可以继承录入上一条属性的填写内容，大大提高元数据加工的效率。

五、古建筑数字资源的元数据具有规范性、开放性和可扩展性

为了科学地描述数字资源，一些关键的元数据要求按规范填写，如相关古建名称从古建

部提供的基表中选择，相关局部信息、数字化方式、数字化设备、项目类型等从系统设置的基表中选择，拍摄日期要求按年月日八位数字填写，系统自动添加分隔符。

系统同时根据录入人员不同的个人习惯，自行安排自己的序号、原始文件名、存放路径等，提供了工作上的方便，显示了元数据的开放性。当然系统内部设置的记录编号、按照规则产生的光盘卷标、影像文件名、目标服务器及其路径都按系统规范产生。

为了适应文博工作数字化趋势，资料信息部拍摄影像从银盐胶片向数码设备转型，影像采集加工设备更新后，增加了数字影像的一些属性。

2006 年又在系统中实现了精修影像功能，如今整个影像加工和利用流程逐渐规范，从由原来的人为管理到由权限管理。既保证了影像的统一管理，又能使影像资源的利用达到最大限度的共享。所有影像必须经过各种精修要求才能录入到资源系统中。

随着数字化设备的提升，原来系统设定的中大影像标准为 70M，现在已在基表中改为 100M。

为此系统原有的传统影像的属性上增加电子影像的属性，还增加了色彩管理方面、精修影像方面的属性。这些都体现了数字资源系统元数据的可扩展性。

六、问题与结语

虽然经过十余年的数字资源系统元数据管理，但随着数字技术和信息化的发展，仍有一些问题逐渐浮出水面，比如如何整合资源，为专业研究人员推送各类所需要的数字资源，并且提供合适的方式以方便研究工作；如何升级数字资源系统，提高元数据采集的效率；如何有效管理资源，从元数据中统计分析出展览、出版的喜好等心理因素，每个资源的利用率，资源的有效周期等。数字资源的元数据是古建筑这样的文化遗产最重要的翻译内容，元数据的加工和管理之路任重而道远，希望此文能给相关人员一点参考，也希望更多的人员开拓道路，传承丰富而珍贵的文化遗产。

参考文献

[1] 开放链接技术研究，李春晓，梁庚，左春，应用技术，2003.

[2] 中文元数据标准框架及其应用，肖珑，陈凌，大学图书馆学报，2001.

[3] 故宫网站 www.dpm.org.cn.

数字化翻译文物信息

——三维扫描技术在故宫的应用研究

欧阳宏[1]，侯琛琛[2]

1. 故宫博物院资料信息部

2. 故宫博物院资料信息部

数字化翻译文物信息
——三维扫描技术在故宫的应用研究

一、研究背景

三维扫描是集光、机、电和计算机技术于一体的高新技术，主要用于对物体空间外形、结构及色彩进行扫描，以获得物体表面的空间坐标。它的重要意义在于能够将实物的立体信息翻译转换为计算机能直接处理的数字信号，为实物数字化翻译提供了相当方便快捷的手段。近年来，随着对文物、古建的保护与展示需求不断增长，三维扫描技术在博物馆的应用日益广泛，其主要应用于文物数字化展示。

故宫是个大型综合性博物馆，每一项技术在故宫的应用都要经过严格的考察验证，要符合故宫文物数字化实际的需求。从 2003 年故宫博物院“文化资产数字化应用研究所”（以下简称“数字所”）成立，主要从事文物三维数字技术应用研究，其中一项重要工作就是研究三维扫描技术的应用测试，开展文物三维数字化工作，其目的是建立文物三维化数据库和推广文物数字化展示应用。数字所成立以来对三维扫描技术的考察研究工作从未间断过，测试文物对象包括建筑、石雕、瓷器、青铜器、金属摆件、布艺、家具等。

本文是基于 2014 年数字所利用 smartSCAN 三维扫描仪进行的扫描测试实验来展开，该测试项目将三维扫描测试过程分为文物数字化翻译三维扫描实际作业与三维扫描数据后期处理再翻译两个阶段，重点探讨与分析这两个阶段的相关技术问题。该测试项目有两个方面的探索目标。一是探索目前三维扫描技术在故宫文物三维化工作中应用的可行性；二是探索故宫三维数据扫描标准的相关技术指标，促进该标准的建立。

二、文物三维扫描实际作业情况分析

此次扫描测试的对象选取了四种不同材质的文物，分别是：三牺鼎（青铜器）、七平宣德款青花开光灵芝纹石榴尊（瓷器）、九州清晏殿建筑烫样（木纸件）、铜“圣旨”合符（镀金摆件）。

（一）前期准备工作

在扫描前我们必须针对下面几个方面进行准备工作：

1. 根据文物的材质特性选择合适的扫描仪。本次扫描测试对象中镀金摆件和青花瓶表面光滑，具有较强的反光性，扫描需要克服反光问题；表面纹理粗糙的三牺鼎和色彩丰富样式复杂的烫样，扫描时则需注意如何应对结构遮挡、如何真实记录纹理和色彩信息等问题。根据上述的复杂情况，此次试验我们选择了适应性较为广泛的 smartSCAN 3D 扫描仪。

2. 根据扫描数据的用途确定表现重点和扫描重点，以便制定相应的工作计划。用于文化展示的数据，则根据展示的要点进行重点部位的数据获取；用于三维数据记录的数据，则在尽可能全面记录文物信息的情况下再添加重点位置进行着重扫描。例如此次试验中的镀金摆件上部分正面是两条雕工精美的云龙浮雕图案，因此将其定为此次试验的扫描重点。

3. 根据 smart SCAN 3D 扫描仪性能要求，将摄影环境布置成一个全封闭不透光的作业空间。

4. 做好文物在运输和扫描过程中安全准备工作。

（二）测试作业步骤

1. 准备校准工作

在对文物进行扫描前，先使用容易被扫描仪识别的材质制作成小圆点，贴在准备好的辅助转盘上，作为数据拼接的识别标志，提高扫描数据的精准度。（对于保护要求较低的扫描对象，可以直接把小圆点识别标志贴在对象物体上，可以直接转动对象物体提高作业效率。）

图 1　扫描仪准备校准

2. **测量扫描和重叠融合作业**

此次实验采用 smartSCAN 3D 扫描仪自带的一次拍照利用 10°、20° 和 30° 三个角度测量功能，结合人工移动扫描仪位置的方法，对文物的同一角度从左、中、右三个方向进行三次拍照，重叠数据以获取更多的点云数据，来提高扫描数据的精度和完整度。

图 2 移动方式测量原理

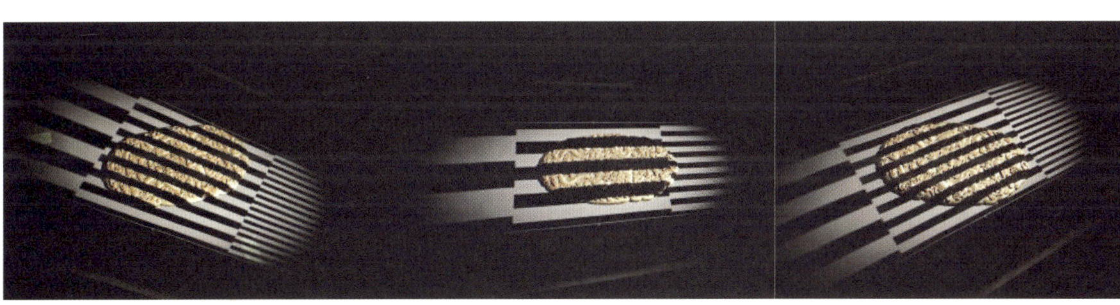

图 3 实际扫描测量过程（左侧、中间、右侧）

重叠融合作业是将两次测量的数据利用重叠部分的可识别特征点进行数据拼接融合作业。如下图，青花瓶底新测量的数据（右图）与已重叠融合部分数据（左图），人工在新旧数据上寻找三个点（要求：距离较远；最好在立体空间位置中不在同一条线上；重叠面积尽量大的部分），计算机通过最小二乘法计算的方法进行自动数据拼接。整个文物扫描的点云数据就是通过这样一次一次的采集融合再采集融合逐步一点一点地趋于完整。

图 4 青花瓶底数据拼接的识别特征点

3. 扫描数据合成与转换

每件文物的三维数据都是通过几十次甚至是上百次的扫描采集到的点云数据，在采集过程中通过识别特征点融合在一起，同一个点上有几十个点堆积在一起，形成重叠无数层堆积的点云数据。之后必须对初步数据进行优化处理，通过软件系统命令进行合成为一层（如下图：调整标准偏差值合成拼接），形成一个完整的点云数据，把点云数据转换成网格三角面(mesh) 格式。

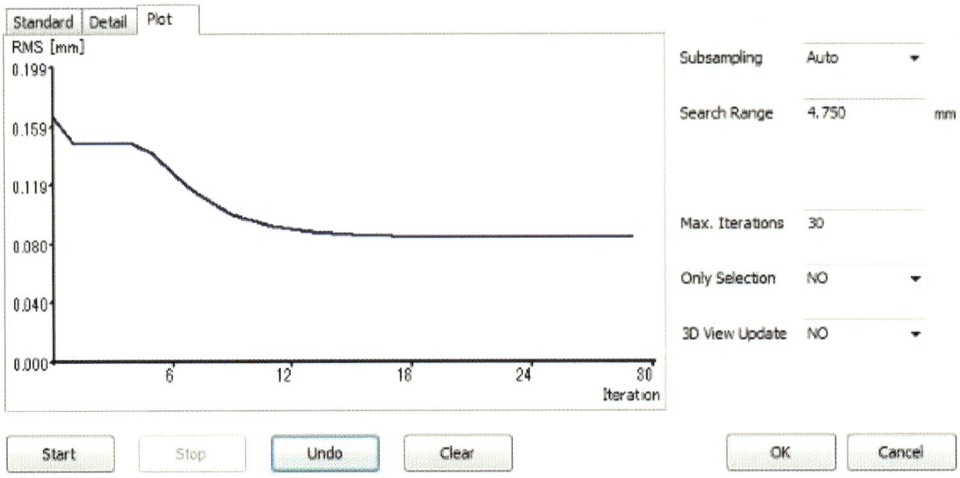

图 5 调整标准偏差值合成拼接

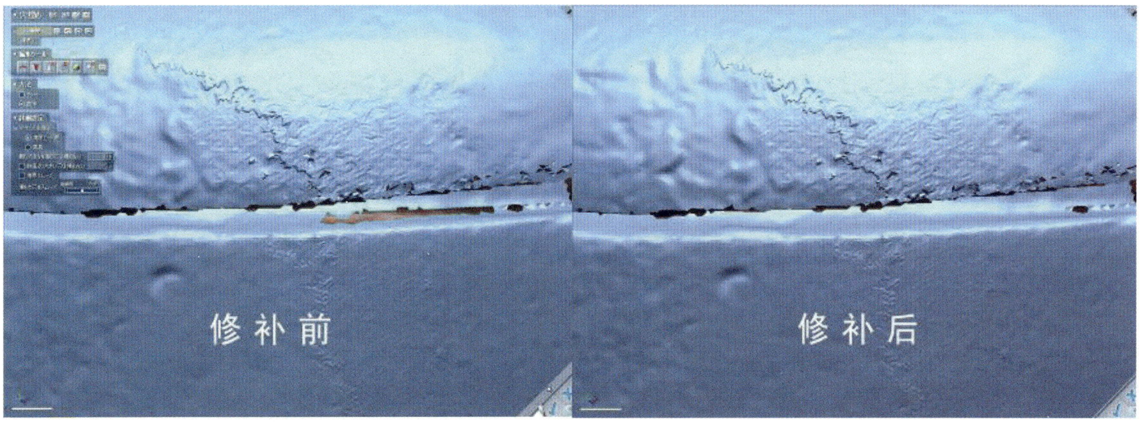

图 6 三牺鼎局部修补情况

（三）扫描数据的漏洞问题：

在对四件文物的扫描过程中，由于反光、色彩明暗、局部遮挡等各种原因，造成smartSCAN 3D扫描仪无法采集到文物部分表面的点云数据，产生许多大大小小的缝隙和漏洞。

1. 反光问题

对于反光特别强的文物，如何在反光区域获取更多点云数据，是扫描中经常遇到的问题。smartSCAN 3D 扫描仪在高光问题上的处理效果并不是很理想，由于同一个点通常对三个角度反光效果不同，所以在扫描过程中我们通过对同一区域左、中、右三个方向进行多次变换、重叠的方式测量来获取更多点云。所以在扫描过程中扫描作业工作量成倍增加。

2. 色彩问题

由于 smartSCAN 3D 扫描仪是“照相式”扫描仪，由两台镜头对黑白光栅干涉条纹变化进行拍照捕捉，通过计算得到点云数据。对于物体表面色彩过于接近黑白光栅的部分无法识别捕捉，需要在扫描过程中根据不同色彩深度调节镜头光圈速度重新进行扫描。例如下图青花瓶扫描结果，色彩较深的青色部分大量镂空，就是由于同一个镜头光圈速度无法同时捕捉对比度较强的两种色彩，需要调节光圈速度重新进行扫描，合并两次扫描数据。

3. 局部遮挡问题

图 7 青花瓶扫描过程中截图

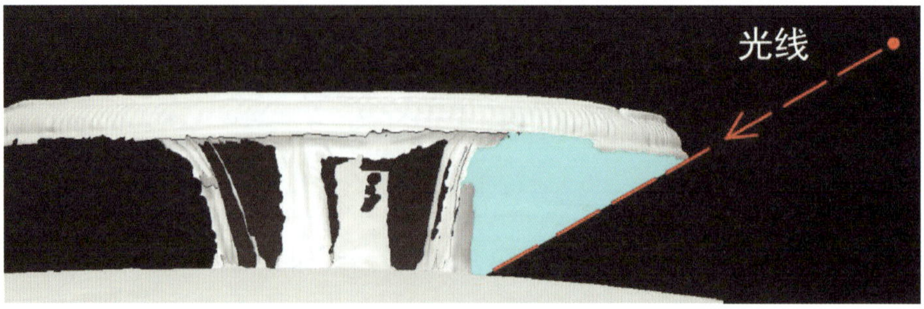

图 8 三牺鼎盖顶提手漏洞情况

扫描部件局部遮挡问题依靠增加扫描工作量无法解决，必须解决扫描仪针对狭窄缝隙扫描作业的难题，不管是激光、光栅还是结构光学立体视觉这几种扫描仪，从光学基本原理来讲都会面临物体表面的遮挡问题。所以，目前还没有任何一款仪器能在几厘米或更小的环境下扫描，不能像 CT 机和医用胃镜一样穿过身体遮挡窥视内部结构。如下图， 三牺鼎盖顶与提手距离就是 2-3CM，光线照射不到形成蓝色的盲区，扫描设备无法直接伸进去进行作业，所以采集不到背面三维点云数据。

反光和色彩问题可以通过多次重复扫描作业解决，扫描作业时间越长得到的模型数据精度和解像度越高，所以我们要根据扫描对象和需求精度，选择适宜的扫描仪、制定合理的工作计划是非常必要的。

理论上，部分局部遮挡可以通过扫描采集后的数据修补来解决，主要方法是参考贴图照片将所有的缝隙和漏洞进行手工修补，完成的数据可以再根据用途选择适应的软件进行数据调整。比如用于 CG 或 VR 节目制作等展示和保存方向的数据，应选择相应的 Rapld Form 或 Z blush；如果数据用于 3D 打印复制，则选择 Free Form 比较合适。

三、文物三维扫描数据后期处理情况分析

三维扫描技术对于文物三维数据的采集和数字虚拟展示是具有一定的意义和价值，但是在实际的应用中还是很多无法回避的问题，我们尝试通过后期数据处理来解决这些问题。本

次实验获取了四件文物的三维扫描数据，从中选择青花瓶和青铜器的扫描数据进行后期数据处理。

这次拓扑测试的目的，是通过拓扑过程中遇到的问题，分析评估依据三维扫描数据进行拓扑建模的可行性和数据精准程度的问题。反过来，根据三维扫描原始数据的精确度和完整度的要求，建立三维扫描数据需求标准来规范今后文物三维扫描作业，得出目前进行文物三维扫描工作可行性分析结论。实验记录项目有：1. 文物扫描数据漏洞破损情况；2. 漏洞缝隙破损数据修补拓扑情况；3. 后期数据拓扑处理过程中的误差问题。

我们使用Z blush软件进行拓扑测试，选择对象是没有部件遮挡的简单几何体文物青花瓶和型体复杂、结构部件有遮挡的三牺鼎。拓扑测试修补详细情况如下：

（一）关于青花瓶三维扫描数据拓扑的研究

青花瓶的三维扫描数据拓扑主要有拓扑数据修复和拓扑建模误差两个问题，下面详细介绍如何在控制新数据精准度的情况下解决存在的问题。

1. 拓扑数据修复情况

青花瓶三维扫描数据中大大小小的缝隙和漏洞，主要是由于反光性强、色彩对比度高和局部遮挡所造成，虽然扫描作业中已进行简单修补，但修补不到位还是会出现类似下面的问题，且这类问题在扫描数据中经常出现。

下图为原始的三维扫描数据模型瓶颈根处2cm长的破面，和根据参考照片修复后的数据。

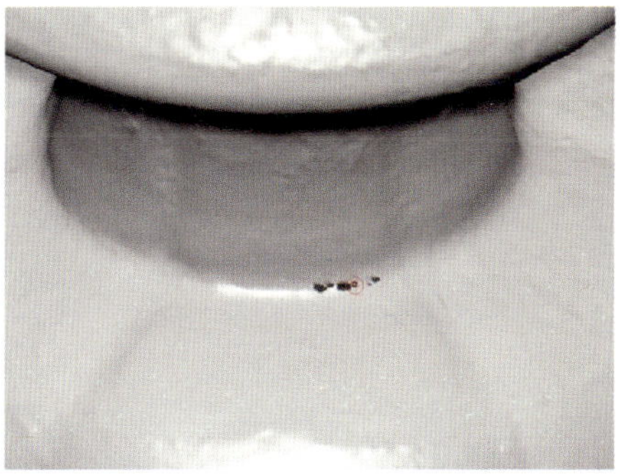

图 9-1 修复前

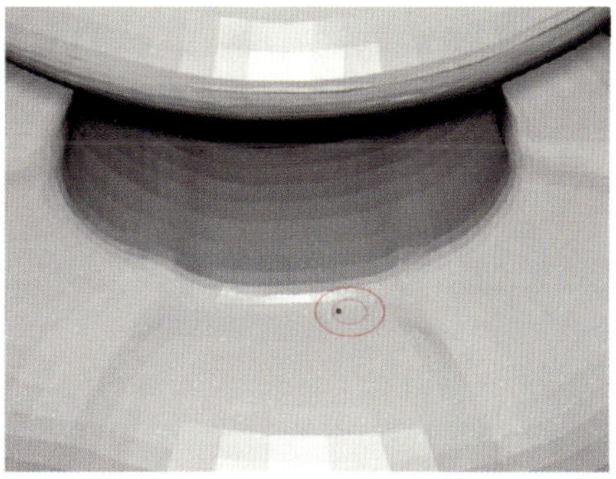

图 9-2 修复后

下图为瓶口内部模型由于数据堆积形成约 5cm 长，2cm 宽，凸出 1-2mm 的凸起的原始模型数据和修整后的数据图。

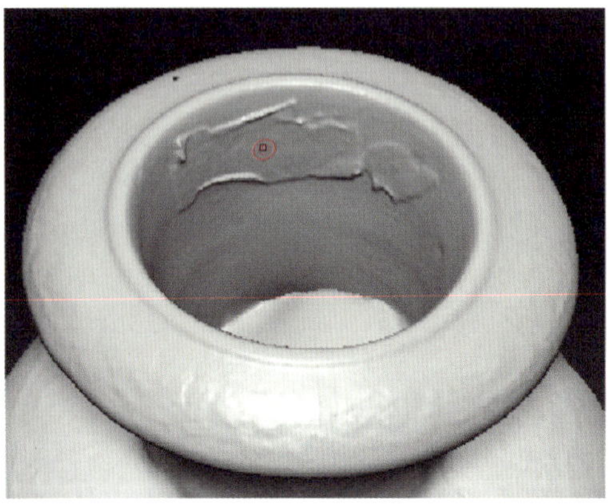
图 9-3 修复前

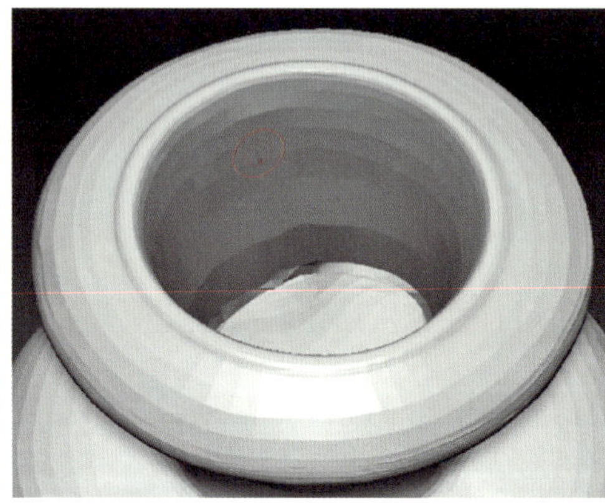
图 9-4 修复后

下图为瓶口底部模型数据堆积形成约口径周长一半长度，最宽处约 2cm，凸出约 0.5cm 的凸起的原始模型数据和修整后的数据图。

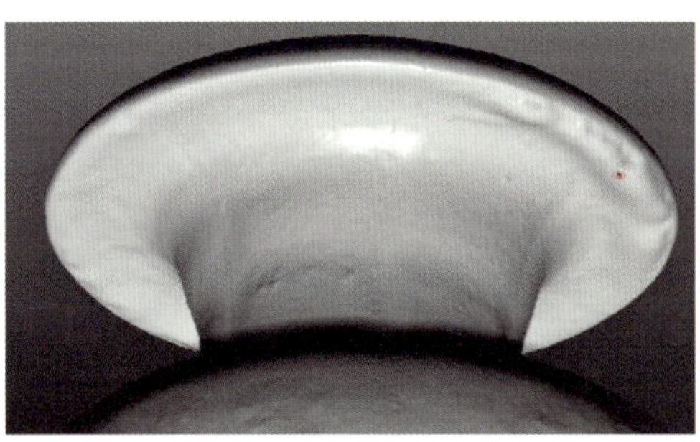
图 9-5 修复前

图 9-6 修复后

2. 拓扑建模的误差问题

通过这次拓扑测试，发现拓扑建模得到的数据与扫描原始数据存在一定的误差，具体情况如下：

凹面拓扑时误差表现：如图 10-1，10-2 所示，

凸面拓扑时误差表现：如图 10-3，10-4 所示，

3. 拓扑建模的误差分析

图 10—1 拓扑模型与原始数据对比

图 10—2 网格与原始数据模型对比

图 10—3 拓扑模型与原始数据对比

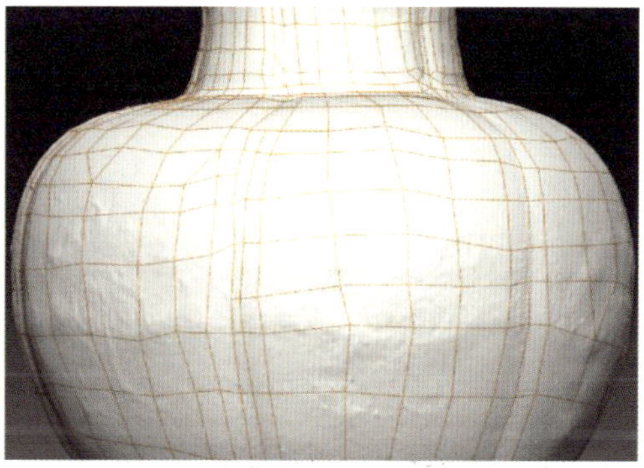

图 10—4 网格与原始数据模型对比

拓扑后出现凹面或凸面两种误差情况，主要是由于扑捉曲面四个点形成的 polygons 面数据与曲面形成的缝隙造成的。如图 7 是青花瓶中心竖切面图，白色为原始扫描模型，红色线为拓扑布线侧切面，瓶的外轮廓为一条圆弧线，连接的拓扑线为圆弧内接多边图形[1]，误差值就是线段中心区域到外接圆弧的最大距离，线段越长误差越大，相反拓扑线段越短内接多边图形越接近圆弧轮廓，误差也就越小。

根据青花瓶尺寸（高：18.3 口径：7.1 底径：9.9）按照画面比例计算，该测试目前拓扑的数据与扫描的原始数据形成的误差整体可以控制在 0.5-1mm 的范围内。如果需要缩小误差值则需要拓扑更密集的网格面，工时则成倍增长，拓扑的误差与工时和网格面大小数据量

1. 孟庆贤，欧新元，刘会立 . 圆的多边形最佳面积逼近算法 [J]. 计算机科学，2009,36(4) ：30—32.

成反比。

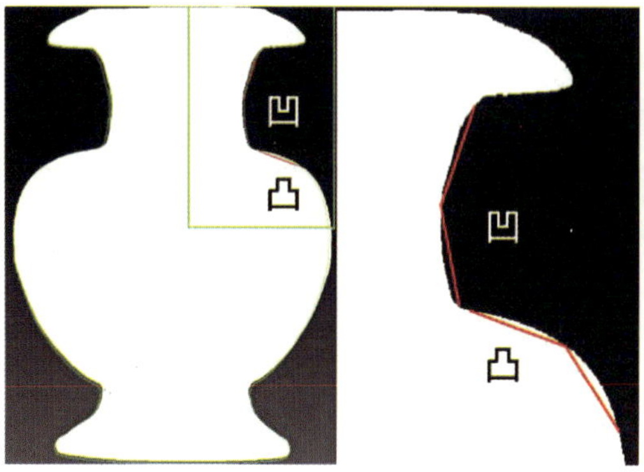

图 11-1、误差形成的几何原理

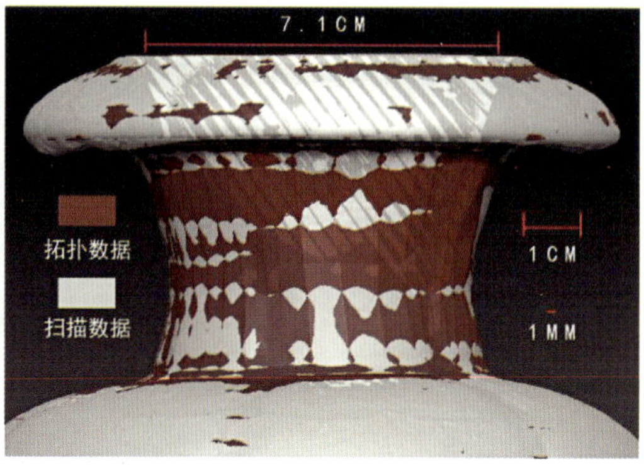

图 11-2 误差画面比例计算法

（二）三牺鼎三维扫描数据拓扑研究

根据测试实验的目的，同时考虑到拓扑测试实验的工作量和时间，我们选择三维扫描数据破漏程度比较严重，且具有代表性的鼎盖作为漏洞拓扑修补测试对象。

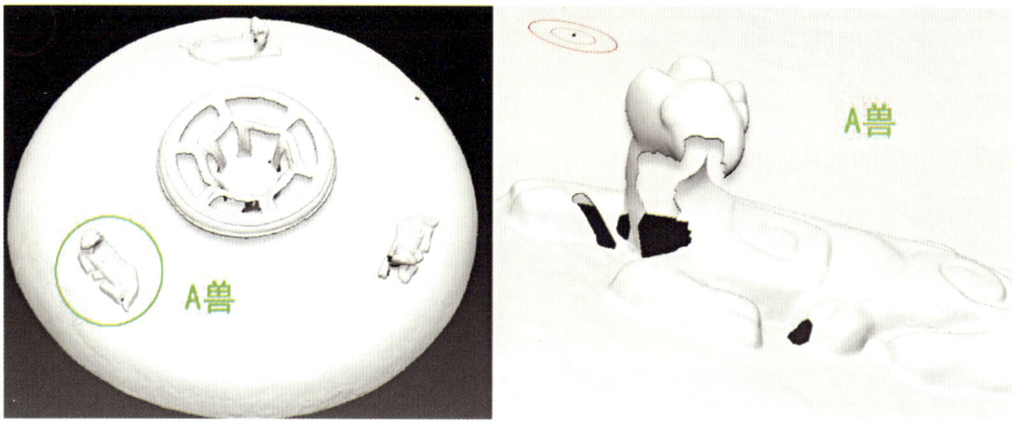

图 12 青铜器盖顶数据情况

对三牺鼎鼎盖三维扫描数据漏洞进行拓扑修补花费时间约为一周，测试达到了最初制定的实验目标，在原始数据破损漏洞修补作业中遇到很多问题，也进行了记录，通过分析整理按照修补情况进行分类，分为以下三种情况。

1. 小面积漏洞的拓扑修补

原始数据表面漏洞面积小，是指漏洞分布在同一平面或规则的曲面上，这种情况可以根据曲面的趋势进行拓扑修补，通过精心拓扑修补完全能够保证修补数据的完整度和精确度。如图 13 左图显示，三牺鼎鼎盖上方小兽右前腿位置有两处漏洞，漏洞处结构轮廓完整，漏洞表面面积较小，在修补过程中根据腿部的肌肉分布走向的轮廓进行拓扑布线。右图漏洞边缘两头处连接的橙红色为漏洞修补拓扑线，灰色为扫描数据模型，深灰色为模型拓扑线，线上的顶点为拓扑点。因为这些漏洞点结构简单规则且面积小，根据曲面趋势拓扑原则，显示橙红色线条基本都是直线或规则的圆弧，漏洞拓扑修补完成的数据情况可以说是完好如初。

图 13 顶盖右前腿漏洞修补情况

2. 局部结构丢失漏洞的拓扑修补

原始扫描数据漏洞局部结构性轮廓（指曲面转折处形成的线条或面，又称轮廓线）丢失，主要是由于扫描时有局部遮挡，造成文物局部结构轮廓没有采集到或不完整，漏洞附近有部分结构有效地采集下来。这种情况可以通过手工拓扑调节顶点坐标进行补救性修补，但主要依靠视觉目测来修补，只能做到漏洞部分形体相似却无法准确保证数据的精度。如下图三牺鼎鼎盖上方小兽前颈部和下颚位置处漏洞面积非常大，而且这部的轮廓结构已经丢失。实际拓扑方法是将漏洞根部两端顶点连接建立拓扑线，根据数据原有的轮廓曲面趋势，手工参照文物影像调节拓扑线上顶点坐标进行补救性修补。图 13 中橙红网格线为修补完成的数据模型情况，该部分与灰色部分数据的曲面趋势保持一致表面比较圆滑，结构上没有严重丢失凹凸细节的情况，如下图嘴部细节修补情况很好。

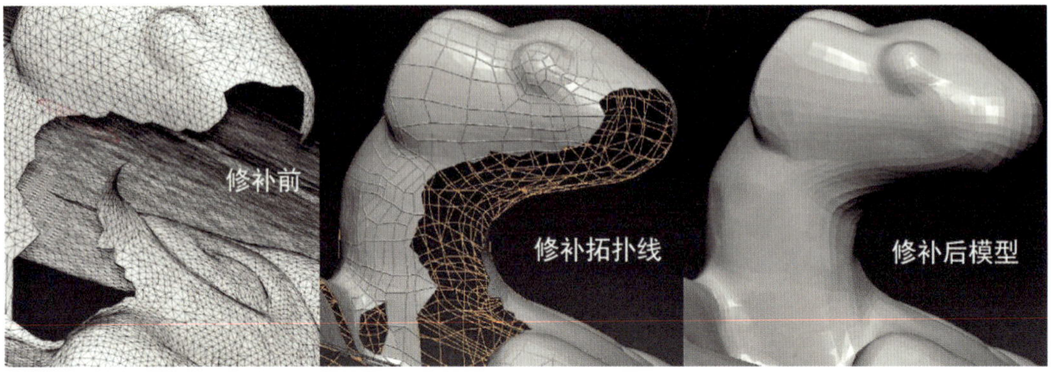

图 14 顶盖脖子下颚漏洞修补情况

3. 结构完全丢失漏洞的拓扑修补

原始扫描数据部件背面结构完全丢失，是由于扫描时部件正面遮挡而且背面缝隙狭窄无法进行扫描作业，导致文物背部结构的轮廓线和面的信息全部没有采集到，这种情况下是无法进行正常拓扑作业的。如图所示三牺鼎鼎盖提手的扫描数据情况，无法对提手背面进行扫描作业，造成背面数据全部丢失，遇到这种扫描数据破损情况，就无从下手修补。

通过对以上三种三维扫描原始数据破损漏洞拓扑修补结果来看，漏洞的修补需要依据漏洞周边曲面的趋势来进行作业，根据此原理分析具体有以下 5 点需要注意：（为了方便理解进行简单模型图解说明）

（1）处在一个平面位置上的漏洞不影响修补精度。（见图左）漏洞没有伤及轮廓问题，这种漏洞最好修复，直接两端延伸修复即可。

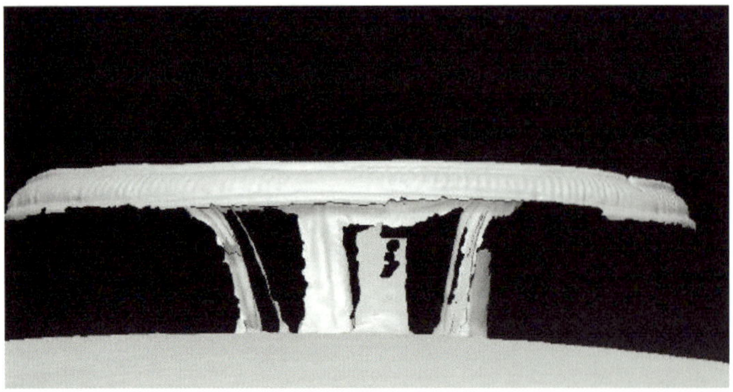

图 15 盖顶提手漏洞情况

（2）处在简单直线轮廓结构上的漏洞进行拓扑修补不影响精度，（见图 7 中间）直线轮廓结构上的漏洞，两个平面的趋势保持很好，可以很好的修复缺失部分的结构数据。

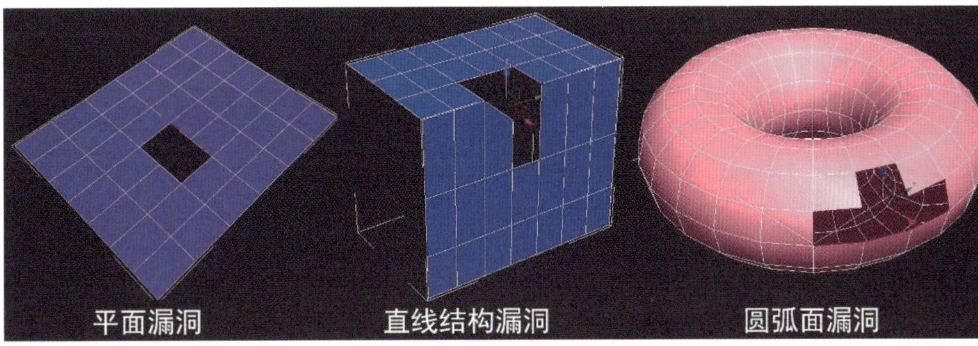

图 16 简单规则漏洞情况

（3）规则的圆弧面漏洞进行拓扑修补作业对修补精度影响不大。（见图 7 右侧）圆环侧壁上有一个漏洞，在轮廓结构保持良好的条件下，修补完成的数据在精度上影响不大。

（4）处在复杂的结构轮廓线上的漏洞可以进行手工修补但是无法保证精度。如图 8 左侧，丢失了底部侧面一小段结构轮廓线，可以根据漏洞周围情况目测进行修补，却无法保证转折的弯曲弧度是否正确。

（5）整个面的缺失无法进行修补。见图 8 右侧，底部结构全部丢失，无法确定底部的坐标位置和结构形状，所以无法进行修补。

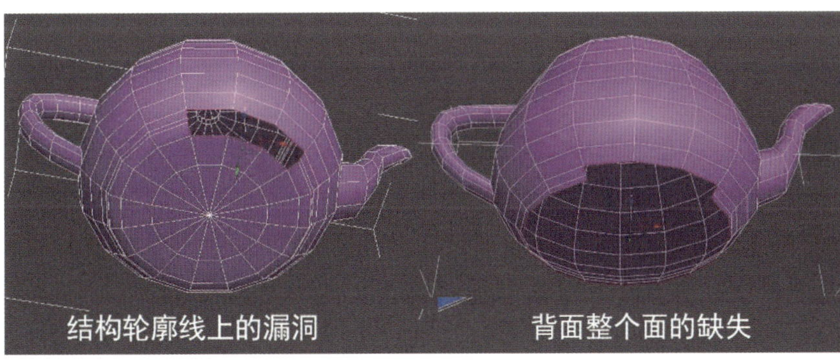

图 17 不规则漏洞情况

四、结论

通过这次对三维扫描数据漏洞进行拓扑修补的测试，得到一些结论：处在一个平面位置或简单直线轮廓结构上的漏洞扫描数据是可以通过后期进行修补的；规则的弧面漏洞进行拓扑修补后对修补精度影响不大；复杂的结构轮廓线上的漏洞可以进行手工修补但是无法保证精度。本文可作为以后的三维扫描的参考案例，依上述结论根据文物数据的使用目的，制定出相应的文物三维扫描数据完整度标准需求。

故宫文物三维化工作主要应用于保护和展示文物两个方面，对于不同用途的文物三维数据模型对数据需求也有差异。

（一）保护研究功用需求

用于文物保护研究的文物三维模型数据，对数据完整度和精度要求非常高，普遍精确到毫米或更小。从立体文物翻译成计算机语言到三维扫描数据再翻译成拓扑模型数据，在多次翻译的过程中会产生大大小小的误差问题，原因多种多样，在第一步翻译过程中产生的小误差问题到第二步拓扑翻译中可能会变成较大的误差，所以要保证文物三维扫描数据精度和完整程度非常高。制定用于保护研究用途的需求标准，必须满足以下条件：三维扫描得到的数据结构性轮廓完整，尤其要减少部件遮挡造成的漏洞，总的来说尽可能减少漏洞数量和面积。通过青花瓶三维扫描数据拓扑测试研究说明，针对规则简单文物能拓扑得到很理想三维文物模型数据，比如平面、立方体、圆型和没有遮挡的简单形体文物可以达到扫描结构数据完整的要求。三牺鼎三维扫描数据漏洞拓扑测试说明，扫描对象复杂有部件遮挡的文物，拓扑修补效果很差，测试过程中人工干预严重并且无法保证模型精度，所以通过这款扫描仪采集到的数据不能满足故宫文物三维数字化数据保存的需求。而故宫院藏中此类有遮挡又体型复杂的文物居多，比如，镂空类文物、雕塑、家具和小摆件等等（见图 9 养心殿后寝殿原状陈设文物）。因此，根据故宫文物的实际情况，用于保护研究功能的文物三维扫描项目没有正式开展，正处于前期的测试研究阶段。

（二）数字展示功用需求

用于展示目的三维扫描数据精度标准，相对前者需求就要低很多，数字展示是通过屏幕

图 18 养心殿后寝殿原状陈设文物

影像来满足观众的视觉需求，所以对模型数据追求的是形神相似，一些小的误差无伤大雅。从技术上来说，通过三维扫描技术建模要比传统照片手工建模优越很多，精度也有大幅度提升，几乎都能满足展示要求，例如此次拓扑测试中的青花瓶拓扑数据就已经达到了展示功能的数据需求。因此，三维扫描数据在文化展示方面有着中广泛的应用，例如故宫博物院的数字展示节目《养心殿》中的铜狮子、《灵沼轩》中的石壁浮雕等都是利用了三维扫描技术的数据制作完成的。

综上所述，以目前的三维扫描技术情况，可以在故宫数字化文化展示方面成熟的应用，但鉴于扫描数据的漏洞缺陷还不能完全满足故宫文物三维模型数据保存精度的需求，该技术还有待继续研究。今后我们还需要继续保持对三维扫描、漏洞处理、色彩贴图处理等技术的不断地关注和了解，同时也应该让三维扫描技术设备开发商了解我们的实际需求，相信随着技术发展和多方面的共同努力，将来不管是在展示上还是保护研究项目上都能广泛应用三维扫描技术。

Research on the Localization Method of Protecting Traditional Village Landscape: A Case Study on Tangyin

Xiao Jinliang, Li Wei

Beijing Tsinghua Tongheng Urban Planning & Design Institute (THUPDI)

本论文由 2013 年度国家科技支撑计划“重现辉煌”数字圆明园研究及文化旅游应用示范项目（2013BAH46F00）资助

Research on the Localization Method of Protecting Traditional Village Landscape: A Case Study on Tangyin

1. Introduction

For Thousands years, traditional village represent Chinese people life style and create profound vernacular civilization. They have extreme significance in history, art, science, technology, architecture, aesthetics, landscape, ecology, philosophy and so on. There are over five thousand traditional villages all over the nation out of 270 million ones. Most of them distribute in economically backward area. From 2009 to 2010, Chinese Village Culture Research Centre investigated 17 provinces nationwide and then statistics showed that traditional villages had been reduced from 9707 to 5709, which means there were 1.6 villages was disappearing everyday in that one year (Zhou Qiansong,2013). In 2012, there are three nation departments put forward a program that named Chinese traditional village which aim at protecting those villages that own abundant values. Up until now, there are 2555 villages have been enrolled in the Chinese traditional village list. This program includes general survey which is a significant work in the context of rapid urbanization which made traditional villages fading away can help understanding the current situation and then raise guidance on how to protect. Essentially, theapparent phenomenon is the traditional village landscape has changed with historical architectures which may even be important heritage being razed. Currently the main problem of village landscape are that tanglesome architecture style, environment pollution and low ratio of green area along with being short of public space. Tangyin town governs fourteen administrative villages which including three traditional villages named respectively Jiefang Village, Mingzhu Village, Jianshe Village.This three villages are part of third group of Chinese traditional village which announced in November 2014.These villages urbanization rate has reached about 34%. Along with years construction many old buildings had been destroyed and more modern multideck buildings instead.

There are many reasons that made traditional village disappear, except for urbanization, such asyoung adults leaving for working, requirement for well-suited living conditions, traditional village pattern can't match traffic function, villagerlack of consciousness on protection. Indeed traditional village has its own weakness. Historical buildings are commonly facing for long years out of repairing and lack of basic living facilities like bathroom. Especially in needy area those problem will be magnified. Traditional village protection is unlike other cultural heritage which need to considerate the people, including their life condition and village development. The core point of protecting village landscape is that keeping humanity spirit and activity.

2. Literature Reserch

2.1 Village Landscape

In recent years at the research of village landscape overseas scholars focused mainly on the landscape assessment,landscape management and landscape transition. They preferred combine the ecotope with the settlement environment and try to use social and cultural elements to explain the landscape transition. Also they had an interest in the influence from human behaviour on landscape (Zhou Xinqin, 2007). Melissa(2012) analysed the reason of village landscape transition which come from road construction, transformation of building materials, higher living level, inflection of family structure and social relationship, different culture self-identity.

Domestic researchersstudiedvillage landscape beganwith heritage protection and then gradually transformed from village building to more diverse aspect, like landscape transition, aesthetics, psychology.

2.2 Landscape Localization

Localization is a relative concept to globalization. Researchers pay more attention in urban landscape localization to chase a more harmony and ecological environment. Making use of local plant to

Meanwhile, studies on local culture is also common with analysing the culture features of village and the relationship between it and local landscape.

2.3 Traditional Village Protection

In the beginning of research on protection of traditional village was focus on the Historical and Cultural Village. Especially after Xidi and Hongcun Village being enrolled in the world cultural heritage list, more researchers had been studying the values of traditional village and protection mode.

3. Protecting of Traditional Villages

The protection process in traditional village is similar all over the worldonwhichfromsingle architecture to integrate area. Heritage protection was beginning earlier in the west and there are many laws and treaties have been come up. There are three process of heritage protection in China. First period is from 1950s to 1980s in which the key point is to protect historical relic including vernacular buildings. The second period is from1980s to the middle 1990s in which our nation created historical cultural city system which means the protection had focus on integrity area. The last period is from the beginning of 21th century until now in which we have built multi-level protection system which concern on historical cultural town, village and street.

Along with the improvement of law system, the planning of traditional village had been starting around the nation. And also many places launched 'beautiful village construction program'.

4. Concept of Localization

Landscape localization of traditional village is a method to protect village heritage in a more harmony way and have an emphasis on sustainable development.

4.1 Definition Comparison

Localization is a relative concept to globalization that concerns on adapting to the indigenous culture, economy and politics and respects the uniqueness of landscape, resources, material, custom, and so on. Most of Chinese traditional villages that been constructed by aboriginals whom had know well about the natural resource with perennial exploration in a creative and harmony way.

Vernacular originates from 'vernaculus' that including several features like anonymous, spontaneous, and officious in the architecture filed. This concept focus on the aborigine's creation.

Ruralizationis a relative concept to urbanization that focus on the effect of economic. Generally speaking, population change is one of the most important factor to evaluate the ruralization level. Localization and vernacularism are different from ruralization that prefer to combine the regional features and customs.

4.2 Meaning

(1) Landscape localization will help sustain and inherit local culture.

(2) Help reconstruct vernacular nature that can promote integration of human and nature.

(3) Help promote the renaissance of village common life and production to make countryside develop healthier.

(4) Satisfy city resident spiritual needs like reminiscence, seeking root, soul return and so on.

5. Study Area

5.1 Tangyin Town

Tangyin Town locates in Yihuang county of Fuzhou City, Jiangxi Province, which in the middle of China and is about 13km away from county centre and 80km away from the downtown. The scale of township region is about 56.5ha. The percent of residential land is 55% which exceeds the standard (28%-38%). The study area includes three village in the township region that is Jiefang Village, Mingzhu Village and Jianshe Village which totally have a population of about 4700.The leading industry of Tangyin is primary industry that is a typical agricultural trade town. The villages are surrounded by hills and a river called Yishui flows across the west. This areaishumid subtropical monsoon climate with warm and sunny weather and plentyofrainfall.So flood is the most dangerous threat here.

In history, in Qing Dynasty, due to the clean river water and appropriate soil for planting ramie which is the raw material grass cloth, Tangyin was one of three big producing-area in middle of China that abounds in grass cloth. With the grass cloth business had been developing, Tangyin was gradually become a trade centre in that region, except for selling grass cloth but local farm production and other goods from outside. Economic development drive the village construction. Stores,residences, academies, ancestral halls had been built and population was growing to 120000.

Now the historical buildings in the villages most date from the Qing Dynasty which is around 300 years ago.

5.2 Village Landscape Classification

Traditional village is that those historical village remains intact village environment, buildings, traditional atmosphere and historical cultural features. According to the definition of traditional village, we can divide four classes with 18 subclasses.

Different from other classification of village landscape.

Surrounding natural landscape mainly mean those original ecology environment which is the normalized factor that affects the traditional village formation and also is the key factor that drives the regional disparity.

Rural producting and living landscape bases on farmland and settlement landscape that is a dynamic landscape and reflects rural routines and local authenticity.

Village	Jiefang	Mingzhu	Jianshe	Tangyin
Population	1659	988	2002	18387
agricultural scale/ha	213.4	98.7	249.1	2128.9
Household	395	256	519	4246
per person annual income/yuan	5290	5340	4870	5300
Main Industrial output/million yuan	1630	850	1820	17500

Table1. Relative Data of Tangyin Town

Rural settlement and architecture landscape bases on nature and is a kind of man-made landscape containing persistence and identification (WengYouzhi, 2008). It is the core landscape that reflects the functionality and cultural attributes of local landscape.

Traditional culture and folk-custom landscape based on local knowledge and is a kind of social cultural landscape which divided itself with the political landscape that shows folk attributes and nation characters.

pointcut	definition
cultural heritage	Traditional village contains abundant material and nonmaterial cultural heritage, that belongs to historical heritage system and shows human's living trace with aesthetic, cultural, philosophical values.
period	Traditional village is that those village at less retain from Ming and Qing Dynasty, or the village date from before the period of the Republic of China.
anthropo-sociology	Traditional village is a regional settlement come from the interaction of human and nature with social and cultural values.
Inherit and integrity	Traditional village is that those village retain long history and intact material cultural heritage with evident local characteristics.
Historical vernacular building	Traditional village is that those village has concentrated area with historical building and vernacular building of which quantity occupies one third of the whole buildings' quantity of the village and shows particular historical period traditional landscape.

Table2. Definition of Traditional Village

Property	class	subclass
Tangible landscape	Surrounding natural landscape	geomorphologic landscape, waterscape,climatic scenery (misty landscape), local flora and fauna,colorscape
	Rural producting and living landscape	farmland, farming landscape (farm tools, farm products, cultivation scenery), rural common life activity (fetch water,chopfirewood, breeding, recreation activity etc.)
	rural settlement and architecture landscape	Settlement pattern (spatial arrangement and site selection, water gate, street pattern), residential building, architecture art (painting, sculpture, calligraphy, etc.), living facility(road and bridge, dock, store, station, etc.), spiritual and cultural facility, ancestral hall, temple, pavilion, stage, memorial archway, gatehouse, academy, square.
Intangible landscape	Traditional culture and folk-custom landscape	agricultural civilization, religious faith, religious culture, vernacular custom, folk knowledge and technology, countryside atmosphere

Table3. Classification of the Traditional Village Landscape

5.3 Features of Village Landscape in Tangyin

5.3.1 Surrounding natural landscape

Waterscape:Yishui River flows across the township and the three village from north to west arerespectivelyJiefang Village, Jianshe Village, Mingzhu Village.

5.3.2 Rural producing and living landscape

There is about 800 acre farmland in Tangyin Town and the main farm production are rice, tobacco, white lotus and sweet potato. In this area there is also many lotus ponds and fish ponds.

The proportion of agricultural population in the villages is about 79% and the cultivating scene is common around the margin area and inner field. The other producing activities includemakingsweet potato noodle, raising pigs and ducks.

Lacking of public space makes most of villagers having activities just in themselves' yard or the field in the front of the house. The common activities are chatting, resting, handworking. Also you will see some women washing cloth besides the river.

Figure1. Satellite Imagery of Tangyin Township (Picture source: self-drawing)

Figure2. Yishui River (Picture source: self-photographing)

Figure3. Ponds In The Villages (Picture source: download from www.baidu.com)

Figure4. Farmland and Vegetable Field
(Picture source: download from www.baidu.com)

Figure5. Common Activities
(Picture source: self-photographing)

5.3.3 rural settlement and architecture landscape

Site selection of the villages reflects the Chinese traditional theory: Fung shui, literally wind and water, which is a geomantic doctrine providing a complicated set of interacting guidelines for the placing of villages, for the building of houses and for the orientation of all manner of products serving the living and dead.

The basic principle of site selection is fronting water and with hills on the back which means hiding wind and gather spirit. Functionally, the place surrounded by hills can resist severe weather and providing suitable natural condition for cultivating. Meanwhile, closed space makes people feeling more security and sense of occupation.

Tangyin was exactly match the principle and shows advantages on Fung shui theory.

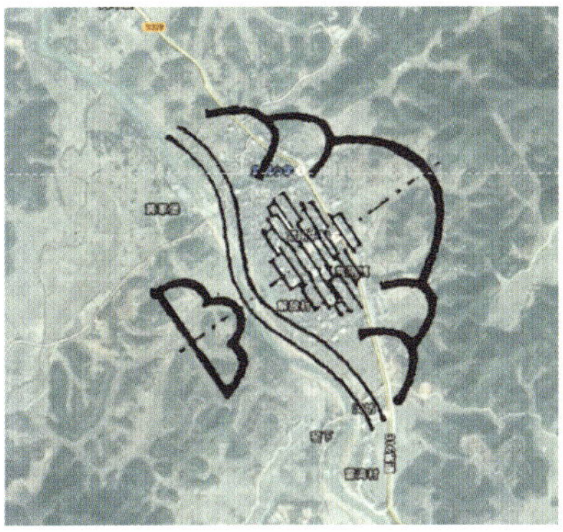

Figure6. Fung Shui principle on the site selection (Picture source: self-drawing)

Figure7. Soil Shape Courtyard (Picture source: self-drawing and self-photographing)

Figure8. Courtyard

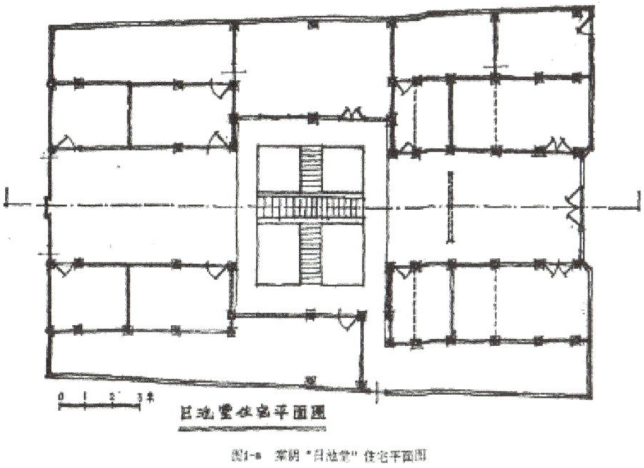

Figure8. The Plan of Ri Shape Building in Tangyin (Picture source:ShaoZengze, 1982)

Historical residential buildings in Tangyinreflects classical features of the architecture of south Jiangxi, a province in the middle of China. The most important feature of this type residential building is the courtyard which help to get daylight and collect rainwater. In Tangyin, the number of the yard represent the levels of wealth. There are different types of courtyard. One called slide-open courtyard which can make use of a mobile shed to adjust the daylight and enhance the effect of abundant light. Another type call soil shape courtyard which have embossment platform in the middle of the land.

The column-and-tie construction is commonly used here and pay more attention to the internal structure and practical ornament. Bafujun ancestral hall mixes the column-and-tie construction and the post-and-lintel construction, the latter make the middle space more tall and huge.

Figure9. The Column-and-Tie Construction
(Picture source: download from internet and self-photography)

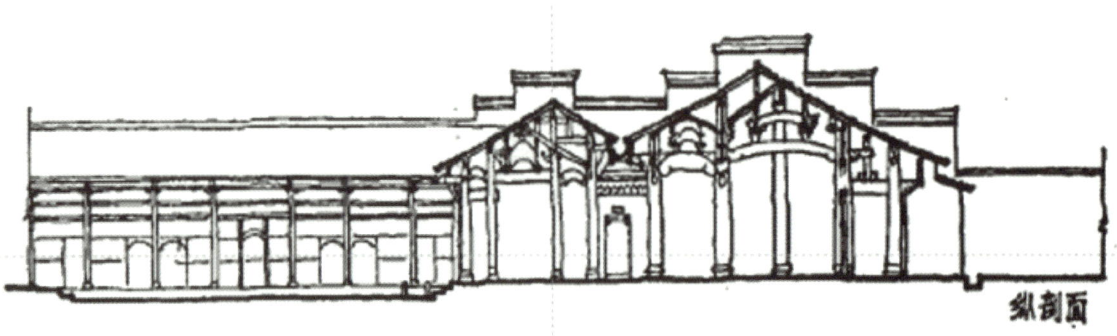

Figure10. The Profile of Bafujun Ancestral Hall in Tangyin
(Picture source: ShaoZengze, 1982)

Architecture art here most are painting and sculpture. However many painting had been destroyed in the past. But the wood sculpture also show high skill level. The sculptures always depict stories or blessing to the family. Brick carving are spread all around the villages which always show blessing and avoid bad things.

Figure11. Kinds of sculpture
(Picture source:download from www.baidu.com)

The remain old buildings except for residential buildings are ancestral hall, academy, ancient tower and old-style bank, etc.

5.3.4 Traditional culture and folk-custom landscape

The most famous folk activity here is Tangyin Lantern date from Qing Dynasty in first month of the lunar year. Every household will make lantern by themselves and get on fire from the progenitor house which can be seen as the original house.

Figure12. Yihuang Opera
(Picture source: download from www.baidu.com)

Figure13. Tangyin Lantern
(Picture source: download from www.baidu.com)

Yihuang opera is prevalent in Jiangxi Privince and has been about 400 years old dating from Ming Dynasty. It has been enrolled in the first group national intangible cultural heritage in 2006.

5.4 Existing Problems

Historical residential buildings has prominent features and part of them are kept well. However the integrity of the traditional village landscape is fade away with the long year breaking and lost culture connotation. In addition, regional poverty makes historical architecture protection more difficult. With the requirement in living villagers have to pull down old house to free up enough space for new house with more comfortable facility. But the outlook of the new building don't match the traditional village landscape and huge multi-storey buildings obstruct the relation with the past that effect the sense of the place in further. In fact large scale construction have made Tangyin becoming a crowd and disorder dwell. Population increasing one side needs more space to live, on the other side needs more space to host events and activities. Lacking of public space is the other major problem.

All in all, Tangyin is facing the most difficult problem in coordinating the contradiction between protection and development. Town development concern to the human's livelihood and have to hold internal culture. Localization may give a sustainable way to solve this puzzle.

6. LOCALIZATION METHOD

6.1 Enhance local landscape factor

Domestic researchers have made practice on applying traditional village landscape factors in city designing and planning. There are different ways to get the local village landscape and all have its own advantages and effects. We should use flexibly in the fact of the situation and

6.2 Design Strategy

Anti-planning Strategy

This theory is come up with a purpose that prevents city expansion and put emphasis on the consecutiveness and integrity of land use. Ecological environment that as the preferential planning factor in this theory shows the concerning on the relation of human and nature.It advocates the combination of nature, culture and landscape aesthetics (Yu kongjian, 2002). Therefore we should considering the

approach	Content	effect
imitation	Imitating the factor of local landscape, like shape imitation, structure imitation and function imitation	Keep the feature of the factor and is easy to achieve in inherit the traditional village landscape feature and be perceived
redesign	On the premise of keeping original meaning to design a new landscape which is more suitable to the current needs	This is a kind of landscape update and give tradition now vitality and adaptability.
restoration	Restore the degenerating and declining traditional landscape with artistic designing	Recall the memory of the past

Table4. Design Methods

landscape ecological pattern in prior with design non-construction land to preserve the earth landscape. Yu still propose take recreational value into consideration in order to protect cultural heritage better(Yu kongjian, 2005). So assessment on recreation value is necessary.

Function-oriented Strategy

Most of the traditional village landscape are fuction-based landscape(Zhang Tao, Su Jing, 2008). Function-oriented strategy advocates take human as the first consideration to stress the use of place and create fitting space.

New-vernacular strategy

New-vernacular comes from local landscape subject which is a new way in dealing with the landscape homogeneity under the background of the improvement of the global science and technology, as well as the global economic integration trend. The essence of new-vernacular is that using new technology, science, and resource on the premise of merging traditional style and meaning. New-vernacular reflects the characteristics of times and is a more adaptable design thought.

6.3 Design Emphasis

Pay emphasis on rural producting and living landscape

This kind landscape is the key factor that distinguish from other cultural landscape. Agricultural landscape is the most important carrier of perceiving rural atmosphere (Wang Yongjing, 2012). People's preference on agricultural landscape is the basis of rural landscape aesthetic. In addition, peasant interact with the land, so we should take their common life as important factor on design.

Pay emphasis on booming Traditional culture and folk-custom landscape

In view of landscape perception and structure, traditional culture and folk-custom landscape is crucial. However the formation and meaning are declining gradually. So revitalizing this kind of non-material cultural heritage becomes significant and we should design from the cultural landscape perception.

Pay emphasis on making use of local resource

It is an important way to localize the traditional landscape through making use of local plant and material. Local plant can adapt well here's climate, help develop local landscape and carry spiritual perception and memory. Moreover, local plant is a kind of symbol which represent the hometown to the local people. As to local material that is help to keep traditional features in construction and satisfy the yearn for the rural environment.

Pay emphasis on imitation of traditional artistic conception

Spiritual enjoyment has great influence on rural landscape perception. We should research on artistic sense of traditional countryside to extract landscape symbols to imitate. So we can see that people's perception is also an important factor in landscape designing.

Tourism localization

Some researchers think traditional village landscape isa kind of tourism resource and in the recent years rural tourism has developed fast. Rural tourism localization is part of rurality and economic system in local region. The main point is the local tourism economy development with resource localization and business localization. We should encourage local people getting jobs first and improve local commodity economy.

6.4 Visual Landscape Control

Colour landscape control

Colour landscape consists natural colour landscape and man-made colour landscape. The former is unstable and will change with climate and time. So designer should analyse natural colour and make the man-made colour match that. Moreover, colour landscape design still needs to considerate size, location and combination (Xian Ning, 2013).The first step is investigate the basic colour in the field and use these information to design vernacular architecture in the facade, roof and material selection.

Settlement pattern control

Appropriate area is important for rural settlement which shows the rurality and village features. The control of the settlement pattern mainly falls in the surrounding space and inner streets and public space design.

Farmland protection

Idyllic scenery is the most important factor of the traditional village landscape which primarily consists farmlands. Farmland has the most closed relation with the land and shows the relation of human and nature. Sometimes continuous and sizable farmland will give people visual impact.

6.5 Community level

In view of the folk feature we should take community into consideration by self-management.

Somescholars think the subject of the community participation is villagers have same approval in effective, reasonable and fair institution and resource arrangement (Qian Fawen, 2008). Villagers contact with the traditional landscape and have long years influence on it. We can use elite education mode to advocate the enthusiasm in protecting which need to fosterindividuals as leader to call on others. These people can drive more human resources. Education on the signification of the protecting heritage is also important which can improve people's cognition. In the current conditions, we should encouragement policies instead of simple punishment to improve positivity.

We can divide two classes of the participation method which one is data collection and another is publicity and arousing. We must consider the differences of ages, education levels, gender, and psychological conditions. In the traditional villages, women, the aged and children are in the majority. We have to use suitable means to make the data more accuracy and effects more favourable.

tools	content
Painting	Directly show the location of the resources and their type, size, number.
Season calendar	Record festival, important activities, cultivation calendar.
peasantdiary	Record peasant's activity, a kind of self-monitor
chronicle of events	Investigate the old people in the villages to get information
matrix	Design matrix to know villagers' cognition, understanding and attitude on particular things
Marking and ranking	know villagers' cognition, understanding and attitude on particular things
semi-structured interview	Opening- chatting, create a relaxed atmosphere to communicate with villagers in order to decline their resistant mind.
Key information-man	Interview key person
Key group	Interview particular group, like woman, governor.

Tab.8-5 Tools of Promoting Community Participation

References

[1]Jean-Laurent Pfund, John Daniel Watts, etal. 2011. Understanding and Integrating Local Perceptions of Trees and Forests into Incentives for Sustainable Landscape Management. Environmental Management. 48, pp. 334–34.

[2]Melissa MaloufBelz. 2012. Spirit of Place and the Evolution of the Vernacular House in Kinnaur, Himachal Pradesh, India. Oxford: Oxford Brookes University.pp. 7-12.

[3]Qian Fawen. 2008. Community participation and wetland management. Science Press[Beijing]. pp. 41-59.

[4]Shao Zengze, RaoXianggui, Wang Chunshui, Huang Zhenliang. 1982. Architecture history and theory. pp. 149-150.

[5]Wang Yongjing. 2012. New rural landscape design. Zhejiang Agriculture and Forestry University. pp. 14-17.

[6]Weng Youzhi. 2008. Vernacular settlement landscape in the north Guizhou Province. Nanjing University. pp. 9-11.

[7]Yu Kongjian, Li Dihua. 2002. Discussion on the anti-planning and urban eco-basic facility construction.China Association

for Science and Technology.pp.2-4.

[8]Yu Kongjian,Wang Zhifang.. Discussion on the vernacular landscape and its meaning for the modern landscape design. Central China Architecture. (4), pp. 123-126.

[9]Zhou Qiansong. 2013. Current problem and thinking on traditional village protection in China. Chinese Construction.2(01), pp. 101.

[10]Zhou Xinqin. 2007. Research on new progress of the west country village landscape. Regional Research and Development. (3), pp. 85-90.

Legal Aspects of the Cultural Heritage Conservation and Digitization

Viktor Oliver LORINCZ[1]

1 EcolePratique des Hautes Etudes, Paris, Universite Paris 1 Pantheon-Sorbonne,EotvosLorand University, Budapest, PhD Student, Dr.iur (ELTE, Budapest), MA in Comparatice Law (Paris 1), MA in Art History (ELTE, Budapest), MA in Economic Psychology (Paris 5 Descartes)Budapest, Bajzautca 58, 1062, viktor.lorincz@gmail.com

Legal Aspects of the Cultural Heritage Conservation and Digitization

1. Introduction

“Der Mouleur, an dem ich jeden Tag vorüberkomme, hat zwei Masken neben seiner Tür ausgehängt. Das Gesicht der jungen Ertränkten, das man in der Morgue abnahm, weil es schön war, weil es lächelte, weil es so täuschend lächelte, als es wüßte.” [1] (“The moulder of plaster casts whose shop I pass every day has hung two masks by his door. One is the face of the young woman who had drowned; they had taken a plaster cast of it in the morgue because it was beautiful, because it was smiling, because the smiling was deceptive, as if it knew.”) [2]

Along with Beethoven’s mask, Rilke describes here the death (or maybe life) mask of a young woman, known as Inconnue de la Seine (the unknown woman of the Seine). According to the popular history, the woman was found in the Seine River. Allegedly, she committed suicide. The mask was made at the morgue, and it was widely reproduced because of the woman’s beauty.

This myth was fuelled by the status of the Morgue as public spectacle in the 19th century Paris[3], and probably by other works linked to this institution, like the Autoportrait en noyé (Self Portrait as a Drowned

1. (Rilke 1966, 778–779).

2.Translated by William Needham.

3.see (Pinet 2002).

Man) of Hippolyte Bayard, where he staged himself as unknown body exposed in the Morgue, waiting for recognition (literally and figuratively). The photo and the text on the verso make reference to the imagery of Virdolorum – Memento mori – Noscete ipsum too[4].

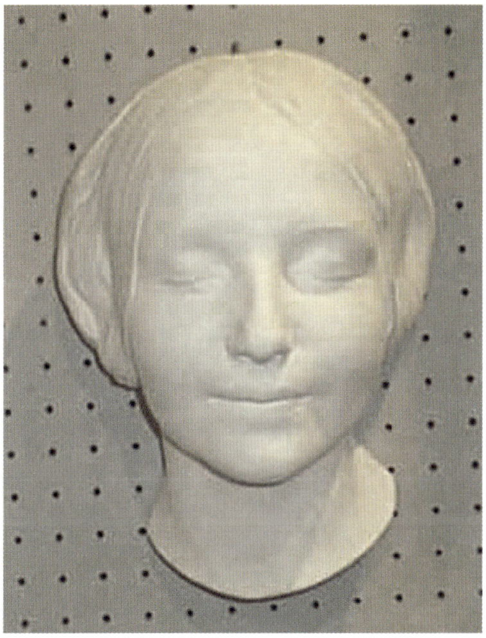

Figure 1. l'Inconnue de la Seine from the catalogue of the moulderLorenzi

Figure 2. Hippolyte Bayard: Self Portrait as a Drowned man

Bayard was not only one of the inventors of photography, but realised the earliest exemplars of different types of photography, relevant to us, like the (fake) most mortem photography, photograms of two dimensional objects, object-photographs and architectural photos[5].

Meanwhile, the Inconnue had an outstanding career too, she reappeared in several poems, novels and plays, like Vladimir Nabokov's poem L'Inconnue de la Seine[6], Max Frisch's Chinese Wall[7], Ödön von

4.for the Inconnue as memento mori: (Montier 2014, 49).

5.(Poivert 2001, 19–22) .

6.First published in the Poslednienovostion June 28 1934. under the pseudonym, V. Sirin, original title: "From F.G.Ch." , later republished under the title "L'Inconnue de la Seine" . (Johnson 1992)

7. (Frisch 1947) and (Frisch 1955).

Horváth's Die Unbekannteaus der Seine [8]or Louis Aragon's Aurélien[9] . Man Ray made 15 photographs for Aragon from the mask, showing different faces of the object.

Figure 3. Hippolyte Bayard: autoportrait

The story of the Inconnue takes us into the middle of legal problems:

First, neither the model, nor the author of the mask is known. Although casting after Nature is an old and well-known procedure , even if we knew the maker of the mask, the classification as creation in terms of copyright. The photographic reproduction by Man Ray raises further question. In our paper, we would

8. (Horváth 1988, 743–808), first in 1933.

9. (Aragon 1944), for a detailed presentation of the literature concerning the Inconnue see both (Pinet 2002) and (Montier 2014).

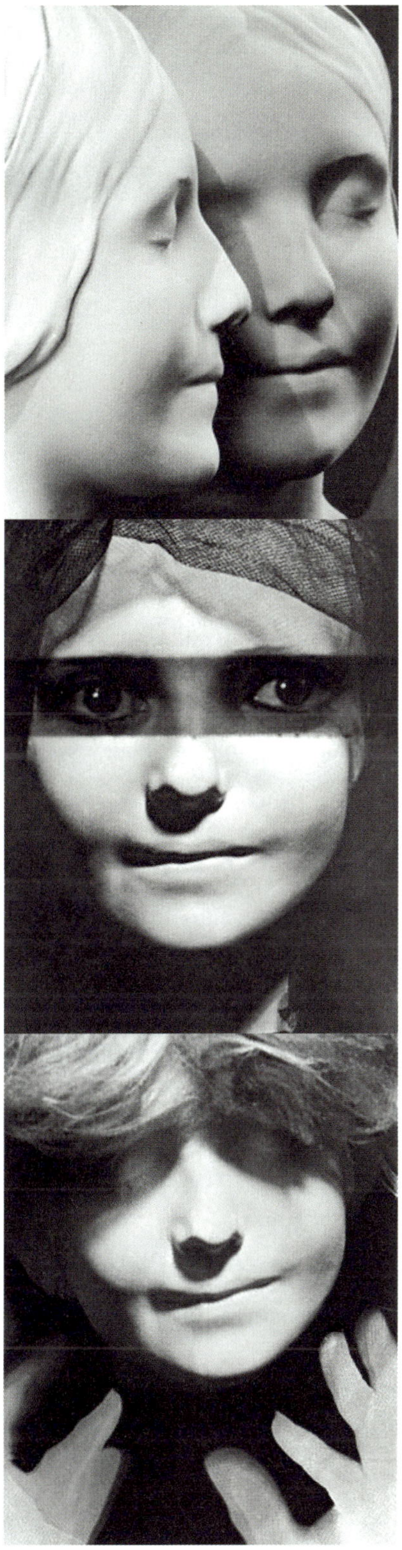

Figures 4-6. Man Ray:Aurélien

like to sum up these legal aspects of the digitization.

II. Digitization and Copyright

If we speak about the legal limits of digitization, copyright might come into our mind. Fortunately, there is a more or less clear regulation of this issue with a tendency of international unification. On the one hand, an international comparison of the case law based on the Article 10 of the Berne convention[11]concerning quotation would be interesting, especially the meaning of quotation of pictures.On the other hand, we assume that digitization usually means the reproduction

11."Certain Free Uses of Works: 1. Quotations; 2. Illustrations for teaching; 3. Indication of source and author (1) It shall be permissible to make quotations from a work which has already been lawfully made available to the public, provided that their making is compatible with fair practice, and their extent does not exceed that justified by the purpose, including quotations from newspaper articles and periodicals in the form of press summaries. (2) It shall be a matter for legislation in the countries of the Union, and for special agreements existing or to be concluded between them, to permit the utilization, to the extent justified by the purpose, of literary or artistic works by way of illustration in publications, broadcasts or sound or visual recordings for teaching, provided such utilization is compatible with fair practice.

(3) Where use is made of works in accordance with the preceding paragraphs of this Article, mention shall be made of the source, and of the name of the author if it appears thereon." (Berne Convention for the Protection of Literary and Artistic Works of September 9, 1886, completed, revised and amended version).

of the whole work or an important part of it; therefore, this activity falls under the norms of the convention and national legislation, within, of course, the term of protection. In the case of digitization, the norms are either clear, or inapplicable on older material; therefore, we pass on two special questions.

First, we would like to present the right of the photographer (or the creator of a scan or a digital image) on the work. If we look at the works of Man Ray, it is obvious, that these pictures might have an autonomous artistic quality. But German law for instance makes distinction between photographic works (Lichtbildwerke) and "mere" photographs, these latters not fulfilling the criteria of intellectual individual personal creation. But even in this case, the German legislator gives copyright-like protection[12]. According to the German case law, object photographs (Gegenstandfotografien) might belong to the latter group, if they are produced by mechanical or artisanal (handwerksmäßig) way. [13] The reproductions of two-dimensional works, like the photographic reproduction of the drawings of Beuys were not classed as photographic works by the judges [14]. Meanwhile as "Lichtbild", photograph in legal terms, they are eligible for special protection, because, in contrast to printmaking for instance, the photograph is not a second exemplar of the drawing of Beuys, but a new entity [15] . They are more than multiples but less than photographic works (Lichtbildwerke). Therefore, the German judge might refuse easier the qualification of the photograph as intellectual, individual creation. The protection of the "non-work" photograph is also granted, the main difference is the term of protection, 70 years after the death of the author (photographic works) v. 50 years after the first publication (photographs) [16] .

---

12. (Dreier and Schulze 2013, sec. Rnd 189 ff.).

13.BGH, 04.11.1966 - Ib ZR 77/65, "scaikubana", NJW 1967, 723 and GRUR 1967, 315.

14.OLG Düsseldorf 13.02.1996 20 U 115/95 "Beuys-Fotografien"GRUR 1997, 49-52 AfP 1997, 585.

15.(Talke 2010, 850).

16.The term of Lichbildwerke follows the general rules of copyright, the term of Lichtbild is regulated in a separate paragraph of the „GesetzüberUrheberrecht und verwandteSchutzrechte" „§ 72 Lichtbilder (1) Lichtbilder und Erzeugnisse, die ähnlichwieLichtbilderhergestelltwerden, werden in entsprechenderAnwendung der fürLichtbildwerkegeltendenVorschriften des Teils 1 geschützt. (2) Das RechtnachAbsatz 1 stehtdemLichtbildnerzu. (3) Das RechtnachAbsatz 1 erlischtfünfzigJahrenachdemEr-scheinen des Lichtbildesoder, wenn seine ersteerlaubteöffentlicheWiedergabefrühererfolgtist, nachdieser,

The next question is the applicability of the rules on photographs on other procedures of reproduction. Pictures made by digital cameras or scanners are also accepted as photographs, the only condition being the involvement of radiant energy. Although we underlined earlier,[17] on the basis of Edwin Land's retinex theory[18] , that there's no direct link between radiation and perceived colour image, the definition is acceptable. Therefore, a three-dimension image made by a 3d scanner is protected as photograph or photographic work, but a cast after Nature is not. Note that Italian law has special norms on the reproduction by moulding. [19]

Finally, we must mention the conflicts between the possible employee-employer and the conflicts between an inventor of a given photographic procedure and the person who applies it. This problem was the central question of the lawsuit between the famous photographer Eadweard Muybridge and the tycoon and university founderAmasa Leland Stanford. [20] The legal relevance of technical question of the digitization of old materials was also summed up by Talke. [21] Until now, we spoke only about the copyright issues concerning the single reproduction, but we must underline that a collection or database of reproductions, otherwise not considered as photographic work, might be protected by copyright.But

jedochbereitsfünfzigJahrenach der Herstellung, wenn das Lichtbildinnerhalbdieser Frist nichterschienenoderer laubterweiseöffentlichwiedergegebenwordenist. Die Frist istnach § 69 zuberechnen." "Article 72 Photographs (1) The provisions of Part 1 applicable to photographic works shall apply mutatis mutandis to photographs and products manufactured in a similar manner to photographs. (2) The photographer shall be entitled to exercise the right according to paragraph (1). (3) The right according to paragraph (1) shall expire 50 years after the photograph was released or, if its communication to the public occurred prior to that date, 50 years thereafter, although the right shall already expire 50 years after production if the photograph was not released or legally communicated to the public within this period. The period shall be calculated according to Article 69." (Translation by Ute Reusch - http://www.gesetze-im-internet.de/urhg/).

17. (Lőrincz 2014).

18. (Land 1959/I) and (Land 1959/II).

19. Code of Cultural Heritage and Landscape (Legislative Decree No. 42 of January 22, 2004) Art.107 (2).

20. (Clegg 2007, 246), (Braun 2012, 138–139).

21. (Talke 2010).

in order to conclude this chapter, we can ask whether the well-known picture of the Saint Peter's basilica taken through the keyhole of the Villa del Priorato di Maltais a photographic work or not.

Figure 7. The dome of the Saint Peter's basilica through the keyhole of the palace of the Grand Priory of the Sovereign Military Order of Malta

III. Digitization and Copyright-Like Limits

Beside copyright, there's an other growing body of limitations called "para-intellectual-property" by Gautier. [22] It is true, the "symptoms" of this limitation seem to be copyright-like. Christo asked the prohibition of the reproduction of his wrapping project both in France and in Germany as the author of the works [23], Daniel Buren and Chistian Drevet asked for the same in the case of Place des Terreaux. [24] But in the following cases, the claimants are only the owners of the works, not the authors. The protection of a person's privacy and theright to one's own pictureis a well-regulated issue this protection might be extended on several object too, like the interior of a flat or a garden. But the right to the picture of the owned object is a developing area. The further reproduction of the image might be prohibited in a contract between the owner and for instance the photographer or the moulder. But this contract will be only relative, creating obligations between the parties only. In contrast to copyright or property right, a contract has no ergaomnes effect. A third party is not obliged by this contract. In the Apfel-Madonna case for instance, the moulder had to respect the quantitative limitation imposed by the

22.(Gautier 1999, 10078).

23. (Müller-Katzenburg 1996), (Griesbeck 1997), (Edelman 2009).

24.(Daleau 2005).

Suermondt-Museum in the contract. But a third person, who bought one exemplar of the copy, and started to produce further exemplars, was not bound by the contract. [25]

To some extent, it is clear that the owner of a work of art, a museum for instance, should participate in the profits of the production of mugs, refrigerator magnets etc. Meanwhile, the first publication of a work of art use to be a scientific one (in a periodical, PhD thesis, monograph, database etc.) usually without considerable profit. The reproduction of the first publication is therefore not prohibited by the law, only physical restrictions (quality, resolution) may apply. A certain legal protection was developed on the basis of the physical qualities of the object too. In the Schloss Tegel (Tegel castle) case, the reproduction was prohibited because the photograph was taken from the ground of the castle. The decision was based on the Sachherrschaft (the power on the thing) of the owner. [26] But the freedom of panorama (Panoramafreiheit) was maintained not only in the cases concerning copyright but also in the case of this "parallel-copyright" too. [27] Meanwhile in a newer case, concerning the Castles and Gardens of Prussia, the German law maintained a wider restriction. [28]

The French legal system encountered the problem in the Gondrée case. The Café Gondrée is considered as the first house in France in 1944. It has rather historical than aesthetical values. The reproduction of the house was prohibited by the judges. The problem is that a wider restriction applies not only on work of arts or on cultural heritage, but on every object owned by somebody. [29] Therefore, the court switched to a restricted, responsibility-based protection later: the reproduction sanctioned only if it constitute an abnormal interference (trouble anormal). [30]

25.Bundesgerichtshof, 13.10.1965 Ib ZR 111/63 "Apfel-Madonna".

26.Bundesgerichtshof, 20.09.1974 I ZR 99/73 "Schloss Tegel".

27.(Maaßen 2010)

28.(Wanckel 2011), (Stieper 2012), (Maaßen 2010)

29.In our poster, we illustrated this with a pun: Dichtung in German may refer either to a poem or to a kind of stuffing. In the case of wide protection, the rights of the owner of the latter are almost as strong as the rights of the author of the former. (Lőrincz 2012)

30.amongst the numerous articles, master and phd thesis published after the two sentences, see (Gleize 2008) in French and (Geiger 2005) in English

The problem is that this system without legal frameworks has no exception: if a wider restriction would be maintained, there was no fair use known in copyright.

IV. Reconstruction and Restitution

We have seen that this parallel-copyright grew out in fact from the German Sachenrecht and the French droit des biens (we don't analyze here the Italian, sui generis legislation, mentioned above). [31]This origin raises further issues. In an economic model, Frey and Rohner pointed out the importance of the making of plans of reconstruction (described as "software") as security measure against terrorist attacks.[32] Crettez and Deloche, with a model based on game theory argue that the existence of these plans in itself may act as commitment to reconstruct, and therefore, terrorists are deterred from attack. [33]

The German law knows for instance the obligation of the reconstruction of the perished good using the indemnity received in the case of usufruct. [34] Unfortunately, there's no such rule in the relation between the owner of a work of art or monument, and the owner of the digital copy for instance. This can be only regulated by contract, but, because of the problems described above, only between the owner of the original, and the maker of the first reproduction.

Another issue is: what happens to the "parallel-copyright" after the destruction of the original? In the case of the copyright, the subsistence of the original (manuscript for instance), is not a condition of the protection. Contrary to Gleize[35], we don't believe in the existence of the image of the good as another, incorporeal good. And the owner cannot suffer an abnormal interference of his or her ownership, if the owned thing is no more. If somebody would reconstruct digitally for instance a physically destructed palace, the former owner of the palace would have no right on the reconstruction.

A further special issue is the so-called a non domino title. In some case, ownership might be acquired from a non-owner too. In order to ensure the commerce and the free movement of goods, the legislator can

31.as in Note 19.

32. (Frey and Rohner 2007)

33.(Crettez and Deloche 2010)

34. Art. 1046 (2) of the German Civil Code (BGB)

35. (Gleize 2008, 52–)

grant ownership to the purchaser in good faith, even if the seller had no right to sell the good. This raises national and international problems. Theoretically, the legislator and the judge must decide between two, equally justifiable right. The problem is even more complicated, if the spoiled object is illegally exported, and the object belongs to the cultural heritage of one country, and the purchaser in good faith, or in certain cases, the original owner resides in another country. Because of the physical characteristics of the good, only one of the parties can have it (the collective ownership would be inappropriate here), the others have nothing, or only a pecuniary indemnity. [36]

Considering the technological development, and the rethinking of the value of reproduction, copy and multiple, the reproduction of the original should play a greater role in these cases.

The regulation of copyright is a result of the international collaboration of the different institutions in the 19th and 20th century, and an effective protection would be impossible below the international level. Now, states, international and national institution, scholars focusing on the preservation of the cultural heritage should work together in order to elaborate the international legal framework of this emerging area.

V. References

[1]Aragon, Louis. 1944. Aurélien. Paris: Gallimard.

[2]Blume, Dieter. 1985. "Zur Technik Des Bronzegusses in Der Renaissance." In Natur Und Antike in Der Renaissance. Ausstellungskatalog, 18–23.

[3]Braun, Marta. 2012. Eadweard Muybridge. Reaktion Books.

[4]Carducci, Guido. 1997. La restitution internationale des biens culturels et des objets d'art volés ou illicitement exportés: droit commun, directive CEE, conventions de l'UNESCO et d'UNIDROIT. Droit des affaires. Paris: LGDJ.

[5]Clegg, Brian. 2007. The Man Who Stopped Time:: The Illuminating Story of Eadweard Muybridge - Pioneer Photographer, Father of the Motion Picture, Murderer. Joseph Henry Press.

[6]Crettez, Bertrand, and Regis Deloche. 2010. "Terrorism, Key Assets, and Critical Infrastructures: To Protect or to Rebuild? That Is the Question." Public Choice 144 (1): 105–18.

[7]Daleau, Jeanne. 2005. "Place Des Terreaux de Lyon : Épilogue D'une Chronique Judiciaire." Recueil Dalloz, 1026.

---

36. (Carducci 1997, 393–) and (Müller-Katzenburg 2007)

[8]Dreier, Thomas, and Gernot Schulze. 2013. Urheberrechtsgesetz: Urheberrechtswahrnehmungsgesetz, Kunsturhebergesetz. Auflage: 4. München: C.H.Beck.

[9]Edelman, Bernard. 2009. "Un Arrêt Énigmatique." Recueil Dalloz, 263.

[10]Frey, Bruno S., and Dominic Rohner. 2007. "Protecting Cultural Monuments Against Terrorism." Defence and Peace Economics 18 (3): 245–52.

[11]Frisch, Max. 1947. Die Chinesische Mauer : Eine Farce / Max Frisch. Basel: B. Schwabe.

[12]———. 1955. Die Chinesische Mauer : Eine Farce / Max Frisch. [1. - 2. Tsd.]. Berlin: Suhrkamp.

[13]Gautier, Pierre-Yves. 1999. "Le Droit Subjectif Sur L'image D'un Bien, Ou Comment La Cour de Cassation Crée de La 'Para-Propriété Intellectuelle.'" La Semaine Juridique II (18): 10078.

[14]Geiger, Christophe. 2005. "The Right to the Image of One's Own Property on the Run: Has the Brake Finally Been Pulled on the Privatisation of the Public Domain?" International Review of Intellectual Property and Competition Law, no. 6: 706–12.

[15]Gleize, Bérengère. 2008. La protection de l'image des biens. Paris: Répertoire Defrénois.

[16]Griesbeck, Michael F. 1997. "Der 'Verhüllte Reichstag' - Und (k)ein Ende?" Neue Juristische Wochenschrift, no. 17: 1133–34.

[17]Horváth, Ödön von. 1988. "Gesammelte Werke. 2. Stücke 1931 - 1933". Suhrkamp.

[18]Johnson, D. Barton. 1992. "'L'Inconnue de La Seine' and Nabokov's Naiads." Comparative Literature 44 (3): 225–48. doi:10.2307/1770855.

[19]Kohl, Jeanette. 2014. "'Vasari Reconsidered: Facial Reproductions in the Renaissance.'" In "Between East and West: Reproductions in Art" CIHA Colloquium at the Otsuka Museum of Art in Naruto, Japan January 15-18, 2013, edited by Shigethosi Osano.

[20]Land, Edwin H. 1959. "COLOR VISION AND THE NATURAL IMAGE PART II." Proceedings of the National Academy of Sciences of the United States of America 45 (4): 636–44.*

[21]Lőrincz, Viktor. 2012. "A Nuremberg Funnel For Art and Law - Das Kunstwerk Als Objekt Des Sachenrechtes." In Get in Touch, Objects, Place, People, Postgraduate Program of the 33rd Congress of the International Committee of the History of Art, Nuremberg, 15th - 20th July 2012 ; CIHA 2012, Nürnberg., edited by Lisa Einzman, Anja Grebe, Petra Krutisch, Almuth Klein, Anna Pawlik, and Marian Wild, 74–75. Nuremberg: CIHA 2012 / Germanisches Nationalmuseum.

[22]———. 2014. "The Myth of Originality, the Copy, Reproduction, and the Multiple in Art History and the Western Legal Tradition – A Comparative Approach." In "Between East and West: Reproductions in Art" CIHA Colloquium at the Otsuka Museum of Art in Naruto, Japan January 15-18, 2013, edited by Shigethosi Osano. IN PRESS.

[23]Maaßen, Wolfgang. 2010. "Panoramafreiheit in Den Preußischen Schlossgärten." Gewerblicher Rechtsschutz Und Urheberrecht, no. 10: 880–86.

[24]Montier, Jean-Pierre. 2014. "Le Masque de l'Inconnue de La Seine: Promenade Entre Muse et Musée." Word & Image 30 (1): 46–56. doi:10.1080/02666286.2013.771931.

[25]Müller-Katzenburg, Astrid. 1996. "Offener Rechtsstreit Um Verhüllten Reichstag Urheberrechtliche Aspekte von Christos Verpackungskunst." Neue Juristische Wochenschrift, no. 36: 2341–46.

[26]———. 2007. "Gutgläubiger Erwerb, Ersitzung, Verjährung...?" In Museen im Zwielicht: Ankaufspolitik 1933-1945 : Kolloquium vom 11. und 12. Dezember 2001 in Köln. Die eigene Geschichte : Provenienzforschung an deutschen Kunstmuseen im internationalen Vergleich ; Tagung vom 20. bis 22. Februar 2002 in Hamburg. Hrsg. von der Koordinierungsstelle für Kulturgutverluste, Magdeburg. [Autorinnen und Autoren: Andreas Blühm ...]., edited by Andreas Blühm, 221–56. Magdeburg: Koordinierungsstelle für Kulturgutverluste.

[27]Pinet, Helene. 2002. "L'eau, La Femme, La Mort. Le Mythe de L'inconnue de La Seine." In Le Dernier Portrait, edited by Emmanuelle Héran, 172–78. Réunion des Musées nationaux.

[28]Poivert, Michel. 2001. Photo poche, numéro 91 : Hippolyte Bayard. Paris: Nathan.

[29]Rilke, Rainer Maria. 1966. Sämtliche Werke: Die Aufzeichnungen des Malte Laurids Brigge; Prosa 1906-1929. Edited by Ruth Sieber-Rilke and Ernst Zinn. Insel.

[30]Stieper, Malte. 2012. "Stieper: Geistiges Eigentum an Kulturgütern." Gewerblicher Rechtsschutz Und Urheberrecht, no. 11: 1083–92.

[31]Talke, Armin. 2010. "Lichtbildschutz Für Digitale Bilder von Zweidimensionalen Vorlage." Zeitschrift Für Urheber- Und Medienrecht (ZUM), 846–52.

[32]Wanckel, Endress. 2011. "Auf Dem Weg Zum „Recht Am Bild Der Eigenen Sache"?" Neue Juristische Wochenschrift, no. 25: 1779–81.

韩国庆州月精桥复原研究

张宪德，朴沼衍

韩国传统文化大学

韩国庆州月精桥复原研究

一、 引言

新罗（公元前 1 世纪至 10 世纪），弘扬朝鲜半岛（韩国称韩半岛）民族文化的古代国家。庆州是由新罗传承千年的新罗王都，集中了青铜时代至朝鲜朝的众多遗迹和遗物。而且，庆州的众多遗迹获得其优秀性和价值性，不仅石窟岩和佛国寺等列入世界文化遗产，2000 年庆州一带还以“庆州史迹区（Kyongju Historic Areas）”指定为综合历史区。庆州浩浩千年古都，在人类文化史上它与希腊的雅典娜、意大利罗马、中国西安和日本奈良并驾齐驱，沉淀历史和文化的都市。

公元前 57 年，新罗在庆州定鼎，并以月城为中心建立了王京。月精桥由统一新罗鼎盛时期的景德王十九年（760）在半月城南部营造之桥，之后根据高丽忠烈王六年（1280）重修的记录来看，它存续时间最少为 520 年以上，因用于月城的西南端与东北端的主要通路，推定对政治和军事及经济方面发挥了重要的作用。与此相关的记录，虽表现在高丽朝明宗代（1132-1202）诗人金克己的诗句“虹桥倒影照蚊川”之中，但了解桥梁的规模或形态的直接记录却均无。

目前，此桥与庆州博物馆西部的日净桥址一同制定为韩国史迹 475 号（2004.11.27），并横跨于仁旺洞和校洞，其面积为 160,861 ㎡（69 块地、48,660 坪）。

1975年，以月精桥的实测和现状调查开始，进行了诸多学术调查和发掘调查。2004年，根据制订“庆州历史文化城市建设基本规划”，制定了《日净桥·月精桥及古道复原规划》的细部规划。月精桥的复原过程均有检讨文献记录、国内外事例和遗构分析等基础调查，而且通过三维扫描及修理模型实验等现代方法进行了调查。2009年4月，进行了月精桥桥阁和楼桥复原工程，楼桥已复原完成，只剩下南北侧桥台上的楼阁。

二、沿革－文献记录[1]

（一）月精桥——日精桥沿革

月精桥的遗构位于庆州月城南端的蚊川。离此遗构约800米的蚊川上流也有另外一个桥梁遗构。这里是日净桥的遗构，均是月城的东北端。总之，我们可以推测月精桥和日净桥是挨着新罗朝王城的月城东边蚊川上之桥，分别是月城南端和东北端的通路。月精桥和日净桥的最早文献，见于《三国史记》的新罗本纪第九景德王十九年（760）2月的“宫南蚊川之上起月净、春阳二桥”。

根据《三国史记》的记录，新罗景德王时期以月净和春阳名建造了两个桥梁。但是，在朝鲜朝编制的文献中记录蚊川上桥梁时名称均为月精桥和日净桥。综合考虑现存的遗址和朝鲜朝的文献，《三国史记》中的月净春阳这两座桥梁均被改名为月精桥和日净桥，但不知道其具体的时期和原因。然而，朝鲜王朝第9代成宗时编写的《东国舆地胜览》中则使用了月精桥和日净桥，这意味着此两座桥均已在朝鲜王朝初期前就已被称为月精桥和日净桥。此后的《东京杂记》《庆州府邑志》《东京通志》《金鳌胜览》《东京续志》和《庆州邑志》等文献转载或略记《东国舆地胜览》的内容。

1. 月精桥地发掘调查及复原设计报告书，庆州市，1986.
春阳桥地发掘调查报告书，国立庆州文化财研究所，2005.

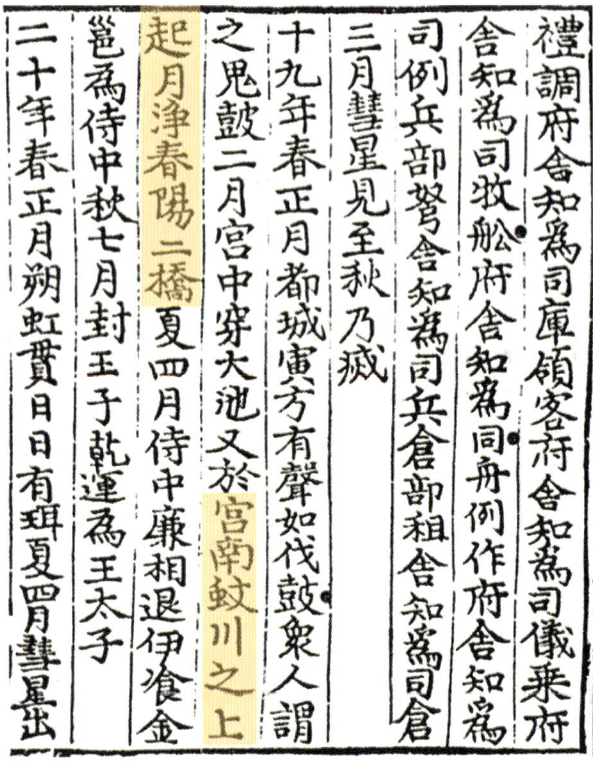

禮調府舍知爲司庫領客府舍知爲司儀乘府
舍知爲司牧舩府舍知爲司舟例作府舍知爲
司例兵部弩舍知爲司兵倉部租舍知爲司倉
三月彗星見至秋乃滅
十九年春正月都城寅方有聲如伐鼓衆人謂
之鬼鼓二月宮中穿大池又於宮南蚊川之上
起月淨春陽二橋夏四月侍中廉相退伊飡金
邕爲侍中秋七月封王子乾運爲王太子
二十年春正月朔虹貫日日有珥夏四月彗星出

图 1 《三国史记》图 9，新罗本纪第 9 条：景德王条

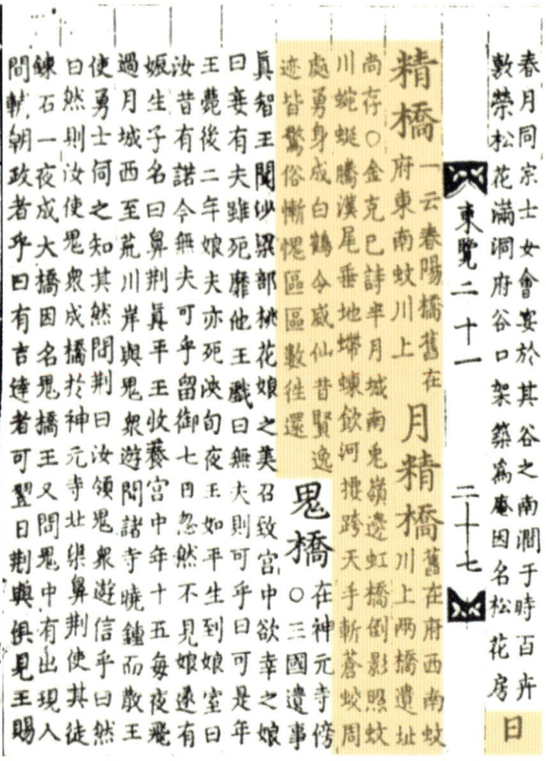

春月同宗士女會宴於其谷之南澗于時百卉
數榮松花滿洞府谷口架築爲菴因名松花房
東覽二十一 二十七
日精橋 一云春陽橋舊在府東南蚊川上 月精橋 舊在府西南蚊川上兩橋遺址
尚存○金克己詩半月城南鬼嶺邊虹橋倒影照蚊
川蜿蜒騰漢尾垂地螮蝀飲河撐跨天手斬蒼蛟周
處勇身成白鶴令威仙昔賢逸
跡皆驚俗慚愧區區數往還
鬼橋 在神元寺傍○三國遺事
眞智王聞沙梁部桃花娘之美召致宮中欲幸之娘
曰妾有夫雖死靡他王戲曰無夫則可乎曰可是年
王薨後二年娘夫亦死浹旬夜王如平生到娘室曰
汝昔有諾今無夫可乎留御七日忽然不見娘遂有
娠生子名曰鼻荊眞平王收養宮中年十五每夜飛
過月城西至荒川岸與鬼衆遊聞諸寺曉鍾而散王
使勇士伺之知其然聞荊曰汝領鬼衆遊信乎曰然
曰然則汝使鬼衆成橋於神元寺北衆鼻荊使其徒
鍊石一夜成大橋因名鬼橋王又問鬼中有出現入
問朝政者乎曰有吉達者可翌日荊與俱見王賜

图 2 《东国舆地胜览》图 21，庆尚道庆州府古条

关于月精桥和日净桥的记录如下 ：

时期	史料	日精桥	月精桥
统一新罗	① 《三国史记》	“十九年 ...二月宮中 x 大池又於宮南蚊川之上起月淨春陽二橋...” 《三国史记》第九卷 新罗本纪 第九 景德王条 - 景德王 19 年(A.D.760)	左 同
高丽	② 《金克己汉诗》	-	李东种编，1967 《东都诗选上》，高丽篇 - 虹桥倒影照蚊川
	③ 《庆州先生案》	-	“尙書盧景倫戊寅到任庚辰月精橋造排同年上京” 《庆州先生案》「府尹先生案」 - 高丽 忠烈王 6 年(A.D.1280)

朝鲜	④ 《新增东国舆地胜览》	“日精橋一云春陽橋舊在府東南蚊川上”《新增东国舆地胜览第二十一卷庆尚道庆州府古迹条 - 中宗二十五年(A.D.1530)	“月精橋舊在府西南蚊川上兩橋遺地尚存金克己時半月城南兎嶺邊虹橋倒影照蚊川…”《新增东国舆地胜览》第二十一卷 庆尚道庆州府古迹条
	⑤ 《东京志》	- 与④相同的内容（作者和年代不详）	- 与④相同的内容
	⑥ 《东京杂记》	“日精橋一云春陽橋舊在府東南蚊川上”《东京杂记》 卷二 古迹条 - 显宗十年 (A.D.1669)	“月精橋舊在府西南蚊川上兩橋遺地尚存金克己時半月城南兎嶺邊虹橋倒影照蚊川…” 《东京杂记》卷二 古迹条
	⑦ 《庆州府邑志》	“日精橋一云春陽橋舊在府東南蚊川上今”《庆州府邑志》古迹条	“月精橋舊在府西南蚊川上兩橋遺地尚存金克己時半月城南兎嶺邊虹橋倒影照蚊川…” 《庆州府邑志》古迹条
朝鲜	⑧ 《东京通志》	“日精橋一云春陽橋舊地在府東南蚊川上”《东京通志》卷二 道路附 桥梁条 - A.D.1933	“月精橋舊在府西南蚊川上景德王庚子搆設日精月精二橋金克己時半月城南兎嶺邊虹橋倒影照蚊川…”《东京通志》卷二 道路附桥梁条
	⑨ 《金鳌胜览》	“(日精橋) (月精橋) 鬼橋竝見古蹟” 《金鳌胜览》 卷之二 桥梁条 “日精橋一云春陽橋舊在府東南蚊川上” 《金鳌胜览》 卷之二 古迹条	“月精橋舊在府西南蚊川上兩橋遺地尚存金克己時半月城南兎嶺邊虹橋倒影照蚊川…”《金鳌胜览》 卷之二 古迹条
	⑩ 《东京续志》	《东京续志》第六卷 道路附 桥梁条	“(金克己時半月城南兎嶺邊虹橋倒影照蚊川…)”《东京续志》第六卷 道路附 桥梁条
	⑪ 《庆州邑志》	“日精橋一云春陽橋”《庆州邑志》卷三 桥梁条	“月精橋舊在蚊川上遺地尚存” 《庆州邑志》 卷三 桥梁条

三、发掘遗构

（一）遗构类型及分类

根据月精桥址桥台地整理的石材遗构类型调查的数量，桥脚石 260 个、桥台石 237 个、栏杆石 52 个、桥处麻石 40 个、奠基石 14 个、板石 54 个、特殊型 91 个等，还有因破损或毁损而无法分类的有 428 个。其总数量为 1176 个，其中可以使用的有 736 个。

	桥脚石　桥台石	栏杆石　石伸臂　奠基石	板石	特殊型	未分类	合计
数量	129	94	3 5 0 13	14	198	456

月精桥北侧桥台址遗构

	桥脚石	桥台石	栏杆石	石伸臂	奠基石	板石	特殊型	未分类	合计
数量	131	143	49	35	14	41	77	230	720

月精桥南侧桥台址遗构

图 3 桥桩石　分水石

图 4 推测框架石

图 5 桥檐型

图 6 特殊型 – 石柱

图 7 石桩

图 8 栏杆石

（二）遗构分析

根据月精桥址发掘调查结果，木桥址在离保存线形桥桩的月精桥石桥址下流方面 19 米处被发现。据推测，月精桥址下流的木桥址在建造月精桥前使用的桥梁。根据周边的各种情况来看，它是连接月城和南山蚊川上的桥梁，亦是从南山进入月城的重要交通枢纽。

石雕桥桩遗构的分析结果来看，可以推测多柱式桥阁为桥桩平面是方形石材，以上下流方形建造了田字形基础，上面再放入其他方形石材后分别在上流和下流方向构建方形石柱的。虽然没有关于此桥梁的记录，推测营造后被急流倒塌，后来重新在原地建造了线形桥桩。

线形桥桩之间平均距离为 12 米，是在虹桥结构时才可能的结构，但在出土的的构件中连一个虹桥的构件都没有发现。此外，经不住跨径长而无法承受拉力的石材则难以承受弯曲应力，所以很有可能上部结构使用的是木材。发掘当时，出土了椽槛、瓦当、瓦钉、超过 50 厘米的铁钉和瓦钉等，从中可以看出它是楼桥型桥梁。

关于月精桥址的石材和遗构进行了精密实测和分析结果，总平均约为 299~300 毫米，对 1 曲尺的比率为 0.9867。该数据是唐尺，与同代建造的佛国寺（0.9925 曲尺）和石窟庵（0.9820）

很类似。

四、事例调查

（一）佛国寺 青云桥·白云桥

种目：国宝 第 23 号　　　　　　　　　　指定日 ：1962.12.20

所在地：庆北庆州市进岘洞 15　　　　　　时代：统一新罗 景德王十年 (751)

断开吐含山的一个山脉后，朝南形成了石坛，其后面创建了佛国寺，过青云桥和白云桥及莲华桥和七宝桥，通过紫霞门和安养门进入寺内。东边有两端的石梯，下面是青云桥，上面则是白云桥。青云桥的高度和宽度分别为 3.82 米和 5.14 米，白云桥的高度和宽度则分别

图 9 佛国寺青云桥·白云桥

图 10 白云寺详细

图 11 佛国寺莲花桥·七宝桥全景

图 12 佛国寺莲花桥·七宝桥详细

为 3.15 米和 5.09 米。通过精致打磨花岗石，将青云桥和白云桥的下面做成拱形。两个桥梁的台阶分别有 17 级和 16 级，共有 33 级，意味着尚未达到佛的境地的 33 个阶段。

青云桥和白云桥将石梯做成桥梁形态，推测与佛国寺一样创建于统一新罗景德王 10 年（751），在同一时代的桥梁中，是个唯一完整保留下来的极为珍贵的文化遗产。

（二）佛国寺莲华桥•七宝桥

种目：国宝 第 22 号　　指定日：1962.12.20

所在地：庆北 庆州市 进岘洞 15　　时代：统一新罗 景德王十年 (751)

以佛国寺前面大石坛为准，东边有青云桥和白云桥，西边有莲华桥和七宝桥。其构建方法跟东边的青云桥和白云桥大同小异，像青云台一样高度较低，是小规模桥梁。

下面的莲华桥有 10 级台阶，通过阶梯式登桁分辨左右，在两边的登桁上设置了栏杆，但只留下痕迹，现在上下仅有石柱。桥梁下面像东边的白云桥使用弧形石头建立拱形通道，但此石梯有一个特点，每个阶梯上都刻着美丽的莲瓣。

七宝桥由 8 级的宝阶组成，与莲华桥不同的是，用一个长的登桁分开两端。上下还有石柱，也留下石栏杆的痕迹。但因为其规模较小，桥下没有形成通道，且宝阶上没有特别的雕刻。

踏上七宝桥后，再过安养门后，面对极乐殿。此石梯的倾斜度也较稳定，约为 45 度。

图 13 佛国寺石筑上部栏杆详细

图 14 佛国寺 石筑

与青云桥和白云桥的雄伟美相比，它更加美丽细致，产生谐调美和变化美。

推测莲华桥和七宝桥像青云桥和白云桥创建于统一新罗景德王十年（751）。1974 年进行重修时，通过再建石间台来恢复原来的。

（三）松广寺三清桥·羽化阁

种目：市·道有形文化财 第 59 号　　　　　指定日：1976. 9. 30

所在地：全南顺天市松光面新坪里 12　　　　时代：朝鲜 肃宗三十三年（1707）

三清桥也被称为凌虚桥，是连接世俗和佛界的虹桥，羽化阁则是其上面的建筑。三清桥以 19 个四角形长台石做成拱形，两侧也将打磨的四角形长台石堆起来支撑负荷。拱形顶上有龙头含着如意宝珠。

此虹桥的规模小，前面大小为 10m×3.7m，没有像仙岩寺升仙桥或兴国寺虹桥似的雄壮美，但是连接世俗和佛界的非常重要的通道。根据 1774 年（英祖五十年）《凌虚桥重创记》，此虹桥原来是使用板木做的，1707 年（肃宗三十三年）筑成虹桥后，再过 60 年后进行重建。

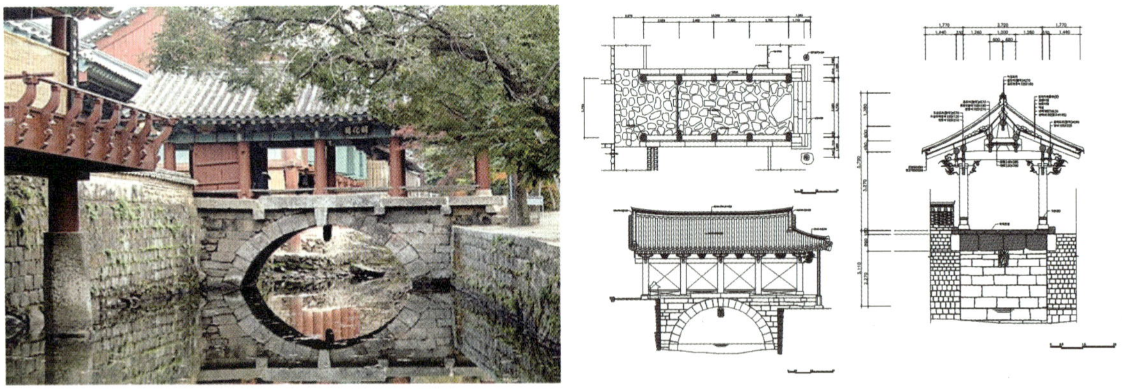

图 15 松广寺三清桥

（四）松广寺 极乐桥·清凉桥

所在地：全南顺天市松光面新坪里 12

极乐桥在溪涧上建造了虹桥，并其上面构建楼阁——清凉阁，有通往极乐世界的门口的意思。虹桥顶上像三清桥一样突出含着如意宝珠的龙头，以正方形的石头按菱形堆起，形成虹桥的框架。

清凉阁的形态和位于境内的三清桥十分相似，正面 4 格、侧面 1 格相叠形成八作屋顶。

图 16 松广寺极乐桥·清凉桥

图 17 松广寺清凉桥 内部

（五）泰安寺 凌波阁

种目：市·道有形文化财第 82 号　　指定日：1981.10.20

所在地：全南 谷城郡 竹谷面 元达里 18-1　　时代：朝鲜英祖四十三年（1767）

凌波阁是去泰安寺的路上要过的最后的桥梁，扮演泰安寺的金刚门的角色。因为溪涧的水和周边风光非常美丽，所以被命名为“凌波”，过此桥象征着抛弃世俗的烦恼而进入佛的世界。统一新罗文圣王十二年（850），慧哲最初创建凌波楼，高丽太祖二十四年（941）广

图 18 泰安寺凌波阁

图 19 泰安寺凌波阁 内部

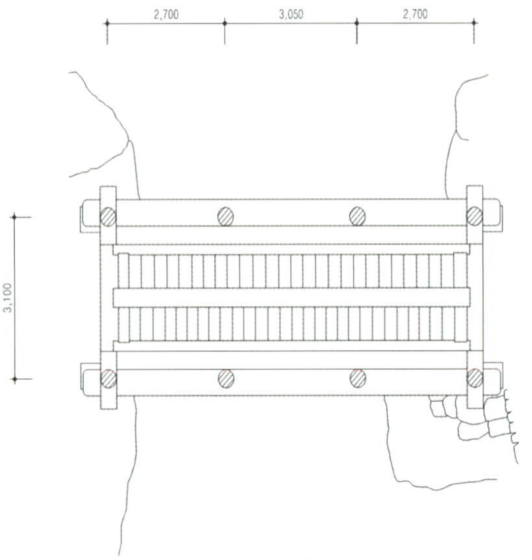

图 20 泰安寺凌波阁 平面图

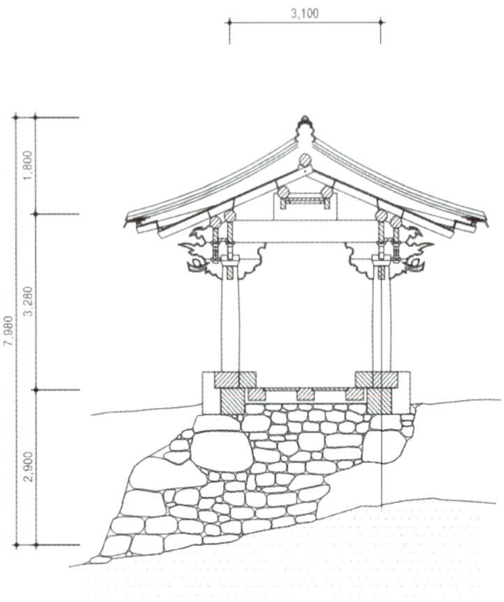

图 21 泰安寺凌波阁 剖面图

慈大师修建，然后朝鲜王朝英祖四十三年（1767）重建。这是跟一柱门一样是经过韩国战争后没有烧毁的历史悠久的木建筑之一。

（六）朝鲜宁边万岁楼桥

所在地 ：朝鲜 平安北道 宁边郡

时代 ：朝鲜朝

万岁楼桥位于平安北道宁边，是城墙的一部分，像水源华城的华虹门一样可以说是水口门。它创建于朝鲜王朝，据悉 19 世纪初被洪水倒塌了一部分。在溪涧中间建造了 4 个虹桥，

图 22 宁边万岁楼桥

在虹桥上加美石后，再加墙石头，按照一定间隔做了铳眼。看其形态，女墙上构建柱子，筑成楼阁，里边很开豁，外边设置了板墙门。此外，里外设置了鸡子栏杆。屋顶是单椽八作屋檐。总长度约为 25.5 米，从地面算起高度约为 10 米。规模是前面 10 格、侧面 2 格。

图 23 宁边万岁楼桥 推断 立面图

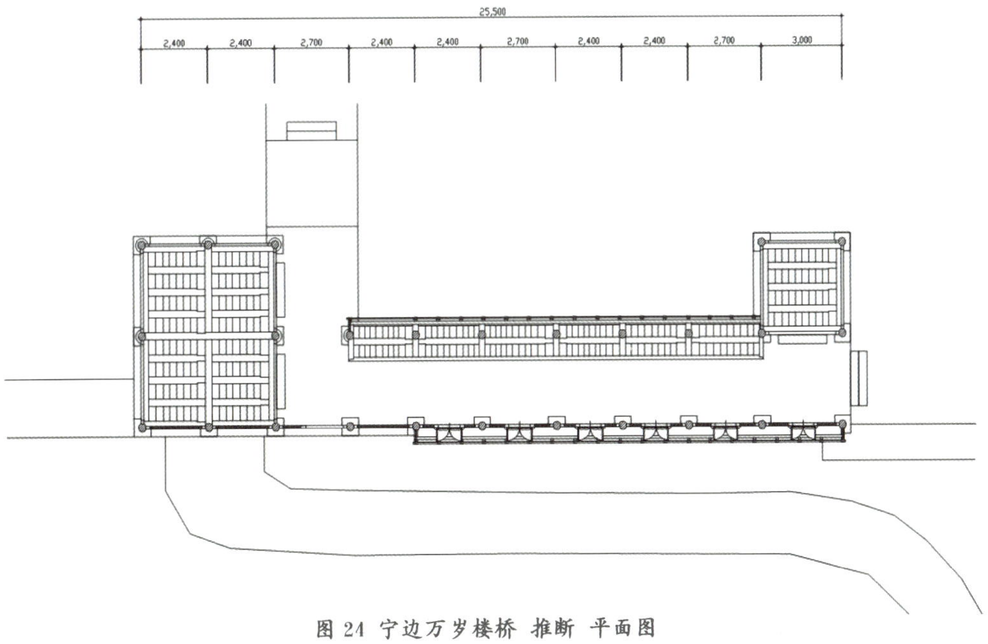

图 24 宁边万岁楼桥 推断 平面图

（七）中国 永庆桥

所在地：中国 浙江省 泰顺县　　　　　　时代：清 嘉庆二年（1797）

全长：35m　　　　宽度：5.1m　　　　楼阁 高：4.6m

图 25 永庆桥

图 26 永庆桥桥脚上部 详细

图 27 永庆桥楼阁 上部

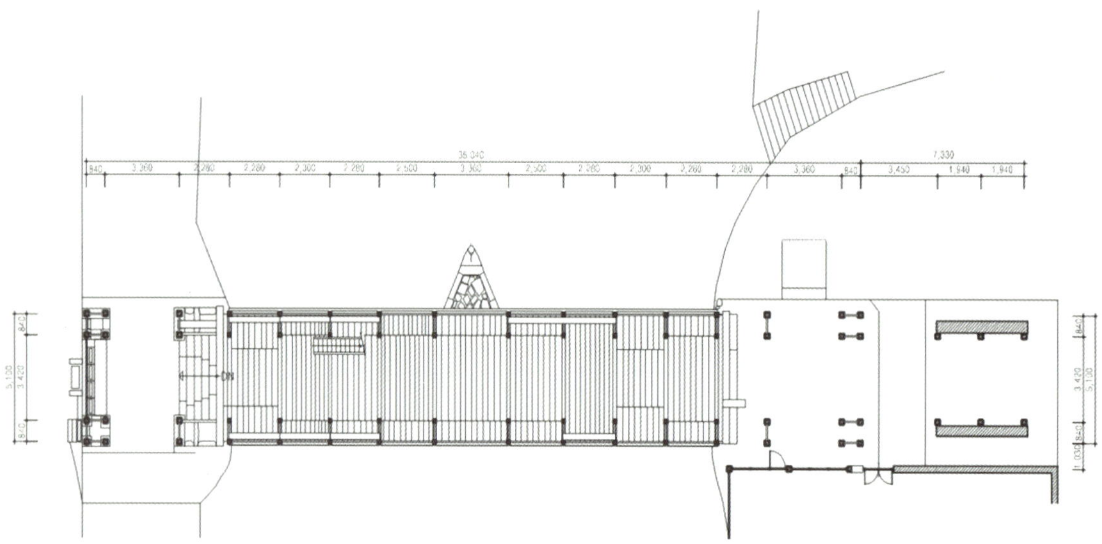
图 28 永庆桥 1 层 平面图

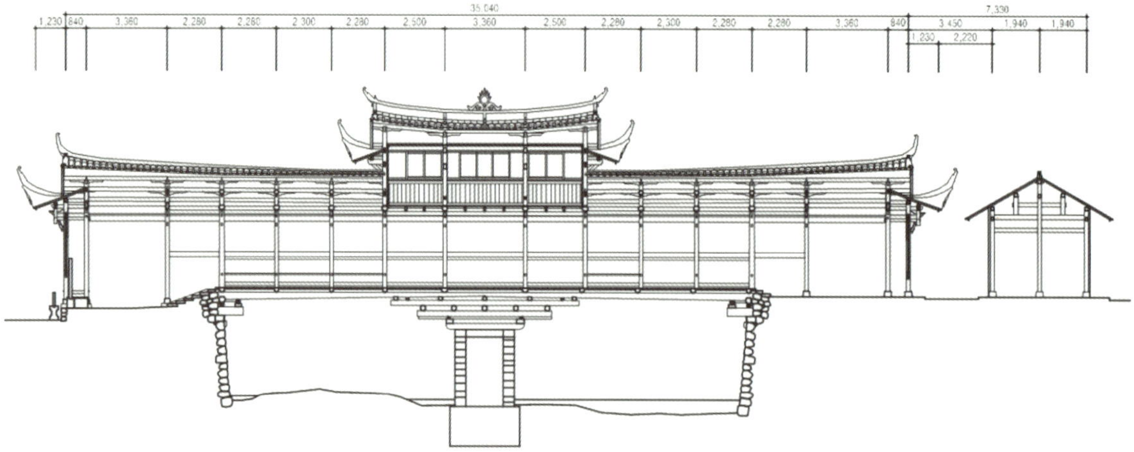
图 29 永庆桥 1 层 剖面图

五、 复原设计过程

（一）现有遗构调查

图 30 月精桥河床防冲刷设施

图 31 月精桥发掘前的全景

图 32 1 号桥桩与西端部椽檻的出土状态

图 33 月精桥椽檻收拾后，各种瓦片的出土状态

图 34 月精桥栏杆的板石型栏杆构件

图 35 月精桥垫石

图 36 月精桥地栏杆（推定）的构件

图 37 月精桥栏杆的板石（栏杆构件）

（二）既存遗构毁损度检讨及 3D 假象复原

从 1984 年至 1986 年，对月精桥遗址的石材进行了两次调查。与此同时，进行发掘调查。通过 2007 年的石材遗构调查，确认遗构有没有变动，且对大小和毁损状态进行了调查，分辨能够可再利用的构件。在力所能及的范围内对现在的石材遗构位置进行三维扫描，然后设

计模型，最后把它组合起来。调查结果显示，在现有 1136 个遗构中，可再利用的有 613 个（约为 48%）。

图 38 将每个位置的实测三维数据组合起来

图 39 将位置数据变换为三维数据

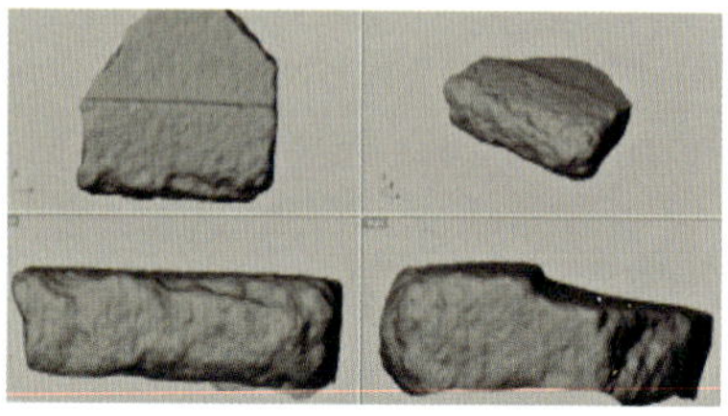
图 40 将三维数据的轴旋转后，设定图面的轴

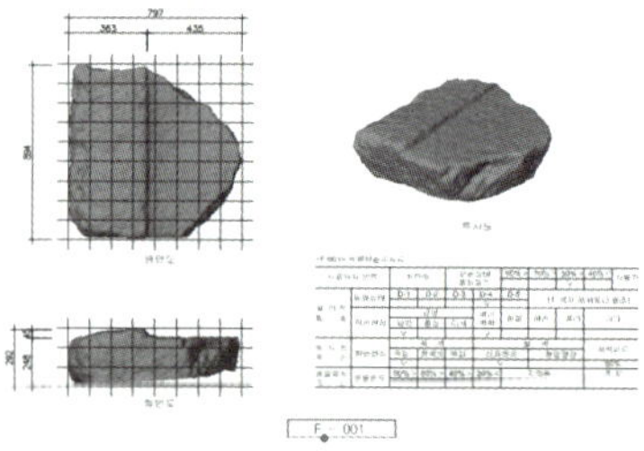
图 41 根据被设定的轴，输入尺寸

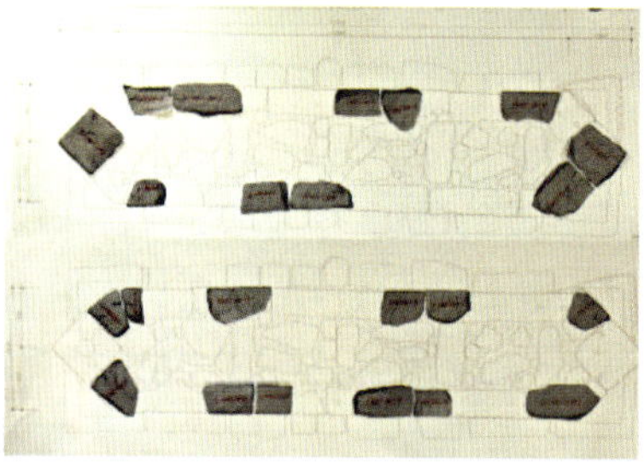
图 42 利用 1/20 累计图，为复原组合遗构

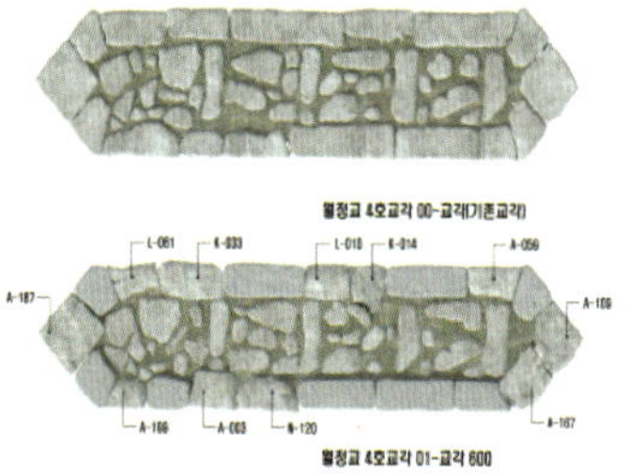
图 43 遗构复原建模

（三）水理模型实验

以下川治理工程基本规划材料为基础，对洪水量和洪水位进行了固定相和移动相实验。

图 44 水理模型实验

制作了月精桥上下 500 米的 1/20 模型。对桥桩部位的流速产生的影响进行了研究，且对南川附近的结构物所引起的流量变化和河床流失所产生的影响进行了测定和评价。此外，分为频度（30、50、80、100、150 年）和状态进行了实验。

实验后发现，桥桩的高度约为 5.5 米以上时，以 80 年为周期，将桥桩高度设计为 7 米，以防洪水。现有防冲刷设施的范围约为 5 米，根据冲刷实验结果，最大冲刷半径为 6.8 米。所以，将防冲刷设施高度增加到 7 米。

（四）结构稳定性调查

对 1/5 的微型模型进行了结构安全性实验。通过实验结果可以导出了静负荷、活负荷、风载荷以及负荷组合等。桥桩的最大静负荷约为 125 吨，最大活负荷则约为 46 吨。因为月精桥的地盘切力和速度为 200m/sec 以上（风化层），可以承受负荷，所以不需要其他的基础补强。

图 45 结构稳定性调查

（五）木结构调查，1/15 模型制作

根据基本设计图面，制作微型模型后，对木结构和可行性进行了调查。

图 46 木结构 1/15 模型制作

六、设计图面制作

	间数	层	栋	枓栱	檩子	柱子	屋顶
门楼	正面 21 间 x 侧面 3	2 层	2 座	柱心包	圆形檩子	凸肚状	歇山式
桥梁	正面 21 间 x 侧面 3	1 层	1 座	柱心包	圆形檩子	凸肚状	悬山式

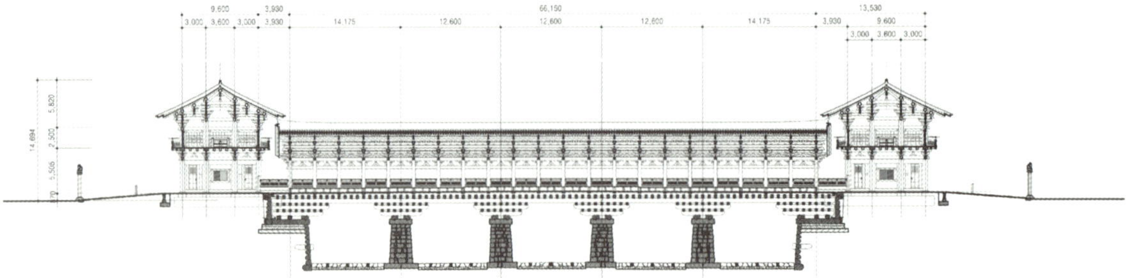

图 47 月精桥复原横断面图

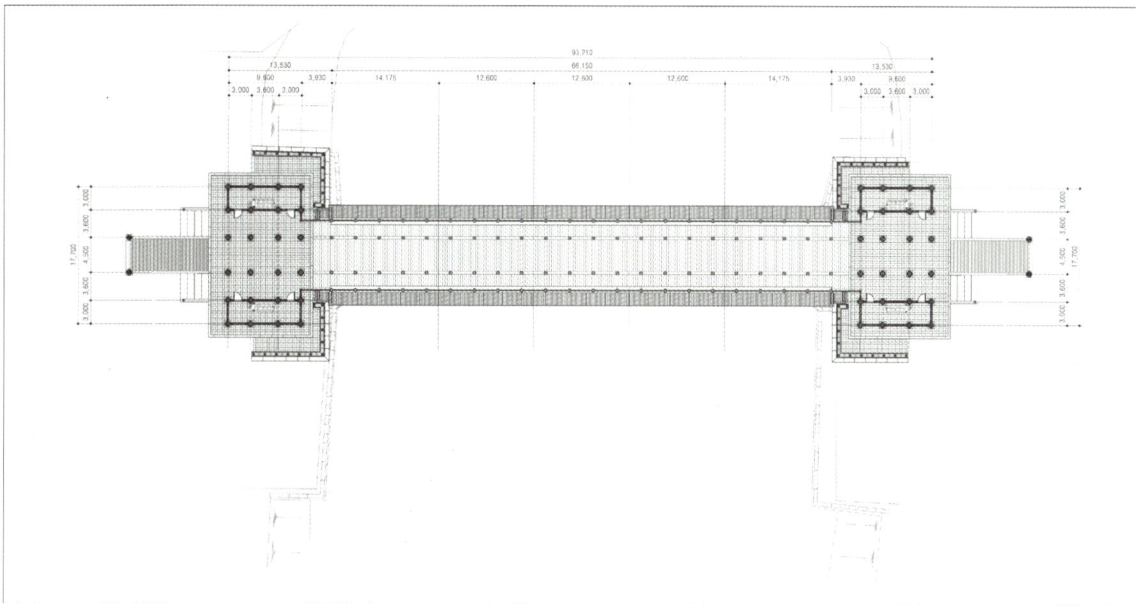

图 48 月精桥 复原 平面图

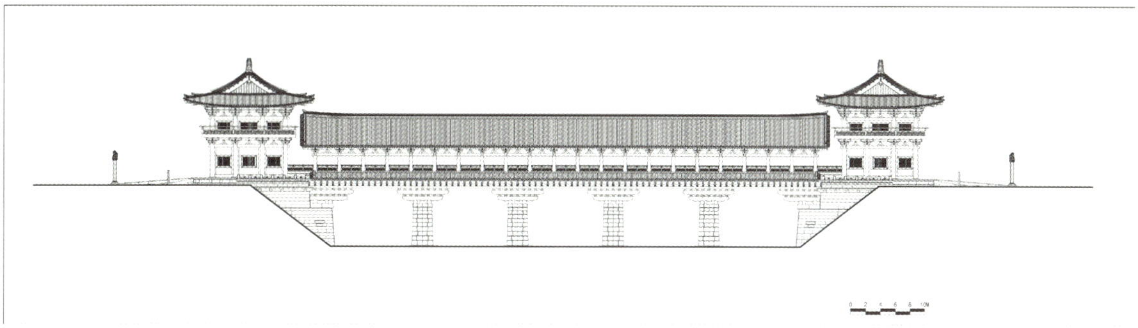

图 49 月精桥 复原 立面图

七、 复原进行过程

月精桥从 2008 年 4 月起着手复原施工，现在楼桥已复原完成，只剩下南北侧桥桩上的楼阁。

图 50 复原施工图

八、结语

现代科学技术日新月异。而且，文化遗产也随之开发各种各样的研究方法，获得的数据也越来越正确。这给文化遗产复原过程提供里程碑，即使我们实际上没有进行复原，也会通过虚拟空间看到其形态，从而可以预测实际进行复原时有可能遇到的问题。

目前庆州有不少上世纪 70—80 年代复原的文化遗产，如佛国寺和雁鸭池等。这些文化遗产不仅成为吸引成千上万游客的地标，还成为代表大韩民国的文化遗产。在文化遗产复原方面，对“复原的真实性（Authenticity）”学界议论纷纷。然而，若当时没有进行复原，对这些文化遗产能否起到像现在一样的作用产生怀疑。

如今，遗址复原不是“Restoration”还是“Reconstruction”。当然会存在例外，至少月精桥的复原就属于“Reconstruction”。月精桥的复原基于不少史料调查和研究，但现在没有人知道 8 世纪的月精桥如何。现在的复原不是完美地复原当时的月精桥，而是完成复原的一个研究过程。我们应该利用各种各样的方法将研究过程记录下来，留给下一代。

过去的记录方法只有动手画实测图面、写文章和拍照片。但目前在科学技术的基础上，利用多样的方法，可以将研究内容没有遗漏地留下来。此外，随着遗构保护技术的发展，未来即使发现现在的复原有错误，也会回复现有的遗构。

在文化遗产的保护和复原方面，相关科学技术的发展和研究是十分重要的。我希望科学技术越来越发展，给文化遗产保护和复原带来很大的帮助。

Visualizing Excavations Records by Means of Information Design

Creating Knowledge Visualizations from Cultural Heritage Data

Fabienne Kilchör

University of Bern, Institute of Archaeological Sciences, Department of Near Eastern Archaeology, Switzerland, fabienne.kilchoer@iaw.unibe.ch, Bern University of the Arts, Department of Communication Design, Switzerland.

Visualizing Excavations Records by Means of Information Design

Creating Knowledge Visualizations from Cultural Heritage Data

1. Introduction

This paper is divided into five parts. In the first part, a brief introduction on currently ongoing archaeological practices is given in which the research problem is presented. The second part uses specific material from the documentation of an archaeological collection to show the characteristics of cultural heritage data. Orienting itself on the target audience of information graphics, the third section is intended to demonstrate how and where knowledge visualizations can be used. The fourth part presents visualization methods and approaches to solving the problem at hand. The fifth part summarizes best practices by offering examples from state-of-the-art visualizations and ongoing work at an excavation site. The present paper is a contribution to a visual hermeneutics of artefacts of cultural heritage that offers new approaches to historical data by means of information design.

2. Collecting, Documenting, Visualizing

Within archaeology, excavations continue to play an important role in acquiring data. Minor finds and ceramics are wrested from their original context when they are excavated. This means that chronological and chorological relationships are lost. Architectonic building finds are carried away layer by layer and thereby irretrievably destroyed. In order to capture the data and to secure it on a long-term basis, it is archived in a database. The inhomogeneous collection grows with every new campaign and a considerable wealth of barely manageable data is amassed. Data comparison is made more difficult by the broad, flat organizational structure of the database. Database masks for finds and findings do not allow one to view several datasets at once, which means that relationships between them are not visible and can only be ascertained by means of a select list in a table. Text-based entries are used to reconstruct the chronological sequence of layers, for which predefined selection fields are employed. For this, finds and findings must be transferred into a text-based documentation in which the cultural artefacts – which have a very strong visual aspect – are rendered considerably abstract. There is a great loss of information in the process. The variety and heterogeneity of the largely text-based datasets restrict the possibility of having an overview or a comparison of the collection. By viewing the data in an isolated fashion, it is made more difficult to contextualize and correlate data with each other.

This assessment makes evident why excavation documentation is primarily a storage medium. In order for the digitized collection to serve not just as an archive, alternative methods should be developed to utilize the documentation of a collection. For this, data has to be prepared so that one might work with it in a subsequent step, that one might investigate it and employ it to communicate new knowledge. Our cultural heritage can be processed, translated and communicatedusing methods of information design. The focus here lies on the following three aspects: a graphical depiction of the cultural artefacts allows complex finds and findings to be compared and regularities identified. The representation of knowledge is concerned with data transport and the problem of reducing complexity by means of abstraction. The information loss as a result of transforming it into text should be countered by means of illustrations. The data network allows the correlation of data that in turn means the find context and functional connections can be recorded.

Documentation strategies generally lag behind general developments, whichare tending away from viewing individual artefacts and instead aim at investigating cultural relationships. By describing their shifting significance and by allowing a multiplicity of understandings of the finds and findings in their respective contexts, we achieve the "necessary expansion of our means of viewing, in order to describe objects in their respective context and thereby investigate life relationships" (Schneider 2006, 18). Because "for a long time, archaeology has seen its primary task less in collecting and archiving than in the reconstruction of historical relationships" (Schneider 2006, 8). Achieving a better understanding of past cultures is thus the core focus of data visualization.

3. The Characteristics of Cultural Heritage Artefacts

3.1 Heterogeneity

When quantifying cultural artefacts, we can differentiate between two types of data. There are the objects themselves – Sula refers to the "content of items themselves" (Sula 2013, 26) – and the digitized, scanned data that has been entered into the database, which is described as "metadata". An inventory of finds, ceramics and findings is very different in nature [fig. 1]. Its documentation forms can be summarized in a brief textual description and a visual documentation in which drawings of finds, field sketches, plans, sectional drawings, photographs of finds and field photographs, satellite images, laser scans and tachometric observations form an essential part of the documentation (Flügel 2001).

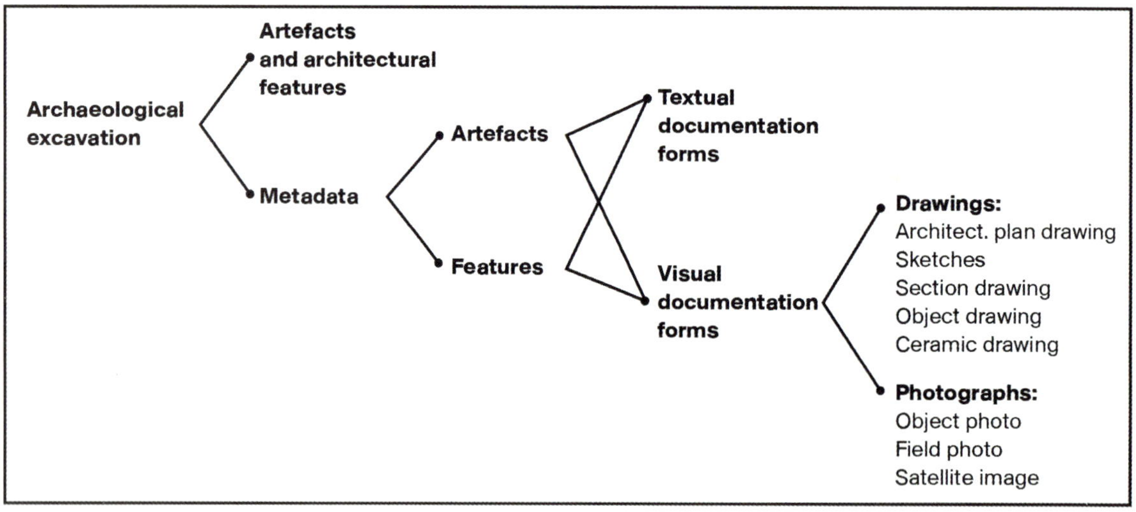

Figure 1. The tree diagram shows the structure of textual and visual documentation forms of an archaeological excavation.

3.2Indeterminacy

Cultural artefacts must be dated and described precisely in order for reliable analyses and queries to be carried out in the database. The custom of using a timeline compels the scholar to assign an exact date to objects, whereas in fact objects have often been made during a broader time period. If grey areas, doubts and even information gaps in determining dates of origin or in describing cultural artefacts are not registered in a differentiated manner, this can have a major influence on their interpretation and on the conclusions drawn from them. Imprecisions must be made evident in a graded visualization, and suppositions must be taken into account.

3.3 Quantity and quality

Characteristics, entities, groups and collections feature in the hierarchy levels of the data to be visualized. This graded level of detail does not completely exclude anonymization through the transformation of the data, but it yields a proximity to the object that is necessary when dealing with artefacts of cultural history.

The function groups can be mapped by means of qualitative methods. Time and space are two orientation systems in which data can be located. Object-specific details such as formal typological characteristics are nominally scaled and are measured using the categories described. Although the characteristics are operationalized, they are not ordered unambiguously. Quantitative methods use abstraction and thus forego individual, qualitative object information. For this reason, existing statistical means do not allow context-specific and visual information to be differentiated and recorded clearly enough, all at the same time. Instead, the information has to be broken down in multitrack translation processes. The methods of information design are thus to be used to visualize document-centric information (Pitti 2004) and quantitative data in combination with each other.

4. Knowledge Visualization

Before the Iconic Turn, specialist scientific journals were largely non-pictorial, and this was even the case with popular science magazines published for a general readership (Janser 2005, 5). The utilization of knowledge visualizations (Boehm 2001/2010) in order to provide the reader with a means of orientation and to illustrate complex topics has not ousted the written word, but relativized it (Janser 2005, 5). On the level of communication at symposia, in publications, teaching books or on museum display boards, an emphasis is placed on attaining the highest possible degree of accessibility. But in the humanities and in the history of the arts in particular, where non-verbal pictorial communication is not yet a common practice, the explanatory image still has to prove itself. When working with cultural history data, pictorial references play a central role. Images are constructs that are able to make the hidden visible (Boehm 2001). As "utilitarian" images they are instruments in the service of communication and are intended to stimulate us to think.

If we define information graphics as deictic, "explanatory"images, then they should be used in analysis, just as in communication in the interdisciplinary discourse and in popular science. Visualization has three goals:

1. In an explorative investigation (Schumann/Müller 2000, 5), visualization takes the raw data as its starting point. The images aid the undirected search for information and structures, help in the development of hypotheses and, as Plaisant formulates it, help us to answer questions that we have not even asked before (Plaisant 2004).

2. In confirmative analysis, visualization also takes the data as its starting point, but uses this in order to verify facts. Visualization here helps scientists in their line of reasoning. Visualization processes support the evaluation of the data, allowing new perspectives and serve to improve our understanding of the documentation (Chen 2003, 35). The knowledge visualizations offer researchers new findings.

3.The application of visualization in communication should make scientific findings accessible to researchers and should explain complex facts to a broader public.

4.Contrary to Boehm, who barely assigns any importance to aesthetic criteria, we can show that information design can contribute a feeling for form, visual features and an elaborated design that can be prerequisites for creating new knowledge (Noble/Bestley 2005).

5. Information Design as A Method of Visualization

Information design assists human perception by helping us to comprehend large-scale information. Visualizations allow much information to be made available in a small space, and allow us to grasp the data structure at a glance. Furthermore, information can be grasped quicker thanks to the compact overview offered. Knowledge visualizationscan lessen the degree of transformation necessary for finds and findings and can heighten the degree of emotional impact. Visualizing cultural data makes it easier to extract information and allows us to gain new insights (McCandless 2009, Tufte 2001). Edward Tufte impressively demonstrates the added value of information design using Charles Minard's 1869 flow map of Napoleon's March [fig. 2], which as he says "may well be the best statistical graphic ever drawn" (Tufte 2001, 40). This graphic displays several variables in a single two-dimensional image. The Sankey diagram – a graphic depiction of quantity flows – shows the number of men in Napoleon's 1812 Russian campaign army, their movements as well as the temperature they encountered on their return path.

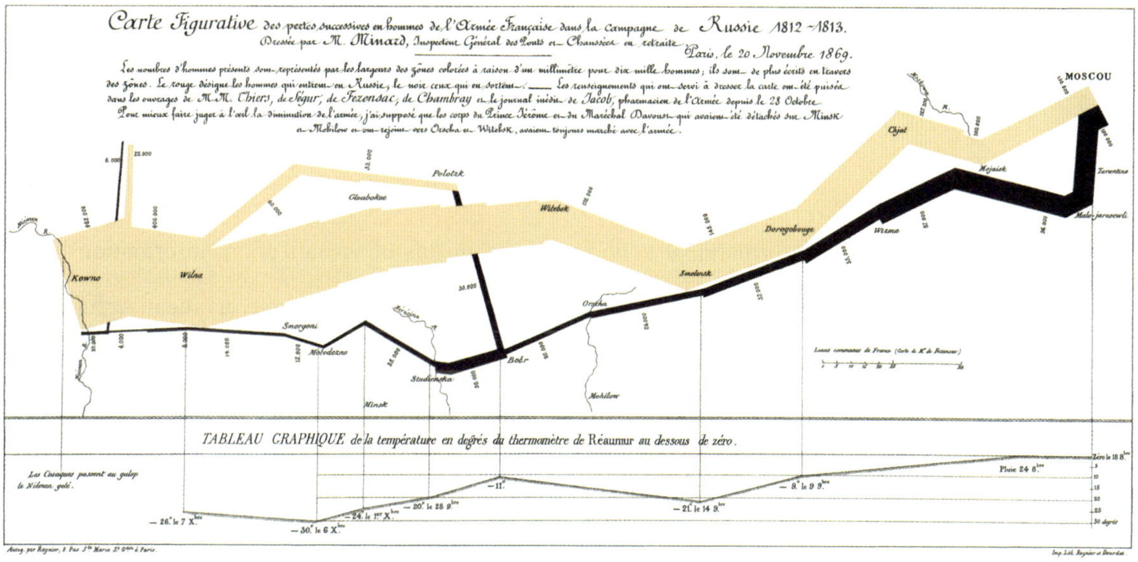

Figure 2. "Carte figurative des pertessuccessives en hommes de l'ArméeFrançaisedans la campagne de Russie1812–1813" by Charles Minard, from the year 1869.

Tufte's "Fundamental principles of analytical design" (Tufte 2006, 122ff.) can be verified clearly using this graphic.

When applied to the visualization of cultural artefacts, these principles apply as follows:

1. The data must be prepared in such a manner that comparison is possible. This is to be combined with a categorization and harmonization of the data. The visual variables [fig. 3] of Jacques Bertin (Bertin 1967, 51) may be drawn upon to differentiate the data sets. This cartographer, whose book *Sémiologie Graphique* of 1967 was the first standard work on graphic theory and visualization, developed the model of graphic variables with which he shows that a conventional sign can be constructed comprising orientation, size, shape, colour, texture, value and position.

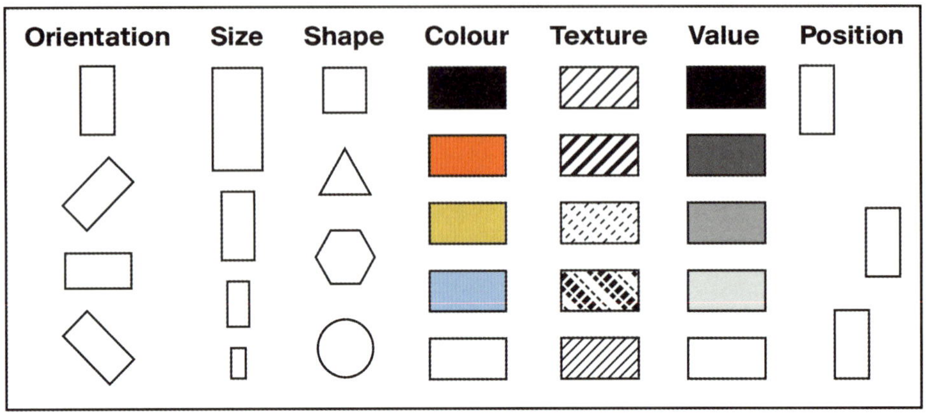

Figure 3. Graphic variables for grading attributes by Jacques Bertin.

2. In order to generate informational added value by means of visualization, information has to be correlated. Causal relationships, mechanisms or systematic structures are only as meaningful as the question one asks of the material.

3. As in the geographical map of Charles Minard, visualization becomes more condensed, the more variables are compared with each other. Unexpected causal relationships can thereby be recognized. This principle serves an exploratory investigation, and Tufte argues in favour of an analysis with more than one or two attributes.

4. In the case of highly layered cultural data, complexity must be reduced. Graphics can be combined with images, text and numbers, which is useful for guiding the reader.Storytelling – by using visual metaphors –is important in data visualization inasmuch as the recipient of this visual, graphic language is often not accustomed to it. Pictograms and a uniform notation system help us to design the graphic so that it is more intuitive.

5. Even after the Visual Turn, and increasingly thanks to the development of digital media, the image has to assert itself anew. With clear documentation, sources, precise information and an aesthetic that corresponds to the topic, the graphic can gain in plausibility and be used as a line of reasoning.

6. Tufte's sixth principle places the data before the design. "Content counts most of all" (Tufte 2006, 124) refers to the necessity of visualization being generated by the data; it should not be design-driven. The visual formulation supports the content, according to the fundamental principle of "form

follows function". Information design is situated between form and function. Every graphic element has to be applied in a goal-oriented manner. In this paradigm, the aesthetic must not be underestimated.

Visualization can bring about a broad degree of abstraction. The approach involved begins with the transformation of digitized data, translating it into information by means of visualization methods. Information designers regard the selection, the structuring and the presentation of the data as part of their task. Interdisciplinary collaboration with different specialists is indispensable. Abilities are thus necessary in the fields of graphic design, typography, programming and perception psychology or usability (McLoad 2003). Furthermore, an intensive exchange with archaeologists aids an improved understanding of the data and the indispensable clarification of the question to be posed to the material. In an iterative design process, visualization concepts are devised, realized graphically, discussed and revised.

For an efficient transfer of the data into a visualization, the following four relevant questions must be asked: For whom is the visualization intended? What is the goal of the visualization? What data is being visualized? What methods should be employed for the visualization? The framework [fig. 4]is the

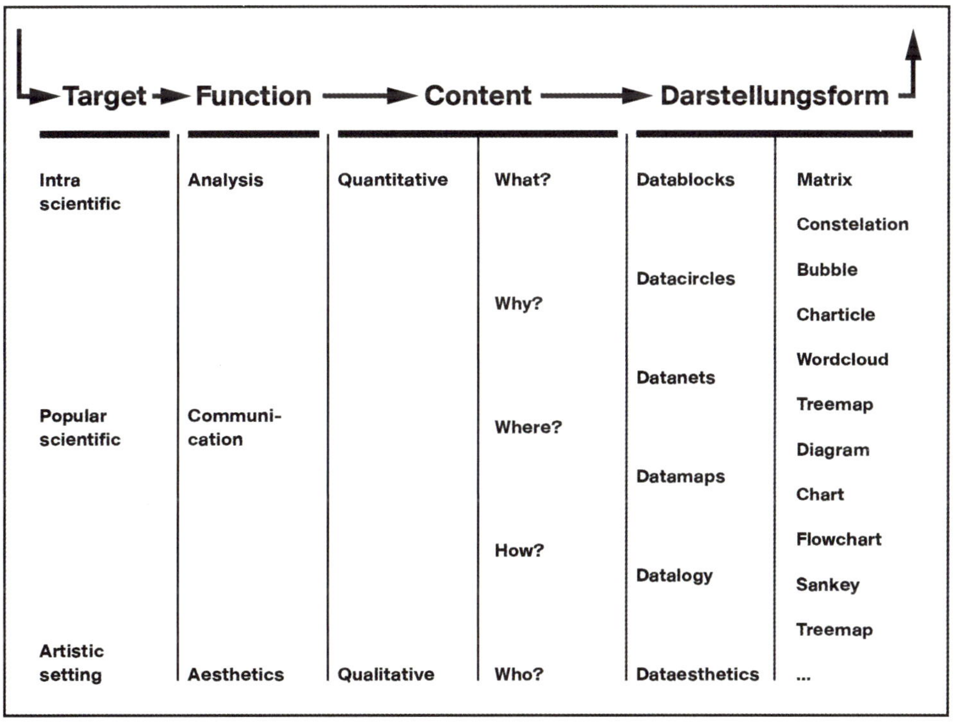

Figure 4. Reference system for creating visualizations.

determining factor for the development of the knowledge visualizations, taking Burkhard's reference system (Burkhard 2005, 245) and Klanten's representation typology (Klantenet al., 2008) as its starting points.

6. Visualization concepts

The process of data visualization is divided into two developmental steps. First the information structure is prepared and the data is harmonized and translated. This translation process is aptly described by Chafe as "information packaging" (Chafe 1976, 28), and in this design phase the framework of the graphic is constructed. In a second step, the framework and the notations are brought together and transferred into selected graphic representation models.

6.1 Information structure [fig. 5]

The architecture of the visualization is devised in an intensive design phase. Sketches serve as a basis for discussions with the archaeologists and the end users. By engaging with specialists, it becomes clear what hierarchy level should be assigned to what information, and what questions have to be asked of the material.

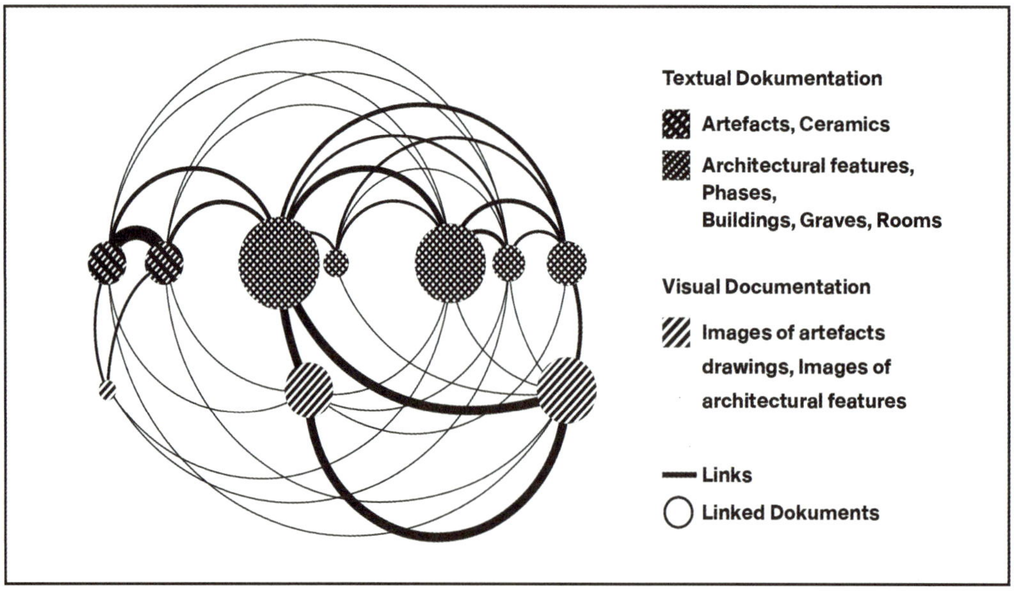

Figure 5. Structural diagrams of an archaeological database with links between textual and visual documentation, depicted in quantity flows. The bubble diagram included shows the linked finds and findings.

6.1.1 Notation system [fig. 6]

After an analysis of the data, it is harmonized and prepared for the visualization. One method of harmonizing heterogeneous data is to design a visual notation system (Crow 2005). Pictograms can be employed as attribute symbols.A simplified graphic depiction offers a direct, unambiguous sign language. By introducing a notation system, very different data can be united.

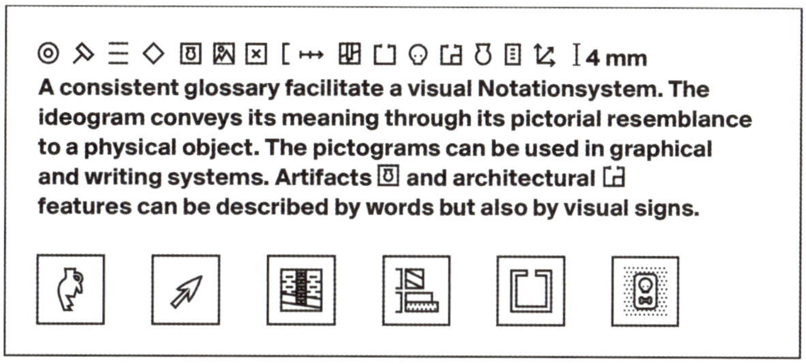

Figure 6. Visual reference system, independent of language.

6.1.2 Data architecture [fig. 7]

After clarifying the data types, the architecture of the visualization is devised. Usually, the data in the database is subject to a broad, flat structure with few hierarchical levels, meaning a process of gradation must first be undertaken. The structure is achieved by grouping, contrasting, comparing and lining up the data. Here, at the latest, the usefulness of a classification system becomes clear. In many common archival programs and databases, drawings and photographs are often only linked through thumbnails; here the image serves merely as an accompanying record to the text on this level of the hierarchy. Visualization allows this hierarchy to be turned around. Hierarchies can be differentiated visually by means of colour coding, or through tonal value or typography in a black-and-white publication.

6.2 Design principles

Inspired by Ben Shneiderman's maxim "overview first, zoom and filter, then details-on-demand" (Shneiderman 1996), six models for the visualization of cultural history data are presented. An overview of the documentation on different levels is necessary in order to view the listing of all finds

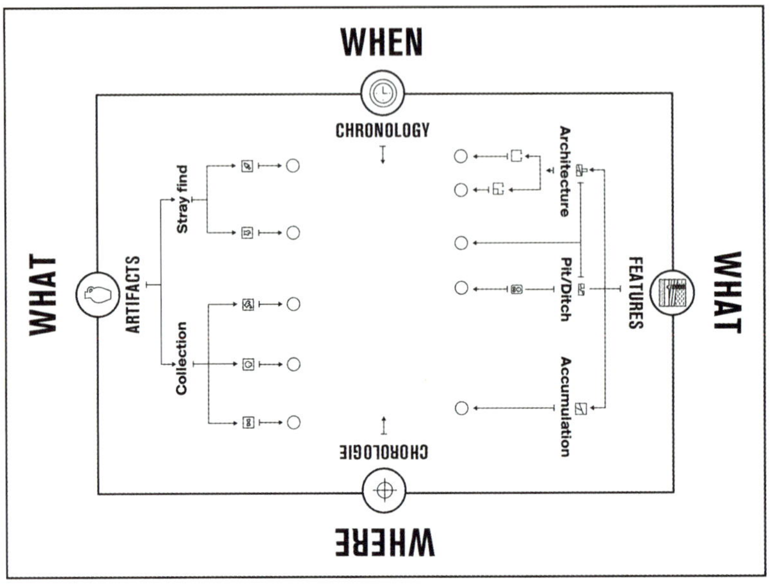

Figure 7. Playing field: a system of cultural history objects.

and findings, and also the outline of all the details of an artefact.

Schematic visualization is of little use for evaluation purposesin the conceptual phase. In order to test whether the graphics generate added value, these must be fully formulated and visualized by means of a small, but extant and impeccable dataset. One of the reasons why visualization is not carried out immediately with a programming language (such as Processing) is the rigidity that results. A vector program (such as Illustrator) allows for the necessary flexibility during the creative development process.

6.2.1 The inventory [fig. 8]

The inventory, in the form of a text with illustrations, is the basis for further visualizations that are created by filtering data, or through different ordering methods and juxtapositions of the lines and columns.

André Malreaux's imaginary museum (Malreaux 1965) [fig. 9] or Aby Warburg's Mnemosyne Atlas (Schuller 2011) [fig. 10] clearly show how knowledge can be generated by graphic depiction (or visual memories), different degrees of proximity to the images and different constellations of them. The inventory makes all information visible on a single level. The tables harmonize the size of the

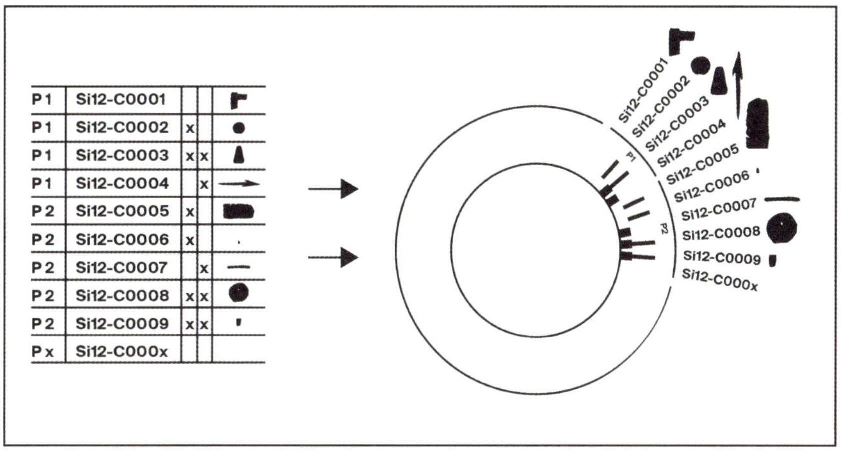

Figure 8. Table versus circular index.

Figure 9. André Malraux's "The imaginary museum" from 1950.
Image: Krauss, Rosalind: Das Schicksalsministerium, In: Wolf, Herta (Ed.): Paradigma Fotografie – Fotokritik am Ende des fotografischen Zeitalters. Bd. 1. Frankfurt/Main: Suhrkamp Verlag. 2002, p. 395.

reproduced objects.

Franco Moretti'smethod of "distant reading" (Moretti 2007, 2013) justifies the added value of a larger context as follows: "All you can see are swarms of hybrids and oddities for which the categories of literary taxonomy offer very little help. It's fascinating to feel so lost in a universe one didn't even know existed" (Moretti 2013, 181). Moretti argues against individual work on the text and in favour of numbering and mapping. Quantitative literary analysis is a good example of how data can be investigated from a different perspective and with different methods.

6.2.2 Charticle [fig. 10]

A “charticle” is a combination of text, images and graphics and corresponds to an independent article (chart + article = charticle). In contrast to a traditional newspaper article, the image and the graphic are not just used to support the information in the text, but are at the centre of the article. This visualization form allows a summary to be made of an object or a collection, rather like a finds label or an index card in an archive. The instrument panel summarizes the metadata in a profile.

6.2.3 Analogies [fig. 11]

Visualization methods are not exclusively quantitative in scope. If one thinks of the Mnemosyne Atlas by Aby Warburg, for example [fig. 10], this can be regarded as a means of creating image constellations, with Warburg’s tables forming “utilitarian” images to be grouped and regrouped and which served to investigate the function of expressive values in the European Renaissance. The pictures distributed on the floor of Malreaux’s imaginary museum provide, as it were, an archival grid in which reproductions of different periods, materials and object groups are juxtaposed. In this manner, relationships can arise between display objects, however far removed from each other they might otherwise be.

Figure 10. Aby Warburg’s Mnemosyne Atlas, tables for the Rembrandt exhibition of 1926.
Image: Warburg Institute, London.

In archaeology, visual methods are often used for documentation purposes. For publications or for exhibition in a museum, the immense collection of image material is rarely used, however, being instead transformed in advance and summarized in text form, or restricted to individual artefacts. These are thereby highly abstracted and wrested out of their geographical, chronological or formal typological context. Information graphics are created, taking the original documentation – thus the image itself – as their starting point. Illustrations or visual metaphors (Eppler 2003) use analogies (hence the word "datalogy" – see fig. 4) in order to communicate in a more varied, sustainable manner. Images remain longer in the memory. When using analogies, the graphics need less textual explanation because there are already points of contact with known material. The language is familiar and the user does not have to learn any new notation system.

6.2.4 Timeline

An elastic timeline allows one to view highly varied time periods and material quantities. "Not yet dated" is not the same information as "unclear" or "cannot be dated". The challenge to information graphics is to avoid creating something rigid that allows for false conclusions. Information gaps, uncertain or unspecified details have to be differentiated and characterised as such. However, this

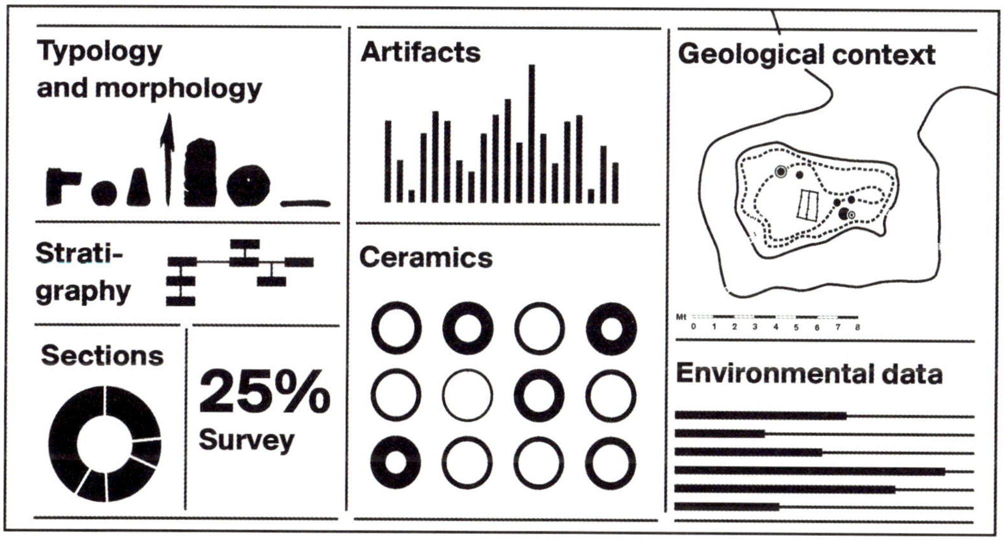

Figure 11. Instrument panel with quantitative and qualitative visualizations.

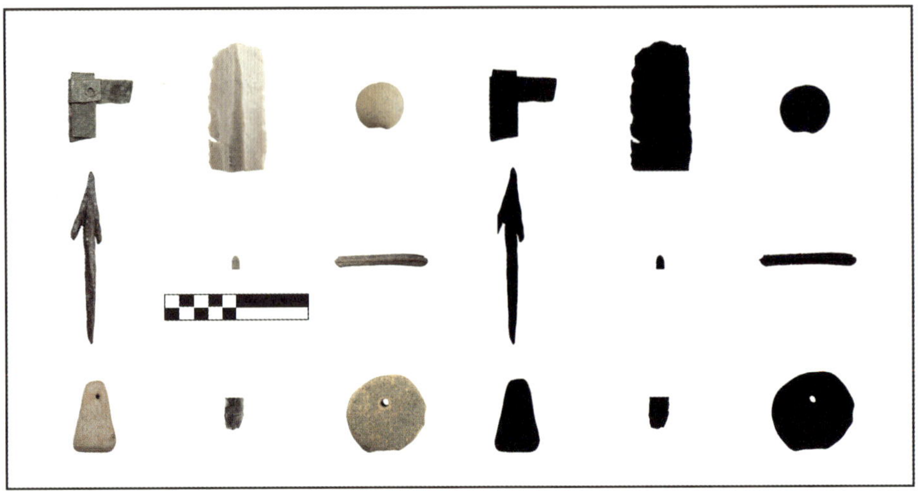

Figure 12. Visualization of a formal typological analysis (typology, materials, size, form).

applies to all visualization models.

6.2.5 Map [fig. 13]

A map – as an abstract representation of an archaeological excavation site or a complex database – allows us a perspective that is too large and too complex for us to see directly (MacEachren 2004, v). The mapping of data does not refer exclusively to geographical data. Semantic or figurative maps also serve as aids to orientation.

Mapping a database allows us to see beyond the horizon on a reduced scale. Cartography uses a multitude of representation systems. Iconographical, geometrical, linguistic and formal conventions

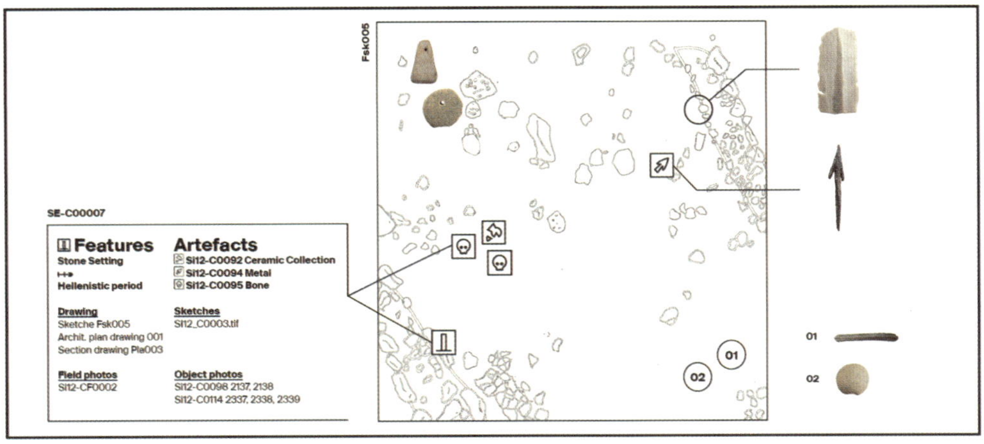

Figure 13. Map with four (direct and indirect) ways of pointing information on a archaeological drawing: Text-based, object-based, by connecting lines, by numbers.

are applied with which to mediate data into pictorial representations (Fawcett-Tang/Owen 2008, 12). In order to define attributes, icons are employed. Text serves to describe specific characteristics. A matrix, also called a choropleth, divides the map into geographical or thematic boundaries. A network shows the interlinkages and relationships of the features to each other. Points mark exact positions, bubbles can alleviate theunambiguities, and coordinate axes create relations to the points and serve as aids to orientation. All these systems are characterized by the fact that a value on the system level is the same everywhere, and the levels can overlap. Places can be assigned signs, for example. Allocation (Cancik-Kirschbaum/Mahr 2005, 97f.) is an ordering of two separate systems of structures.

6.2.6 Network

The visualization of networks can allow data to be linked, whereby new, collective associations arise (Lima 2011). The more finely the data is linked together, the more stable the nodal system becomes. For the visualization, only individual attributes need correlate, not whole artefacts. The characteristics are assembled and interpreted according to context and usefulness. The concept of "actor-network theory", derived from the sociology of science (Latour 2007, 76), brings together disparate connections of action and meaning for categorically different things, practices and participants as equally valid semantic links within a network of actors. Data networking avoids the occurrence of dataset doublings, and links the written documentation closer with the pictorial documentation.

7. Discussion

As became evident in the first part of this paper, documentation strategies are lagging behind general developments, which are tending away from the individual object to a more unified coverage of cultural history relationships. The potential for using collection documentation for analytical and communication purposes has not yet been exhausted. Using methods of data visualization, this article also discusses possible approaches and explains how knowledge visualizations can be utilized to help translate cultural history materials. The interdisciplinary field of information design – with its origins in communication design –transforms non-structured raw data into comprehensible information. In these methods,processual design is foregrounded, with functions such as analyzing, structuring, preparing, combining, transforming, ordering, managing and evaluating. Information design offers a vast potential for providing context, insight and perspective in the case of large-scale datasets. By combining quantitative and qualitative visualization methods, different, barely accessible data can be linked. New knowledge is generated by our being able to visualize new relationships and new contextual references. This paper presents basic theoretical knowledge about visualization methods and guidelines for its concrete application to cultural history collection materials, and describes an alternative method for the analysis and communication of archaeological data. We show that the act of visualization has a great influence on historiography. In future, we shall see how the epistemology of images influences scientific practice, how their communication influences the objects under investigation, and how new visualization forms influence the visual memory.

References

[1] Bertin, Jacques: SémologieGraphique. Paris: Gauthier-Villar. 1967.

[2] Boehm, Gottfried: ZwischenAuge und Hand: BilderalsInstrumente der Erkenntnis. In: Heintz, Bettina; Huber, Jörg (eds.): MitdemAugedenken. Strategien der Sichtbarmachung in wissenschaftlichen und virtuellenWelten. Zurich:Edition Voldemeer, 2001, pp. 43–54.

[3] Boehm, Gottfried: Das Zeigen der Bilder. In: Boehm, Gottfried; Egenhofer, Sebastian; Spies, Christian (eds.): Zeigen – DieRhetorik des Sichtbaren. Munich: Fink Verlag, 2010, pp. 19–53.

[4] Burkhard, Remo: Towards a Framework and a Model of Knowledge Visualization – Synergies Between Informationand Knowledge Visualization. In: Tergan, Simanr-Olaf; Keller, Tanja (eds.): Knowledge and Information Visualization – Searching for Synergies. London: Springer, 2005, pp. 238–255.

[5] Cancik-Kirschbaum, Eva; Mahr, Bernd: Anordnung und ästhetischesProfil – Die HerausbildungeineruniversellenKu lturtechnik in der Frühgeschichte der Schrift. In: Bredekamp, Horst; Werner, Gabriele; Schneider, Birgit (eds.):Bildwelten des Wissens – Diagramme und bildtextileOrdnungen. Berlin: AkademieVerlag, 2005, pp. 97–114.

[6] Chafe, Wallace: Givenness, contrastiveness, definiteness, subjects, topics and points of view. In: Charles Li (ed.):Subject and Topic. New York: Academic Press. 1976, pp. 25–56.

[7] Chen, Chaomei: Mapping Scientific Frontiers – The Quest for Knowledge Visualization. London: Springer, 2003.

[8] Crow, David: Zeichen, eineEinführung in die SemiotikfürGrafikdesigner. Munich: Stiebner, 2003.

[9] Eppler, Martin: The Image of Insight – The Use of Visual Metaphors in the Communication of Knowledge. InTochtermann, Klaus; Haurer, Hermann (eds.): Proceedings of the I-Know '03. London: Springer, 2003, pp. 81–88.

[10]Fawcett-Tang, Roger; Owen, William: Mapping graphic navigational systems. Mies: RotoVision, 2008.

[11]Flügel, Christof: BildlicheDokumentationamBeispiel der Archäologie. In: Dreykorn, Monika; Pröstler, Viktor;Rank, Gertrud: Sammlungsdokumentation – Geschichte, Wege, Beispiele. Munich: DeutscherKunstverlag,MunichBerlin, 2001, pp. 83– 91.

[12]Janser, Andreas: Einführung. In: Einfachkomplex – Bildbäume und Raumbilder in der Wissenschaft. Zurich: EditionMuseum fürGestaltungZürich, 2005.

[13]Klanten, Robert; Bourquin, Nicolas; Ehmann, Sven; Tissot, Thibaud: Data Flow – Visualising Information in GraphicDesign. Berlin: Die Gestalten, 2008.

[14]Latour, Bruno: EineneueSoziologiefüreineneueGesellschaft – Einführung in die Akteur- Netzwerk-Theorie.Frankfurt am Main: SuhrkampVerlag, 2007.

[15]Lima, Manuel: Visual Complexity – Mapping Patterns of Information. New York: Princeton Architectural Press, 2011.

[16]Malreaux, André: Le musée imaginaire. Paris: Gallimard. 1965 (3ème édition).

[17]McCandless, David: Information is Beautiful. London: Collins, 2009.

[18]McLoad, Clark: Information Design – An Introduction. http://www.kelake.org/articles/id/definition.html, 2003 (retrieved21.05.07)

[19]Moretti, Franco: Distant Reading. London: Verso, 2013.

[20]Moretti, Franco: Graphs, Maps, Trees. London: Verso, 2007.

[21]Noble, Ian; Bestley, Russell: VisuelleForschung: eineEinführung in die wissenschaftlicheMethodologie des Grafik-Design. Munich: Stiebner, 2005.

[22]Pitti, Daniel: Designing Sustainable Projects and Publications. In: Schreibman, Susan; Siemens, Ray; Unsworth, John (eds.): Companion to digital humanities. Oxford: Blackwell Publishing Professional, 2004.

[23]Plaisant, Catherine: The Challenge of Information Visualization Evaluation. In: Proceedings of the working conference on Advanced visual interfaces. NewYork: 2004, pp. 109–116.

[24]Schneider, Lambert: Zeichen, Spur, Gedächtnis – Der semiotischeBlick und die FachwissenschaftArchäologie.In: Posner Roland (ed.): ZeitschriftfürSemiotik, Band 28, Heft 1. Tübingen: Staffenburg, 2006, pp. 7–53.

[25]Schumann, Heidrun; Müller, Wolfgang: Visualisierungen – Grundlagen und allgemeineMethoden. Berlin: Springer, 2000.

[26]Shneiderman, Ben: The eyes have it – A task by data type taxonomy for information visualizations. IEEE

Symposiumon Visual Languages. Los Alamitos CA: IEEE Computer Society Press, 1996, pp. 336–343.

[27]Sula, Chris Alen: Quantifying Culture – For Types of Value in Visualisation. In: Bowen, Jonathan; Keene, Suzanne;Ng, Kia (eds.): Electronic Visualisation in Arts and Culture. London: Springer, 2013, pp. 25–37.

[28]Tufte, Edward: The Visual Display of Quantitative Information. Cheshire: Graphics Press, 2001.

[29]Tufte, Edward: Beautiful Evidence. Cheshire: Graphics Press, 2006.

CultLab3D: Cost-Effective and Fast Digitization for Documentation and Archiving of Cultural Heritage Artifacts

Pedro Santos, Martin Ritz,Constanze Fuhrmann[1], Dieter Fellner[2]

1Fraunhofer IGD, Germany, constanze.fuhrmann@igd.fraunhofer.de,pedro.santos@igd.fraunhofer.de, martin.ritz@igd.fraunhofer.de

2Fraunhofer IGD, Germany,dieter.fellner@igd.fraunhofer.de, and TU Darmstadt, Department of Computer Science, Germany and Institute of Computer Graphics and Knowledge Visualization, Graz University of Technology, Austria

CultLab3D: Cost-Effective and Fast Digitization for Documentation and Archiving of Cultural Heritage Artifacts

1. CultLab3D –the Mobile Laboratory for Digitization

Innovative documentation methods for cultural heritage artifacts are becoming increasingly important. This heightened relevance results from both the desire to provide better access to unique objects, e.g. to make museum collections easily available to a wider audience for research, and the looming threat of losing them due to disasters and other environmental influences. In the past, attempts have been made to digitize books, photos and other works of art and 3D digitization has proved to be a promising approach to enable automated and precise reconstructions of heritage objects. However, automated digitization so far has been developed and implemented only for such "2D" artefacts. Because of in most cases the process is still slow and highly manual, digitizing 3D objects continues to be an arduous task reserved for only a few selected objects. This impedes the 3D digitization of larger collections with numerous objects. .

Fraunhofer IGD Competence Center for Cultural Heritage Digitization[1] is addressing this challenge

1.Fraunhofer Institute for Computer Graphics Research IGD is the world's leading institute for applied research in Visual Computing. Visual Computing is image- and model-based information technology and includes computer graphics, computer vision, as well as virtual and augmented reality. Fraunhofer IGD develops with an approach that could change the game in this field. With focus on 3D digitization, it has been founded specifically to develop fast and economic digitization technologies for an accurate virtual reproduction of cultural heritage objects incl. their geometry, texture and optical material properties. The used reconstruction techniques digitize objects by using a variety of sensors and light-sources under controlled environmental conditions for results of the highest quality.Based on the research project of the same name, the department is currently developing CultLab3D[1], a pipeline that revolutionizes the 3D digitization of artifacts.This paper describes this scanning facility, which is mainly suited for objects with a weight of up to 50 kg and a size of up to 60 cm of height and 60 cm in diameter.

2. CultLab3D Pipeline – Description and Application

As the world's first automatic modular 3D digitization pipeline, this mobile scanning device isspecifically designed to automate the entire 3D digitalization process and to thus allow to scan and archive existing artifacts in an efficient, cost-effective and fast manner. Until now, 3D scanning of artifacts was synonymous with laborious and cost-intensive manual tasks. CultLab3D greatly shortens the time for object digitization to only several minutes per artifact (depending on its geometric complexity), compared to several hours with conventional 3D scanning methods. Due to the higher speed of the scanning process, it is estimated to achieve a ten- to twentyfold cost reduction for 3D scans.

Moreover, CultLab3D combines state-of-the-art scanning and lighting technologies to capture the exact geometry, texture, and optical material properties such as reflection and absorption characteristics of heritage objects to allow for a photo-realistic representation with a high accuracy level. This is possible by using photogrammetric, image-based reconstruction technologies.

The most immediate application of CultLab3D technologies is digitization, classification and archival storage of existing collections and new entries to museums. Further advantages are arbitrary and parallel

---

prototypes and complete solutions based on customer-specific requirements. Research and development projects are directly applicable to current problems in the economy. The institute pursues new societal key issues that are reflected in the three research fields "semantics in the modeling process", "interaction between computer graphics and computer vision" and "generalized digital documents".

1.For more information see: www.cultlab3d.eu.

availability of artifacts, usage of virtual reproductions in hybrid exhibitions, highly precise 3D models which replace expensive loans of originals for scientific research purposes (damage avoidance, insurance cost avoidance, ownership rights) and the production of physical replicas.

2.1 CultLab3D technology

The 3D digitization pipeline systemconsists of a conveyor belt on which the selected artifact is

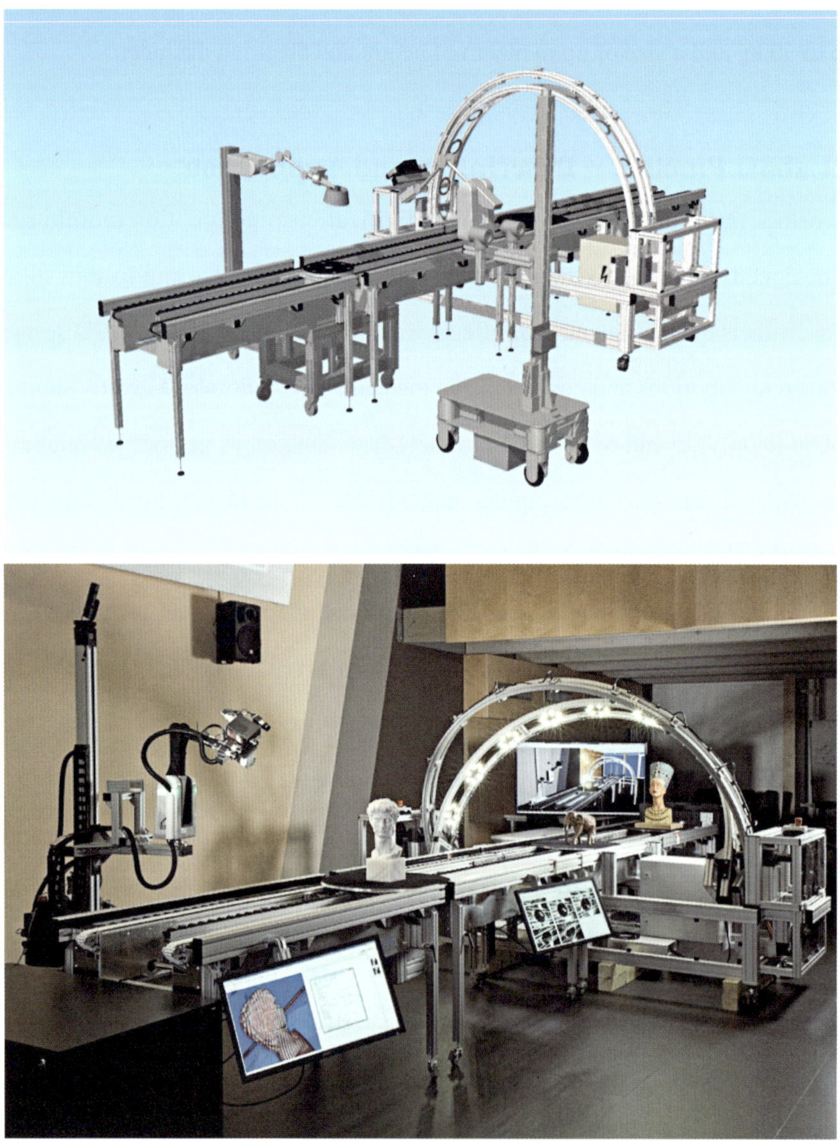

Figure 1. The CultLab3D pipeline system, incl. conveyer belt and two scan stations as CAD design (above) and real laboratory setup (below)

transported on a carrier tablet totwo scan stations needed for obtaining information on geometry, texture and material properties.

The first scan station comprises two nested, semi-circle aluminum arcs (CultArc3D) each forming a full hemisphere around the center of the tablet and thus scans the passing object from all sides. While the first and outer arc has nine high resolution cameras mounted at the same distance to the center of the hemisphere, the second and inner arc is equipped withnine high quality ring lights large enoughfor avoiding intersections with the camera viewing cones.

Presently, industrial 10 Mpx video cameras that are capturing the visible spectrum of the light are used, however, multi-spectral sensors and/or sensors using x-ray or MRT are planned to add.Currently, the light source of the inner arc only emits light in the visual spectrum.However, it will be prospectively complemented with multi-spectral lighting for extra ultra-violet illumination to also visualize further details such as traces of chisels occurring from the carving of wooden sculptures.

With these two arc systems, two acquisition modescan be conducted: When doing 3D geometry and texture acquisition only, both arcs move in synchrony and stop at nine equiangular positions, resulting in 9^2=81 images to be used for 3D photogrammetric reconstruction of the artifact. In case that additional optical material acquisition is desired, the arcs move in a way so that all discrete combinations of evenly displaced camera and light positions on the upper hemisphere around an artifact occur, resulting in 94=6561 images to be used for both 3D photogrammetric reconstruction and computation of optical material properties.

In a second step, a 3D structured light scanner (CultArm3D) attachedto a lightweight robotic armwillfill in any remaining occlusions or gaps in the virtual 3D model[1].Since the image-based acquisition sensors of the first scan station (CultArc3D) have fixed mounting points on the camera arc, the reconstructed 3D model of the artifact might still contain undefined areas which are revealed by CultArm3D. So based on the preliminary results of the first scan, an optimized, iterative view planning is computed to resolve remaining occlusions of the virtual model.

The entire acquisition process takes no more than a few minutes. The finished 3D model can then be

1.This is still at an advanced stage of development. Currently, only a camera is mounted at the arc for a fully photogrammetric solution.

linked to other data as well as information such as period of origin or artist.

It is worth mentioning that during acquisition, the physical handling of the artifacts is limited to their positioning and removal at the end of the process only. In addition, the arrangements of the objects for the scanning and the data acquisition are independent of each other – allowing not only a fast implementation of the process but also reducing potential risks for the valuable artefact.

2.2 Putting research into practice: first usertests

At this stage, the CultLab3D pipeline is undergoing evaluation and first field tests with partner museums in Germany are currently being implemented. For the first time, a selection of objects differing in size, quality, and material propertieswas digitized in a fully automated processat the prestigious Liebieghaus Skulpturensammlung in Frankfurt, Germany in July 2014. The museum accommodates a sculpture collection ofaround three thousand works of the highest quality granting an overview of five thousand years of sculpture from Ancient Egypt to Neoclassicism.

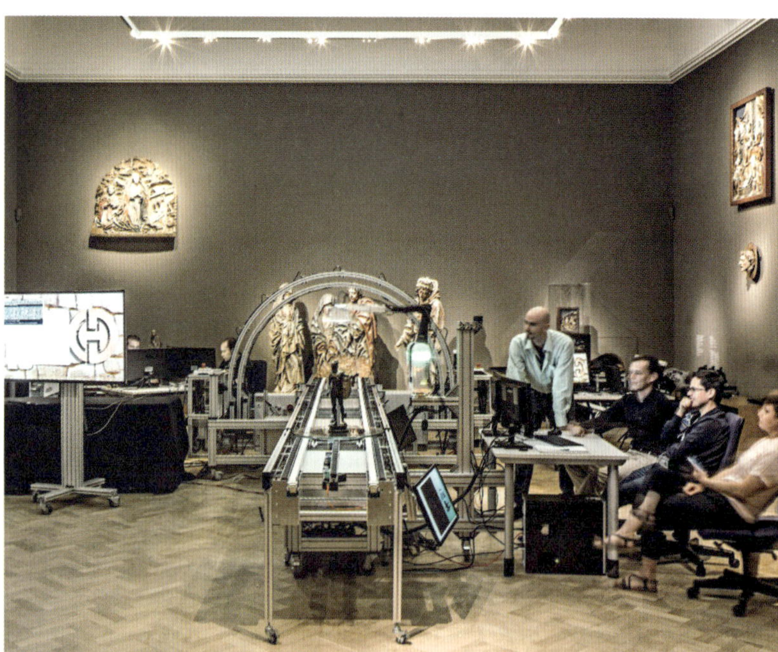

Figure 2. 3D scan pipeline CultLab3D developed by Fraunhofer IGD at Liebieghaus Skulpturensammlung (©Norbert Miguletz, Liebieghaus Skulpturensammlung)

In this test run, valuable insights were gained to further refinethe CultLab3D technology. The acquisitionwithin a few minutesonly could be realized in a time as aimed for (see figure 5) and the automated scanning process could even been applied to dark and low-contrast objects such as the partially gilded Bronze sculpture Apollo Belvedere (1497/98) by Renaissance sculptor Pier Jacopo Alari Bonacolsi. Some eighty views from a wide range of angles generated a 3D model of the more than 500-year-old sculpture for research, documentation and educational purposes.

Figure 3. The "Apollo Belvedere" (1497/98) by Renaissance Sculptor Pier Jacopo Alari Bonacolsi (ca. 1460–1528), known as Antico, on the mobile digitization lab at the Liebieghaus Skulpturensammlung (© Norbert Miguletz, Liebieghaus Skulpturensammlung)

3.Conclusion

In the future, the fully automated mobile CultLab3D will permitlarge-scale efficient, cost-effective and rapid three-dimensional scanning of entire museum collections on site, as well as their permanent archiving. To our knowledge, CultLab3D represents the first economic and fast approach to the digitization of cultural artifacts in 3D.

Figure 4. "Apollo Belvedere" (1497/98) by Renaissance Sculptor Pier Jacopo Alari Bonacolsi (ca. 1460–1528), known as Antico, was scanned and digitally reconstructed by Fraunhofer-researchers with a photogrammetric method of their 3D scanning facility CultLab3D. (© Fraunhofer IGD)

CultLab3D not only records the objects' geometry and surface texture, but also their optical material properties such as reflection and absorption characteristics. This technology thus makes photorealistic 3D illustration possible.

Figure 5. Enthroned Mother of God –scanned within 1:20 minutes (© Fraunhofer IGD)

In addition to the long-term documentation of objects, it also provides unlimited global digital access to art-historical contents and research results. It therefore represents entirely new ways of scientific study which will be open up to museums around the world.

CultLab3D, which started in January 2013, may be ready for marketing as early as the beginning of 2015.

Acknowledgement

CultLab3D is funded by the German Federal Ministry for Economic Affairs and Energy with support of strategic funds of the Fraunhofer-Gesellschaft and is patent pending. It involves the following partners Fraunhofer Institute for Computer Graphics Research IGD, FZI Forschungszentrum Informatik, Polymetric GmbH, ArchitecturaVirtualis GmbH, Bionic Robotics GmbH, Liebieghaus Skulpturensammlung and Stiftung Preußischer Kulturbesitz. It was recognized with an award at the 2013 Digital Heritage conference in Marseille, France.

Application of Additive Manufacturing to the Digital Reconstruction of Archaeological Artefacts— Summer Palace Bronze Lions Replication

F. ZHANG[1], R.I. CAMPBELL[2] and I.J. GRAHAM3

1. Loughborough Design School, Loughborough University, UK; F.Zhang@lboro.ac.uk

2. Loughborough Design School, Loughborough University, UK; R.I.Campbell@lboro.ac.uk

3. Wolfson School of Mechanical and Manufacturing Engineering, Loughborough University,UK; I.J.Graham@lboro.ac.uk

Application of Additive Manufacturing to the Digital Reconstruction of Archaeological Artefacts — Summer Palace Bronze Lions Replication

1. Introduction

Applications of Additive Manufacturing (AM) have arisen in many areas throughout the development of 3D digital technologies. As long ago as 2000, additive manufacturing researchers had recognised the value of digital reconstruction techniques in the field of palaeontology (Zhang, G., et al 2000), (D'Urso, P.S., et al 2000). However, the relative lack of published work in the area of archaeological artefact restoration still demonstrates the limited application when compared to the use of AM in engineering and medical applications. There is a gap between knowledge and practice although reverse engineering (RE) and AM capabilities are theoretically adequate. Thus, according to the needs of generating virtual models and high-quality replicas for preservation, and museum curators' desire for an easier and more precise way to reproduce their artefacts, engineers are needed to optimise relevant digital technologies and process chains to support this market, and provide feasible and acceptable solutions. Consequently, simplification of complicated manufacturing processes and a reduction in the reliance upon lengthy, repetitive and tedious manual production work are required, especially for finely detailed complex surface creation with large scale artefact replication. This paper presents a practical case study undertaken in this area and reports the development of a formalised approach to digital restoration of such archaeological artefacts. It begins with research questions and aims, goes on the describe the research methods employed, reports the case studies undertaken and then presents the novel approach that has been developed. Verification of the approach is discussed and finally, conclusions and suggestions for future work are given.

2. Research Questions, Main Contribution and Methodology

The overall research questions that were investigated by this project were as follows:

■ What are the general requirements of archaeological restoration in terms of quality, manufacturing, cost and time integrity?

■ What is the benefit of using AM for archaeological restoration? (in terms of measurable outcomes for validating the research)

■ How can the optimal combination of digital technologies and traditional techniques be determined? (As specifically applied to archaeological preservation)

Main Contribution

This paper reports a substantial body of work that has been done in the application of AM to digital restoration of archaeological artefacts, and introduces a process map that has been generated to guide future practical work. This has been used to determine how AM and subsequent processes should be optimally applied in this area. The main contribution to knowledge of the paper is the development of an AM approach for archaeological artefacts replication and the resultant process map derived from this development.

Research Methodology

The research methodology employed was predominantly action research where the researcher undertook practical work in a reflective manner to develop answers to the specific research questions(Louis, C., et al, 2007). In addition, a sub-process map was created to validate and supplement the process chain maps that were generated in the authors' previous relevant research.

3. Case studies - Summer Palace relic lions replication

3.1 Context

The project required the replication of a pair of bronze lions with bronze and marble pedestals that have been guarding the Cloud Dispelling Hall in the Summer Palace Beijing for about 600 years. The replicas were to be established in position for opening of the new Garden Museum. This project was chosen for validating previously derived archaeological restoration process maps and for verifying the use of additional alternatives in sub-maps. Thus, it aimed to utilise the maps to guide accurate reproduction of full size replicas in the same material as the originals, using an optimised technology combination method, which involved 3D scanning, AM, CNC machining and manual techniques. Also, the replicated master models needed to be kept in good condition after being used for bronze casting.

One of the reasons for using the digital method was the previous failure of casting silicon rubber mould from the originals since there were too many fine detailed reliefs with undercuts. This was also a difficulty when using the digital method, especially for large scale artefacts with fine details, and the geometrical patterns and supposedly symmetrical parts were not actually identical since they were created manually in the past. The scanning and data manipulation were quite challenging because of the large size of the unmoveable historical relics and the mass of scanning data created by the fine details. However, the final results of the work showed that accurate replicas were successfully achieved using new methods with relatively low costs and within the scheduled time of three months.

Although there are still some issues that need to be solved such as scanning under difficult conditions, data manipulation of mass data, compromising time and cost, robustness of AM shells and assembly with inner support structures for long distance shipping, the usefulness of the process maps was verified by positive feedback from both the co-workers and the client. Improvements and further development of tools will be the subject of future research.

3.2 Project analysis

This was an archaeological replication project, and the main requirement was to accurately replicate the pair of bronze lions together with their bronze and marble pedestals. The replicas had to be made from a robust material as they needed to be kept in good condition after being used for bronze casting.

The particular difficulties associated with this project included the large size of the lions (dimensions: lions on plinths are 1.96m tall ×1.59m × 1.11m with the bronze plinths about 0.6m tall, marble pedestals are 0.92m tall × 1.94m × 1.46m) and the fine details with undercuts in the plinths they sat on. These fine details were the main reason that it was not feasible to cast silicon rubber moulds from the original. In addition, the two lions were fixed in position outdoors in the Summer Palace and were not movable (see

Figure 1). For these reason, it was almost impossible to produce replicas of the originals using manual techniques, since the only feasible manual way to do this would be by observing the originals or photos of them, which would definitely not be accurate enough.

Thus, the solution was designed to follow the archaeological restoration process maps (the map-Project and sub-map Archaeological Restoration) using an optimised AM approach (refer to your PhD thesis). Based on observation by the team leader, the bronze and marble pedestals under each lion were deemed to be almost identical with symmetrical patterns on each face (Figure 1). This made scanning and data manipulation quicker but there were still some practical issues that needed to be addressed, such as the large sizes involved which could not fit within any of the available AM machines in a single build. Also, there was an overall tight schedule and the team was not permitted to work during daytime Museum opening hours. This resulted in difficult working conditions since the outdoor temperature at night was very cold (about 0 °C).There were also some more problems discovered when implementing the selected process route, and the specific solutions found are explained in the following sections.

Figure 1. Original female lion *Original male lion*

3.3 Scanning

With more recent advances made in laser and optical scanning techniques, the cost of obtaining 3D data and the accuracy of the models that can be obtained have improved dramatically, enabling data capture do be undertaken in a more efficient manner (Fantini, M., et al, 2008). Collecting accurate 3D data was the foundation of this project, and after considering the above issues, an ATOS 5M blue light scanner with a TRIPOD calibration system lens was adopted. The scanning work had to be conducted during the night between 7pm and 7am to avoid affecting and being affected by visitors. All the scanning work had to be completed intensively before winter came, as the temperature had already dropped close to 0 °Cat night since the first snow came at the end of October 2012. The theoretically lowest temperature that allowed the scanner to work stably was -3 °C. Thanks to the compact design of the scanner, all the equipment including the scanner, cables, alternative lens, calibration boards and shock protection, could be fitted into one large suitcase (Figure 2). A mobile work station and other accessory tools were prepared to solve other minor issues, such as the fact that there was no power source near the lions, no lights after the Summer Palace closed, and no ladder to reach the heads of lions that were almost 4m tall. Hence, a small ticket office next to the square where the lions were located was borrowed for connecting power cables, portable lights, and storing some chairs, desks, wood boards, hot water, etc.

The scanning was planned to start from the bottom to the top as the lower parts were easier to reach. There were two sizes of reference marks to be stuck onto the marble pedestals in advance of the scanning, the larger mark point being used for the TRIPOD camera calibration system (Figure 3). There were actually two steps for the calibration, the first one was using the calibration square board or cross board to adjust the scanner and check the working status on the work station (Figure 4), and the second step for a large scale artefact like this was using the TRIPOD system to collect the global data similar to taking photos. After that, local data was collected by the scanner with a maximum 600 mm × 600 mm area per scan, with the local data being registered with the global data at a later stage. The actual scanning area depended on the complexity of the geometry, and normally one area required several scans to form the complete 3D shape.

According to the visual analysis, the patterns on the pedestal were symmetrical, so both marble pedestals were scanned on two sides only and the other side generated by reflection in Geomagic RE software (Figure 5). However, the total time scale was still a little longer than estimated in the light of the

Figure 2. Unpacked devices from the suitcase

Figure 3. Calibration marks

progress of the first part of the work. Reasons for this included the complexity of the geometry, a lack of experience, the depth of relief being different on the female lion's pedestal compared to the male lion's, sticking on and removing the mark points was more time consuming with cold hands and under spot lights in the dark, and the wind was much stronger next to the lake which vibrated the scanner requiring repeated scans to be necessary for the same area to obtain good quality data.

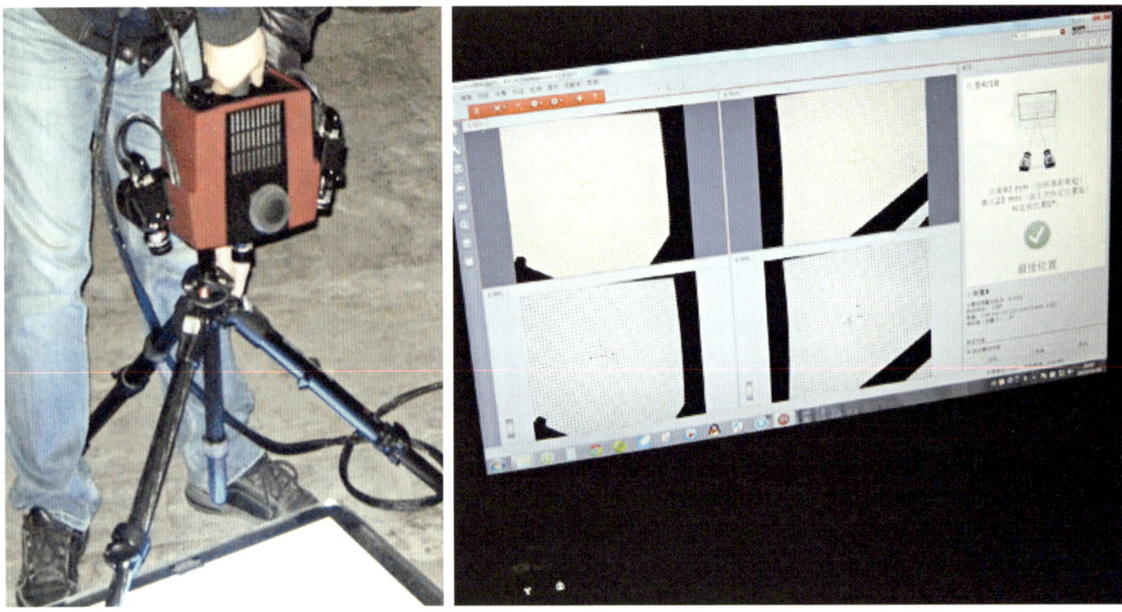

Figure 4. Calibration system and information shown on the workstation

A similar strategy was adopted when scanning the bronze pedestals. Based on the analysis of symmetrical patterns, one lion's bronze pedestal was completely scanned, whereas for the other one, only the different shapes were scanned. This strategy caused a serious problem for the data manipulation as explained in the next section. Scanning for the bronze pedestals took around double the time of that for the marble pedestals, as there were many more undercuts and deep gaps, and the reflectivity of concave and convex surfaces was very different, requiring adjustment to the scanner to obtain complete data.

The height of the lions was also a problem as the team was not permitted to fix any climbing device onto the relics and it was impossible to drive cars to that area of the Palace or to bring a lift to fix the scanner on. Therefore, wooden boards were put on the protection bars and top of the marble pedestals to support the scanner and the operator, other devices were put on a desk next to the wooden boards outside the protection bars (Figure 6). Even so, there were still a few areas that were difficult to reach, one being the top hair parts and areas behind the ears, another being the hollow structures under the claws, and the third was the deep concave in the mouth and surfaces under the belly. Various angles were tried to obtain complete data in order to avoid trouble at the data manipulation stage.

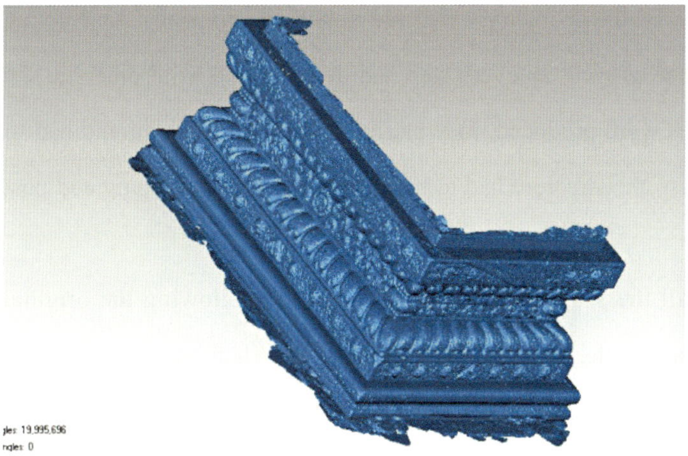

Figure 5. Half marble pedestal

Figure 6. Operating scanner on the wood boards

3.4 Data manipulation

After completing the scanning work under difficult conditions, the data manipulation also proved to be problematic. The first problem was that the 3D scanning and data manipulation were not automated, and the team could not work during both night and day-time. Therefore, after the scanning team finished their work over-night, the data was passed onto a second team for data manipulation during the day-time. This introduced some communication issues and problems caused by a lack of familiarity with the data.

The main data manipulation task was to organise all the files and to register the global data and local data together to complete an entire surface. Also, it was necessary to register adjacent surfaces scanned from different angles to form the complete shape. Although the blue light scanner worked in a relatively stable way with very little issues under environmental lighting, the scanning data had imperfections caused by other elements, such as the wind, positioning problems and the complexity of the geometry.

Another issue was mass of data to be handled, with one file being over 20Gbytes, which almost could not be manipulated in any workstation or software. Two strategies were adopted to deal with this issue. One was to optimally reduce the triangles in the STL file, which kept more triangles for areas with more complex geometry and simplified the areas with relatively simple curved surfaces. Another was to divide the whole model into several sections according to the processing methods to be used at later stages, i.e. some sections needed to be exported for AM while others would be exported for CNC machining, with all the individual sections needing to fit the working platforms of the specific machines used. In addition, the cutting lines between sections could not be straight as that would be too obviously visible on the physical model. Therefore, cutting curves that followed the geometry were used to hide the divisions. Assembling and later issues were considered in advance as well, as every step had definite links with others in the process chain. After all the physical pieces were produced, they had to be easily assembled and had to allow removal of seams and marks, and also the structure had to be robust enough for shipping and post processing.

A serious problem emerged when all the scanning work was completed following the original process plan. As the original relics were handmade, the dimensions, geometrical shapes and symmetrical patterns were not accurate as estimated and observed, which could be seen quite easily within the scanning data. For example, the two marble pedestals were not exactly the same size, one bronze pedestal was not really rectangular but rather rhombus-shaped in the top view, and the symmetrical patterns were offset almost 10mm when comparing the two bronze pedestals (Figure 7). The original plan was to scan the entire female lion's bronze pedestal but only the top of male lion's bronze pedestal, because both bronze pedestals had the same symmetrical patterns, the only difference being a belt on the male lion's pedestal. However, to register the male top with the female bottom needed either a change in the pattern at the connection interface or else moving the offset patterns one by one. Obviously both were not possible as it was archaeological replication and not an artistic creation, and the huge workload and skilled work could not be achieved. Hence, only two options were feasible, one being to go back to the original lions and spend one or two more nights to obtain all the desired scanning data. However, the temperature had dropped to -4°C at night and the availability of the scanner could not be guaranteed as it required additional working time, at an additional un-budgeted cost. Another way was to find a solution for registering the data without obvious mistakes or and joining marks. After two days of continuous experiments and discussion, the belt part, triangle zone and lions bottom were separated and re-arranged, using some parts on one pedestal's to complete missing parts on another (Figure 8). Two complete bronze pedestals were finally formed with the integrated use of GOM, Geomagic, and 3D Coat software.

As for the marble pedestals, using a mirror function to replicate the front and left sides to form an entire pedestal worked well, because the previous registration problem did not exist. The completed lions' data was divided into several sections for subsequent manufacturing. All the STL files were fixed using Magics software before exporting for manufacturing, i.e. filling holes, flipping normals, repairing bad edges, removing extra facets, etc.

3.5 Manufacturing

The well organised STL files were sorted into groups and sent to the manufacturing department. The STL files for AM parts had to be tested in Magics software to check that were they acceptable for building and to add a reasonable amount of supporting material, which was aimed at avoiding distortion during printing while also minimising costs. All the AM shells were set as 1.5 to 2 mm in thickness depending on their size, complexity of their geometry and their position in the sculpture, e.g. where they might support more weight or bear more forces during moulding. One advantage of using an AM machine was that as many parts as possible

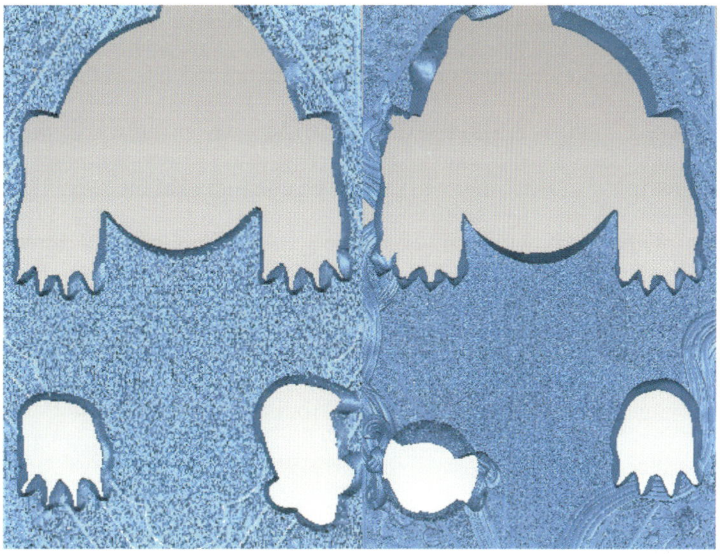

Figure7. Bronze pedestals top view

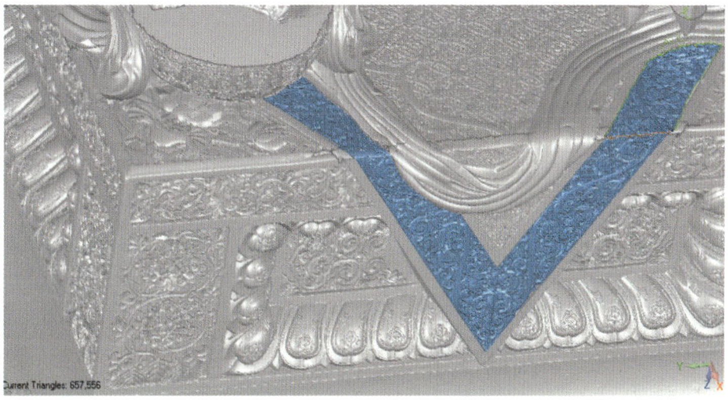

Figure8. Using parts from female lion bronze pedestal to complete the male lion's

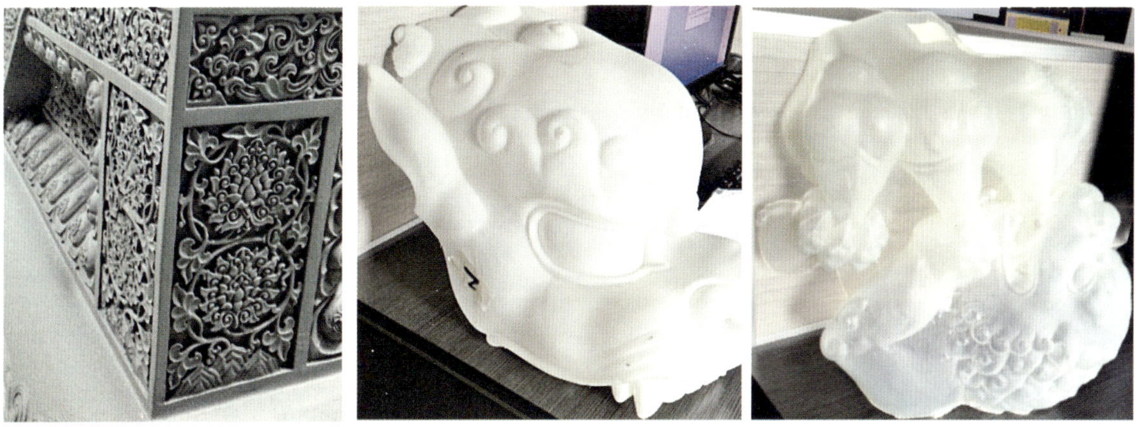

Figure9. AM parts - relief with undercuts, lion's face, claws with baby lion

could be fitted into a single build to save time. Two SLA machines (RS 6000) worked together to produce all the complex or important parts, such as all the fine detailed relief with undercuts, the lions' faces and claws, as hollow structures (Figure 9). Moreover, the whole working process needed no tooling and or monitoring, so that other work could be conducted at the same time.

Other parts with simpler geometry or flat surfaces with low relief were processed by CNC machines to save material cost. High density foam was adopted for the marble pedestals and ABS plastic was chosen for other parts on the lions' bodies as well as for the top surface of the bronze pedestals. Tool paths needed to be generated for these parts, and four CNC machines with 1.5m × 1.5m working platforms worked simultaneously to process all the parts (Figure10).

Figure 10. CNC machining process

3.6 Finishing

After all the parts were taken out from the machines, the AM parts were put into an oven for full curing with UV lights and the support material was then removed by hand. A little surface finishing was applied on necessary parts, and to remove any printing marks (Figure11). Then, the models representing the lions' bodies, bronze pedestals and marble pedestals were assembled separately with AB glue and MillyPutt, with the connection areas needing some polishing to eliminate the traces of joining. At the time of assembling, wood and ABS bars were installed inside the models according to the designed supporting structure. After assembling and polishing, a layer of atomic ash/putty was applied on all surfaces and allowed it to dry under a large fan.

Figure11. Removing support material manually and surface finishing

The ABS and wood bars were designed in such a way that the majority of the sculptures' weight was actually supported by the inner structures to protect the models. The lions' bodies were installed on the bronze pedestals, but the marble pedestals were kept separate (Figure12). The last step was packaging for safe shipping, and the lions with their bronze pedestals were packed into wooden boxes with ropes to fix them, and they were shipped to the bronze casting factory for a moulding process. At the same time, the marble pedestals were shipped to the marble carving factory where they would be used with a replication device that would follow the surfaces and guide the sculpting process.

Figure12 . Master replicas

The bronze casting and marble carving processes were generally the same as that in previous projects, and the final replicas with aging treatments were shipped and installed at the new China Garden Museum (Figure 13), two months after scanning.

Figure13. Final bronze replicas established in position

4. Conclusion

The results generated from the work indicated that archaeological artefacts could be characterised according to complexity of geometries, material, overall size, surface finish, minimum feature size, and target audience. The optimised application of AM and subsequent processes can then be specified in response to these requirements, also the specific project requirements such as budget and timeline. The physical replicas thus created were shown to meet many of the expectations of experts and museum customers.

The results from the research were used to produce further process maps (see example in Figure 14), which should prove to be valuable to anyone working in the field of digital restoration, particularly when a physical replica is required.

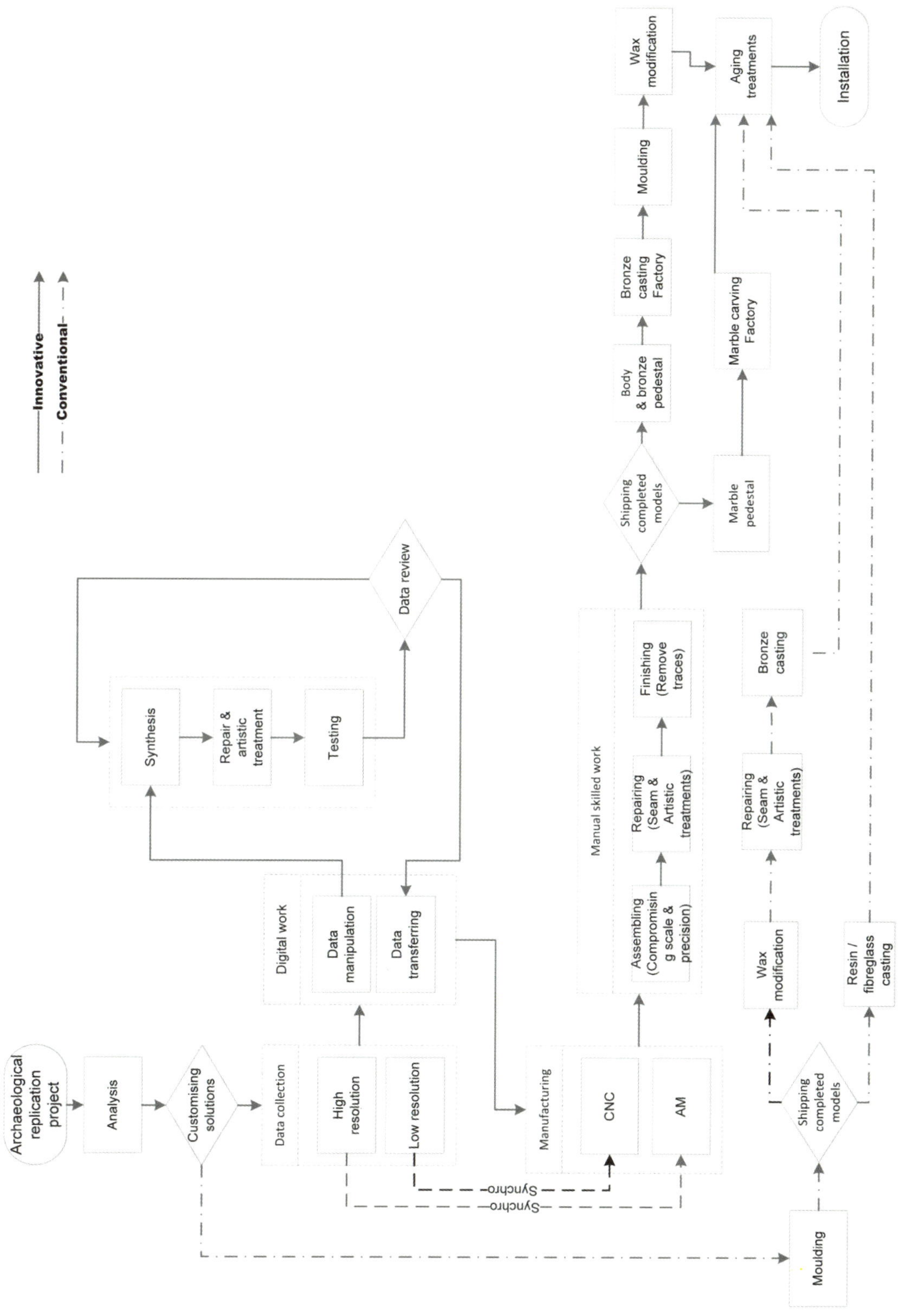

Figure14: Process map

5. Future Prospects

The case study undertaken was not representative of every combination of artefact characteristics and so there remains further work to be done on generating more process maps or tools to support digital restoration of archaeological artefacts. In addition, some of the replica requirements could not be met fully by current AM capabilities indicating that different techniques should be optimally integrated, and future research on process development is also required.

References

[1]D'Urso P.S., Thompson R.G. and Earwaker W.J., 2000, Stereolithographic (SL) Biomodelling in Palaeontology: A Technical Note, Rapid Prototyping Jour., 2000, Vol. 6, No. 3, pp. 212-215.

[2]Fantini, M., de Crescenzio, F., Persiani, F., Benazzi, S. and Gruppioni, G.2008, "3D restitution, restoration and prototyping of a medieval damaged skull", Rapid Prototyping Journal, Vol. 14 No. 5, pp.318-324.

[3]Louis, C., Lawrence, M. and Keith, M., 2007, Research Methods in Education, 6th Edition, Routledge Publications, London, UK.

[4]Zhang, F., et al., 2010, Applications of AM in Digital Art and Relevant Fields, Proceedings of The 12th Annual Meeting of China Association for Science and Technology (CAST) -- Economic Development Mode Shift and Indigenous Innovation.

[5]Zhang, F., et al., 2010, Applications of AM in Digital Art and Relevant Fields, Creation of Popular Science Communication Journal.

[6]Zhang, F., Campbell, R.I. and Graham, I.J., 2011, Application of additive manufacturing to fine art sculpture, in Proceedings of the 12th Conference on Rapid Design, Prototyping and Manufacturing (RDPM), Renie, A.E.W., Bocking, C.E. (Eds), CRDM Limited, 12th Conference on Rapid Design, Prototyping and Manufacturing, Lancaster University, p69-77.

[7]Zhang, F., Campbell, R.I., Graham, I.J., 2012, Application of Additive Manufacturing to the Digital Restoration of Archaeological Artefacts, Proceedings of 2nd International Symposium on Cultural Heritage Conservation and Digitization (CHCD2012).

[8]Zhang, F., 2013, Digital applications in the field of heritage preservation, Beijing papers on the history of garden culture, p365-372, Edited by Society of the Summer Palace, China Social Press, Beijing.

[9]Zhang, F., 2014, Optimising Additive Manufacturing for Fine Art Sculpture and Digital Restoration of Archaeological Artefacts, PhD Thesis, Loughborough University, UK.

[10]Zhang G., Tsou, Y. and Rosenberger A.L., 2000, Reconstruction of the Homunculus Skull using a Combined Scanning and Sterolithography Process, Rapid Prototyping Journal, 2000, Vol. 6, No. 4, pp. 267-275.

Acknowledgement

Grateful appreciation is given to the following organisations that made this work possible: China Garden Museum, The Summer Palace, China Association for Preservation Technology of Cultural Relics, Central Academy of Fine Arts.

南朝陵墓石刻三维数字化保护研究

葛怀东[1]，邓抒扬[2]

1. 金陵科技学院人文学院，

2. 金陵科技学院人文学院，

南朝陵墓石刻三维数字化保护研究

一、南朝陵墓石刻概况

南朝是宋（420～479）、齐（479～502）、梁（502～557）、陈（557～589）四个政权的总称。而南朝陵墓石刻，就是指这几个朝代的帝陵和王侯墓前的石刻，一般由成对的神兽、神道石柱和碑组成。由于这四个政权都建都于今江苏南京，南朝的陵墓石刻也主要分布在江苏南京及附近的丹阳、句容县境内，其中保存较多较好的是大型石刻神兽，其次是神道石柱。

作为六朝造型艺术杰出代表的南朝陵墓神道石刻，在承继汉魏石雕艺术作风的基础上，积极借鉴、汲取中原北方和海外艺术的文化内涵，获得了重大发展，其雕刻手法渐趋精丽细致，在保持了汉魏雕塑特有的雄浑拙厚的恢宏气度之外，又以极其丰富的凹凸有致的曲线构成，展现出矫健灵动与典雅秀丽完美融合的时代精神，充溢着内在的坚实力量和旺盛的活力，堪称中国雕塑史上承前启后的经典之作。1988 年 1 月，国务院正式将南朝陵墓石刻列为全国重点文物保护单位。

就目前所能见到的南朝陵墓石刻，共有 33 处。按地区划分，南京 11 处，南京江宁区 10 处，句容 1 处，丹阳 11 处；以时代区分，宋 1 处，齐 8 处，梁 13 处，陈 2 处，具体时代失考的石刻 9 处。其年代最早始于南朝刘宋，距今约 1500 年。其中比较著名的有宋武帝刘裕初宁陵，陈武帝陈霸先万安陵，陈文帝陈倩永宁陵，梁萧宏、萧秀、萧馆及萧景等陵墓石刻。每座陵墓神道都有若干大型石雕，如天禄、麒麟、碑、柱等，气势雄伟，纹饰精美，在雕刻艺术上独树一帜，其中萧景墓的辟邪石刻就是南京市官方标志物图形的取样原版。

二、南朝陵墓石刻三维数字化保护的意义

南朝陵墓石刻上承秦汉，下启隋唐，与同时期的北朝石窟艺术遥相媲美。南朝陵墓石刻一方面继承了汉代石刻艺术的传统，以力量、运动、速度体现出一种宏伟庞大的气势之美；另一方面，改进了汉代古朴、幼稚、粗糙简单和拙笨的作法，在造型设计、雕刻技法等方面，达到了一种新境界，实现了继汉开唐的历史性转变，并对后来唐宋时代的石刻艺术产生了深远的影响。南朝陵墓石刻是汉族造像艺术的美丽升华，是本土文化的绚烂绽放。从这个意义

图 1.1 梁太祖萧顺之建陵神道石刻

上讲，南朝陵墓石刻的历史价值、文物价值和艺术价值都更胜一筹。因此，南朝陵墓石刻不仅是中国石雕艺术史上的杰作，也称得上是世界艺术宝库中的珍品。

如今，南朝陵墓石刻大多屹立在乡野农田中，经过千年的风吹雨淋的自然破坏，战争变革的人为破坏，南朝陵墓石刻已经风蚀严重，大部分石刻残缺不全。为了保护和利用这些露天的、还在慢慢风蚀的国宝级石刻，专家、学者也想了很多办法。有专家已经提出兴建南朝石刻博物馆，对其进行集中有效的保护。也有很多人认为搬迁将破坏石刻的原生态。因此，如何保护和利用南朝陵墓石刻仍然是任重而道远。

数字化为文化遗产保护、开发与展现提供了新的发展契机，同时也改变了传统文化遗产的保护方式，推动了社会公众更广泛享有人类文化遗产。三维数字化技术是近年来发展起来的一项高新技术，它通过高速激光扫描测量的方法，以被测对象的采样点、离散点集合为“点云”的形式获取物体表面的阵列式几何图像数据，为快速、精确地获取文物的三维信息，进而建立起科学准确的数据模型提供了一种全新的技术手段。近年来，在文物保护领域也开展了一系列三维数字重建的实践工作，例如故宫博物院的古建筑数字建模项目、圆明园的数字重建、洛阳龙门石窟研究院的三维数字档案项目等，这些工作为三维重建技术在文物保护领域的深入开展提供了全新的视角。因此，对南朝陵墓石刻进行数字化处理不仅可以实现三维表达和虚拟展示，更重要的是精确的石刻文物数字模型记录了其原始的真实三维信息和纹理信息，为石刻文物修缮和恢复提供了重要的数据和模型支持。

另外，这些年联合国教科文组织一直在提倡“文化空间”的概念，即文化遗产与其所存在的周边也是密不可分，传统对文化遗产的处理办法是放在博物馆里，或者就地建一个博物馆。前者造成了文化的剥离，而后者又往往损伤了文化生态。针对南朝陵墓石刻体态庞大、形态复杂、不可移动以及多数暴漏在荒郊野外等特点，三维数字化技术为石刻文物保护提供监测和修复依据。同时，借助虚拟技术还可以在不影响原有文化遗产本体的情况下，还能真实反映文化遗址的场景，这也是文化遗产保护的一个重要趋势。

三、石刻文物三维数字化重建技术的进展

南朝陵墓石刻是我国古代雕刻的瑰宝，极具历史、艺术和考古价值。与文物的唯一性、不可共享和不可再生性相比，数字化的石刻文物信息是无限的、可共享的、可再生的。当前，石刻文物三维数字化技术包括文物数字化信息的获取、文物数字化辅助保护、文物数字化虚拟修复、文物虚拟展示等。其中，数字化石刻文物保护的核心体现在文物数字化信息的获取方面。另外，石刻文物除了有丰富的几何细节，还有不可忽视的表面纹理及其表面的文字等珍贵的信息，只有将多方面的信息融合在一起才能完整地重建出真三维真纹理的数字石刻文物模型。

三维激光扫描是一种电磁波测距和自动化控制相结合的非接触式数据获取技术，可快速扫描物体表面，获取海量点云数据，精确描述物体的外形。该技术为大型文物景观形状信息获取、数字化模型建立、文物修复等带来了全新的方法，秦俑遗址、敦煌莫高窟、聊城文化遗址等文物古迹均利用三维激光扫描技术进行了数字化保护和研究。

三维激光扫描技术并不复杂，它是应用激光测距的原理，通过三维激光扫描仪发出一条线，激光照射到被测物体的表面，并收集反射信息，得到该物体表面点云空间相对位置的三维数据，进而经过计算机软件处理，快速复建出点、线、面及实体模型。早期的三维激光扫描仪用的是脉冲式激光，它只能发出单点激光，靠计算激光飞行时间来确定物体和扫描仪之间的距离，而现在较为先进的是相位式扫描，它是发出一束不间断的整数波长的激光，通过计算从物体反射回来的激光波的相位差，来记录目标物体的距离。这样连续地对空间以一定的取样密度进行扫描测量，就能得到被测目标物体密集的三维散点数据，称作点云(Point Cloud)。把采集到的点云数据输入计算机，通过工程软件的处理，就可以得到被测物体的三

维形貌，加上色彩纹理的叠加，最终生成三维数字模型。

后期的数据处理是石刻文物三维激光扫描工作中的重要环节，主要包括坐标转换、数据拼接、去噪平滑、三维建模、精简压缩、纹理映射等几个方面。首先，由于被测点的空间坐标都是以各自的扫描仪坐标系为基准，因此需要将它们转换到同一坐标系中，之后将各扫描区域数据拼接成完整的被测物表面空间信息。其次，受扫描环境和仪器自身等因素的影响，点云数据中难免会存在一些无关点和噪点，数据处理过程中需要将其去除以获得更加准确的被测物表面数据。再者，为了加快数据处理速度、节省存储空间，在不影响物体表面重构、符合一定清晰度要求的情况下，可以对数据进行压缩处理。最后通过纹理映射，就可以得到更真实的物体表面信息。

四、南朝陵墓石刻三维数字化保护解决方案

随着三维激光扫描技术的发展，三维模型已不仅仅只作为一种信息存档的手段，更是为后期各种科学研究提供了重要的资料来源、参考信息和一种全新的研究方法，在石刻、古建筑等各类文物考古研究中发挥着越来越多的作用。为了实现对南朝陵墓石刻的数字化保护，本项目拟采用自适应三维重建系统对南朝陵墓石刻进行三维重建，该技术最大的优势是在保证重建精度的前提下不受重建物体大小和拍摄距离的限制。

自适应三维重建系统重建结果的三维点云是由平面图像的每个像素点转换而来，一般单次重建的三维点云都在千万以上，模型细节丰富，三维分辨率高，几何尺寸精度高。由于该技术是由像素点对点匹配重建三维点云，三维点云本身就带有了 RGB 的色彩属性，无需在重建后对重建结果手工模拟贴图，最大限度地保证了色彩还原和色彩的位置精度，从而确保了真实再现南朝陵墓石刻的原貌。

4.1 南朝陵墓石刻的三维数字化重建

4.1.1 技术原理

自适应图像三维重建系统是通过相干光源，干涉被摄物体获取二维信息，用以重建物体全息三维数字信息，从而达到石刻造像三维数字化重建的目的。

4.1.2 三维重建系统简介

自适应图像三维重建系统所采用的三维数据测量设备，配套有较为先进的“自适应图像三维空间技术及三维重建软件”，通过物体一幅以上不同视点的二维图像，即可获得物体的三维点云数据。

该设备具有自动校正图片几何变形、三维点云自动拼接、每个还原的三维点云带有 RGB 真实色彩、即时、高效、高精度等特点，可应用于产品研发设计（RD）、逆向工程（RE）、三维检测（CAV）及文化遗产三维数字化保护。

4.1.3 三维重建系统特点

⑴ 独有的自适应系统

自适应图像三维重建系统的二维信息采集端的数码后背或 CCD 无需与光干涉源形成固定夹角，在任何角度均可以对需重建物体进行即时信息采集。系统重建过程中无需坐标原点，即可对放在可转动工作台上的物体进行三维重建，又可以对固定不动的大型物体进行三维重建，且重建精度不受任何影响。对于体态庞大的南朝陵墓石刻而言，自适应系统对获取高精度数据非常重要。

⑵ 重建精度高

重建后的 Z 方向精度为 6.8 微米（1:1 拍摄），自动定标精度为 0.0001°，即万分之一度。以每个三维点云的点对点匹配三维重建，重建的三维点云数取决于像素密度，一般单次重建的三维点云都在千万以上。目前，该系统可以即时重建 3900--8000 万个三维点云（无软件插值）。其他的三维扫描仪在扫描不可移动文物遗存过程中只要移动了扫描仪的位置，就改变了坐标原点，后期靠人工视觉模拟匹配重建出来的三维模型是不能保证文物遗存重建精度的。

⑶ 重建速度快

图像在经过软件特别处理后，可在 1/4000 ～ 60 秒内一次性获取高达千万以上的点云数据，并且可以在 60 秒内完成三维点云模型重建。尤其在完成室外大型物体三维重建时，效率是其他同类扫描设备的 10 倍以上。

⑷ 真色彩还原

因为自适应图像三维重建系统的三维点云是从像素点转换而来，所以重建后获取的点云数据中均包含了真实的 RGB 色彩属性，无需在重建后再根据原物体的色彩进行手工模拟贴图着色渲染。利用其他技术重建的石刻文物三维模型与色彩信息是分离的，因此不能保证三维模型上的色彩位置精度就是真实石刻文物色彩所对应的三维空间。

⑸ 无需粘贴任何标志点

自适应图像三维重建系统是根据每次所采集到相邻的像素上的特征来实现点自动拼接的，因此不需要在被重建物体上粘贴任何标志点。所以说自适应图像三维重建扫描仪真正实现了非接触三维图像采集并重建三维彩色模型。

⑹ 高精度姿态标定与自动拼接

该系统通过独有的自适应姿态标定算法，消除了机械定标的机械误差，精度达到一个像素角。同时，还能以不同视点的三维数据通过像素点自动拼接三维数据构建结构的数字信息技术。

⑺ 非接触信息采集

采用非接触数据采集方式，稳定性高，适用广泛，包括外观复杂、柔软的物体或易磨损的物体。获取二维信息手段以及设备自由多样，所以不受物体大小限制。

4.2 南朝陵墓石刻的三维全景空间测量

4.2.1 技术原理

三维全景就是视角超过人的正常视角的图像，一种基于静态图像在微机平台上能够实现虚拟现实技术，给人以三维立体感觉的实景水平视角360度，垂直视角180度的全方位图像。三维全景全面展示了360度球形范围内的所有景致；可在全景图像中观看场景的各个方向实景，真实的场景。具有360度环视的效果，虽然照片都是平面的，但是通过软件处理之后得到的360度实景，却能给人以三维立体的空间感觉，使游览者犹如身在其中，有身临其境的感觉。

4.2.2 三维全景扫描系统的技术特点

南朝陵墓石刻的三维全景空间测量采用的是SpheroCam HDR全景三维扫描仪。通过该三维全景扫描系统设备采集的数据，包括以下几个方面。

⑴ 高动态文件的高精度影像

三维全景扫描系统设备采集的是高动态原始数字数据（96比特格式），因此可生成环境内各可见部分的高精度数字影像（输出TIFF文件高达650M）而不受光源条件的影响。在对采集的影像没有特殊展现要求的时侯，节省了对个别部分的重复拍摄的时间。若使用通常的传统或数字（数字后背）来拍摄，需要分别拍摄才能看清所有部分。

在使用高动态扫描技术后，通过一次扫描，可同时清晰地表现所有部分的细节。更重要的是所有这些影像都是由一次自动采集，数据后期输出形成的。因此对采集有色彩特别要求的时候，可通过制作并嵌入采集原始光源条件的色彩特性文件的方式得到准确的色彩，这一功能在采集有涵盖彩画等有丰富色彩对象时，将有拥有很重要的价值。

⑵ 影像文件中带有精确的空间位置数据

由于一次录入的影像已包含空间位置数据，因此不必用人手在现场测量与记录，减少人为错误。在需要了解石刻文物某一部分的尺寸时，只需在采集的影像数据中点选需要测量的两个点，所需测量的尺寸便立即可以显示出来，显示值精确误差高达正负 0.1 毫米。而且对测量的数量及范围，设备系统是没有限制的。只要影像中能看到的部分都可以测量，其精度只与拍摄距离有关。同时，还可以把测量的数据储存成文本文件或打印出来，大大地提高了工作效率与数据测量精度。

⑶ 利用影像可生成 CAD 文件，输出平面和立面图三维点导入 CAD，完成虚拟场景重建

图像中导出三维点的 X,Y,Z 坐标数据（文本格式）作为定位对象用于 Autodesk 软件中；

可以把点数据（文本格式）导入三维建模软件，同时在 Autodesk 软件中可以直接打开导出 HDR 图像 Mel 脚本；

通过捕捉三维点能绘制几何模型；

把扫描的 HDR 图像作为绘制的几何模型纹理。

⑷ 采集的数据可制作成数据库文件和 VR 虚拟漫游形式的交互文件

把采集数据通过 SceneCenter 软件处理后，输出至专业 VR 漫游制作软件进行素材整合，即可生成 VR 虚拟交互漫游演示文件。由于生成的 VR 文件精度较高，已可以满足一般情况下多媒体展览的精度要求，通过 QuickTime Mov 或 Flash 输出也可用于网上展示。利用该演示文件，不但可以进行虚拟展览，也方便研究人员更准确了解各相关物件和结构的位置与关系。

⑸ 结合 SceneCenter 软件处理专用的数据库文件，可整合陵墓石刻文物周边历史古迹、建筑物等数据

结合与三维全景扫描系统设备相配套的专用媒体信息数据库，可把采集点相关的历史资

料，照片，文献、挡案、视频及网页等等整合在一起，通过网络上载资料或分享成果，更可刻录为数据库 DVD 光盘，或者输出为 PDF 打印成文稿提供给资料需求方。

五、结语

本文以南朝陵墓石刻为例，详细阐述了体态庞大、形态复杂的石刻文物三维数字化保护的方法和技术。在外业数据采集方面，引入自适应三维重建系统、三维全景空间测量等先进测绘手段，全面准确获取了南朝陵墓石刻文物的三维空间数据，为今后的石刻文物的保护与研究打下良好的基础。

参考文献

[1] 李树坤，侯妙乐，吴育华，胡云岗，张玉敏．石质文物三维信息留存与应用 [J]. 城市勘测，2013（02）:85-88.

[2] 罗涛．南朝陵墓石刻的美学特质及其保护理念 [J]. 北京理工大学学报（社会科学版），2007（03）:6-10.

[3] 邱兆文，张田文．文物三维重建关键技术 [J]. 电子学报，2008（12）:2423-2427.

[4] 王昌翰，向泽君，刘洁．三维激光扫描技术在文物三维重建中的应用研究 [J]. 城市勘测，2010（06）:67-70.

[5] 杨祥民．南朝陵墓石刻保护现状调研及对策 [J]. 文物世界，2009（01）:30-42.

圆明园西洋楼观水法、大水法、远瀛观组群探析

贾珺

清华大学建筑学院

圆明园西洋楼观水法、大水法、远瀛观组群探析[1]

一 、引言

圆明园附园长春园的北部有一个相对独立的西洋楼景区，包含谐奇趣、养雀笼、方外观、海晏堂、远瀛观、大水法、观水法、线法墙等景点和大量的喷泉、雕塑、植物，将中国传统建筑式样与欧洲 18 世纪巴洛克与洛可可建筑风格融为一体，是中西方建筑文化交流的重要例证。西洋楼全区的各景点基本呈东西向排列，形成一条明显的长轴线，但同时西端的谐奇趣与黄花阵与中部的观水法、大水法、远瀛观又构成了两条南北向的次轴线，丰富了整个景区的空间层次（图 1）。

在所有景点中，观水法、大水法、远瀛观组群位置最为重要，其造园手法明显受到意大利台地园的影响。本文拟在文献考证和现场测绘的基础上，对这一组群的景致特点进行分析，并探讨其与欧洲园林艺术的渊源关系。

1. 本文为国家自然科学基金（项目批准号：51278264）子课题成果 .

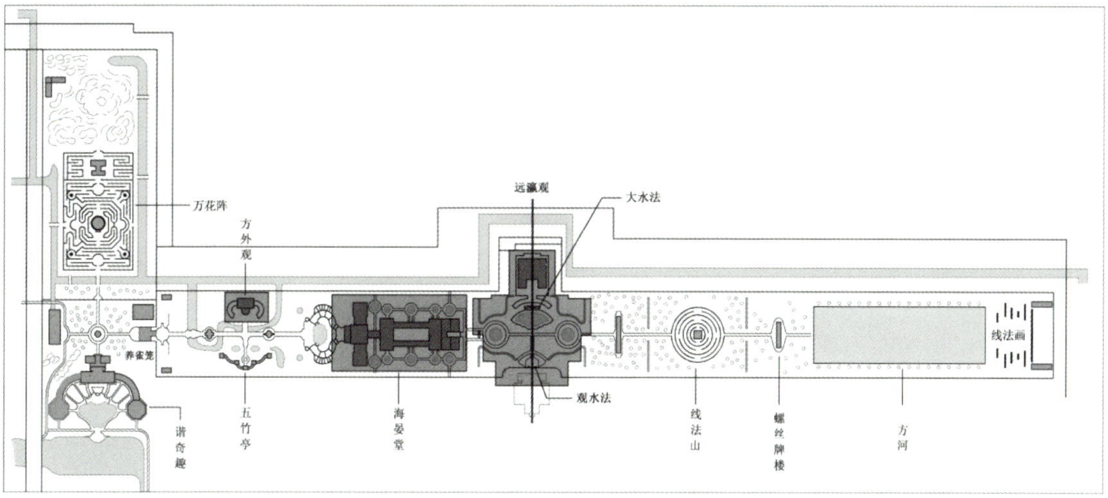

图 1 圆明园西洋楼总平面图

二、 组群构成

观水法与大水法均建成于乾隆二十四年（1759 年），二者南北对应，一观水，一喷水，宛如看台与舞台的关系（图 2）。

南侧的观水法紧贴长春园泽兰堂的北侧，其背景实际上是一道弧形平面的隔墙，由 5 块石雕组成类似屏风的式样，内部的浮雕部分高 2.23 米，中央一块宽 1.11 米，两侧的四块宽 0.91 米，两两对称，上面刻有西洋盔甲、长枪、刀斧、炮筒、盾牌、战鼓图案。石墙之北的平台上设有石质宝座，装饰十分繁复，椅背两边各有一鹤振翅拱卫。观水法东西两侧都设有灌木墙，墙上各设一座小拱门（图 3-4）。

大水法位于观水法北面，是一座大型喷泉，北筑拱形石龛，中央位置内凹，两侧为粗壮的石柱，底部以波浪形曲线相连，平面呈弧形，立面轮廓近于“山”字，造型灵活生动（图 5）。现存拱门遗址高约 5.4 米，原本其顶部另有贝壳形装饰。石龛的拱券下安装了一个狮子头，往前面的大水池喷水，池中心站立一只铜制的梅花鹿，鹿角可喷 8 道水柱，两侧排列 10 只铜狗，东西两端各有一只卷毛巨犬，口中一起喷水射向鹿身，似在共同围追猎物。大水池左右另有

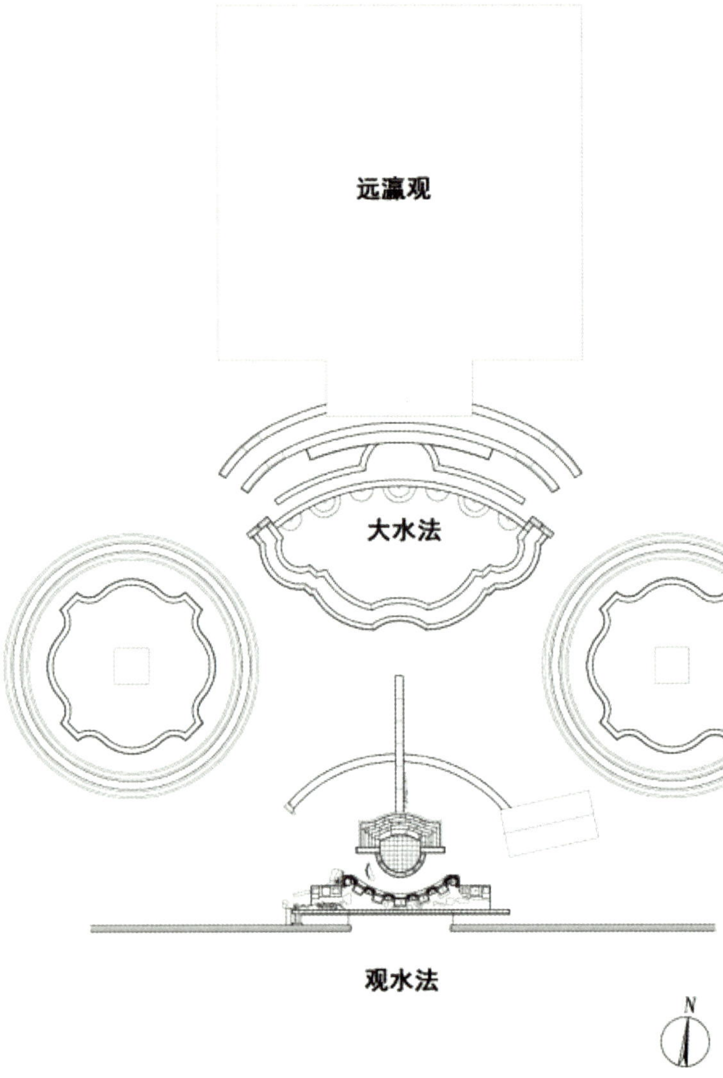

图 2 观水法与大水法遗址平面测绘图

两座13层的喷水塔，恰好位于西洋楼建筑群东西方向的主轴线上，塔顶汩汩冒水，层叠而下，其下之海棠形水池周边各安装44根高低不同的铜管，朝天喷水，如花瓣绽放。这三个喷泉均通过管道与海晏堂的蓄水楼连通，取得供水。

乾隆四十六年（1781）远瀛观开始施工，当时的内务府档案称之为“新建水法殿”[1]，说

1. 中国第一历史档案馆．圆明园[M]．上海：上海古籍出版社，1991：1566.

图 3 观水法遗址现状

图 4 观水法正面铜版画——清华大学建筑学院提供

图 5 大水法正面铜版画——清华大学建筑学院提供

明这座建筑被视作大水法的扩展部分（图 6）。至乾隆四十八年（1783）此殿最终建成，距离观水法、大水法落成已经过去了 24 年之久，却与前二者组成了一个相对完整的群体（图 7、图 8），南北总长约 105 米，为此还突破长春园北墙的限制，向北凸出约 40 米，而且其中轴线可一直向南延长至泽兰堂，与长春园中部的含经堂建筑群隔水遥相呼应。

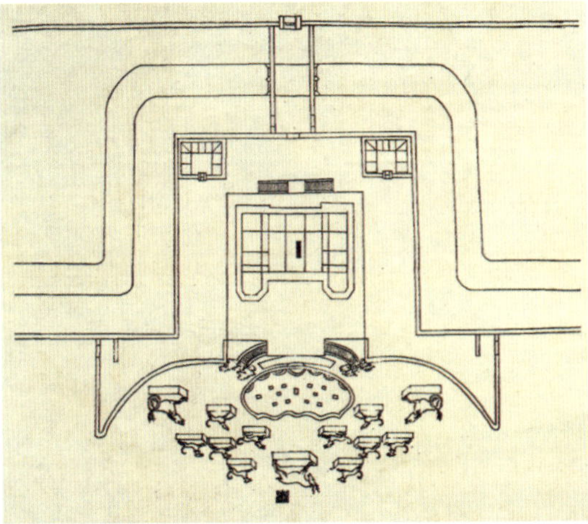

图 6 大水法与远瀛观样式雷地盘画样——引自《圆明园的“记忆遗产”——样式房图档》

远瀛观位于一个大约4.5米高的大台基上，台基四周以西式宝瓶栏杆围合。台南于大水法石龛之后设两条弧形楼梯，盘旋而上。台上建筑偏于北侧，平面呈倒“凹”字形，由3部分组成：主体部分面阔三间，进深三间，重檐庑殿顶；两侧紧贴四间翼房，最南一间前凸并作抹角处理，其屋顶做成攒尖方亭式样。南侧主入口以两根充满雕饰的石柱支撑一个拱券门廊，其屋顶位置凸起一个大圆盘，两侧辅以一对卷涡，门前设有一对石狮子。从现存样式雷图上看，远瀛观的中央三间殿室内合为一间，安置了圆形台座和屏风；东西翼房内稍作分隔，南端分别设置了宝座和坐炕；外墙和内部隔墙均非常厚重，墙内设有立柱承重（图9）。

远瀛观的北面另设两座对称的辅助用房，再北过河则为长春园北门，位于中轴线的最末端。

图7 远瀛观遗址旧照——引自 Peking The Beautiful

图8 大水法与远瀛观遗址现状

图 9 远瀛观正面铜版画——清华大学建筑学院提供

三 、设计意匠

观水法、大水法、远瀛观作为西洋楼景区最重要的一个组群，其景观主要由建筑、水景、植物组成，同时在远瀛观楼梯两侧还设有小型湖石假山。

这一组群的建筑元素比较特别，观水法的屏风和大水法的石龛其实都可以看做是装饰复杂的弧形墙体，分别用作宝座和大型喷泉的背景，石雕装饰极为丰富，充满曲线，明显属于夸张、变异的巴洛克风格（图 10）。观水法的宝座和远瀛观的门廊同样具有强烈的巴洛克趣味。

观水法石墙上下分别设有基座和檐部，顶部有西式宝瓶装饰，符合西方建筑构图模式（图 11）。其中央屏风（图 12）所刻之盔甲造型与法国路易十四时期所建之荣军院（Hotel des Invalides）屋顶盔甲式窗户（图 13）颇为相似，其余内容也均源自欧洲军事装备，其中必定蕴含某种寓意，但未找到确切的文献佐证。宝座平台采用半圆形平面，北侧设有数级弧形踏步，为文艺复兴大师米开朗琪罗首创，后一直流行于欧洲建筑之中。

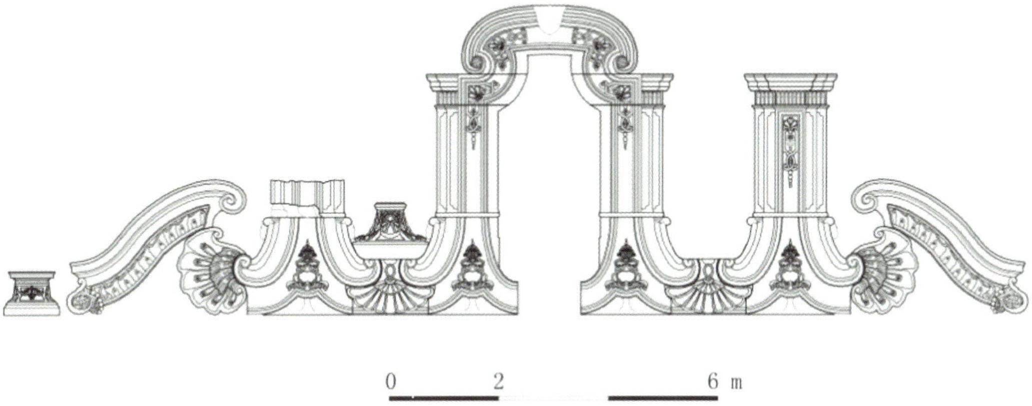

图 10 大水法遗址南立面测绘图——刘辉、张乔绘

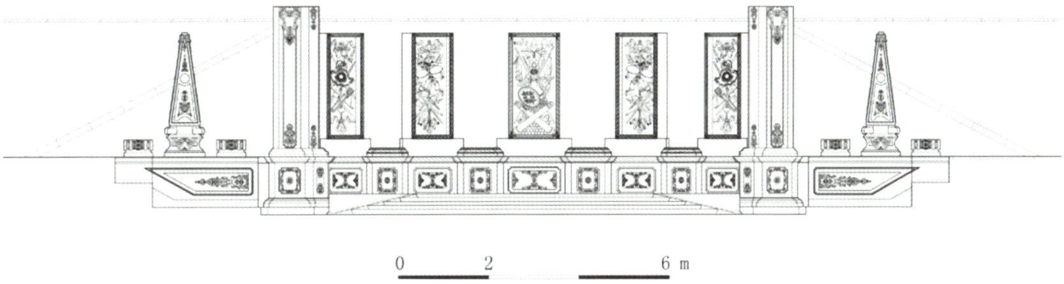

图 11 观水法遗址北立面测绘图——刘辉、张乔绘

图 12 观水法屏风浮雕测绘图——刘辉、张乔绘

图 13 法国巴黎荣军院建筑屋顶盔甲式高窗

远瀛观主体建筑相对退后，虽然台基较高，但大半被大水法壁龛遮住，在观水法位置无法一览无余，需要通过弧形楼梯拾级登临才能看到其完整的南立面。其建筑造型有中西合璧的特点，中央的庑殿屋顶并不遵循中国传统建筑的举折制度，正脊很短，上面另加装饰。入口立面上的两根立柱并非标准的古典柱式，柱身雕满植物图案，三间拱门之上也缀满雕花。顶部圆盘看上去好像是一个巨大的自鸣钟表盘，但实际上是一个圆形的石雕。建筑其余三个立面也设有石雕巨柱，多为方形，雕饰相对简洁。两翼之亭的南面开设圆窗，造型如西欧天主教堂玫瑰窗之缩小版。

清代官式建筑室内一般设有天花彩画，而远瀛观室内的棚顶则效仿当时的欧洲建筑，均绘西洋通景画，且以西洋人物、故事、花纹为主题。如意馆档案记载：“新建远瀛观殿内明间棚顶并周围棚顶，俱着伊兰泰起稿呈览，准时再画西洋故事人物，着贺清泰、潘廷璋画，钦此。”[1]伊兰泰为满族宫廷画师（也是著名的《西洋楼铜版画》的作者），而法国人贺清泰（Louis Antoine de Poirot）、意大利人潘廷璋（Giuseppe Pansi）均为欧洲来华的传教士，后来又增加了8位中国画匠作助手，协助3位画师共同完成。中外画师均采用“西洋线法”（即透视法）和“西洋颜色”来绘制这批总面积约250平方米的通景画，工作量甚大（图14）。

远瀛观的窗户大量使用玻璃，总数达到1206块[2]，连乾隆帝御笔所题的“远瀛观”匾额也采用玻璃心的形式，可能是圆明三园中玻璃用量最大的一座单体建筑。这些玻璃一般通过广东海关从西洋进口，代价十分昂贵。

嘉庆帝曾作《远瀛观歌》：“石级参差列珠树，玻璃为牖佳境布。八窗洞开引清风，翠屏紫凤萦香雾。一室澄观备远瀛，圣念包罗九有宏。瞻临堂构切抚宇，凛乎驭朽弥持盈。”[3]

1. 中国第一历史档案馆．圆明园[M]．上海：上海古籍出版社，1991：1577.

2. 中国第一历史档案馆．圆明园[M]．上海：上海古籍出版社，1991：1572.

3.（清）颙琰．仁宗御制诗初集，清光绪二年（1876）刊本，卷48，远瀛观歌．

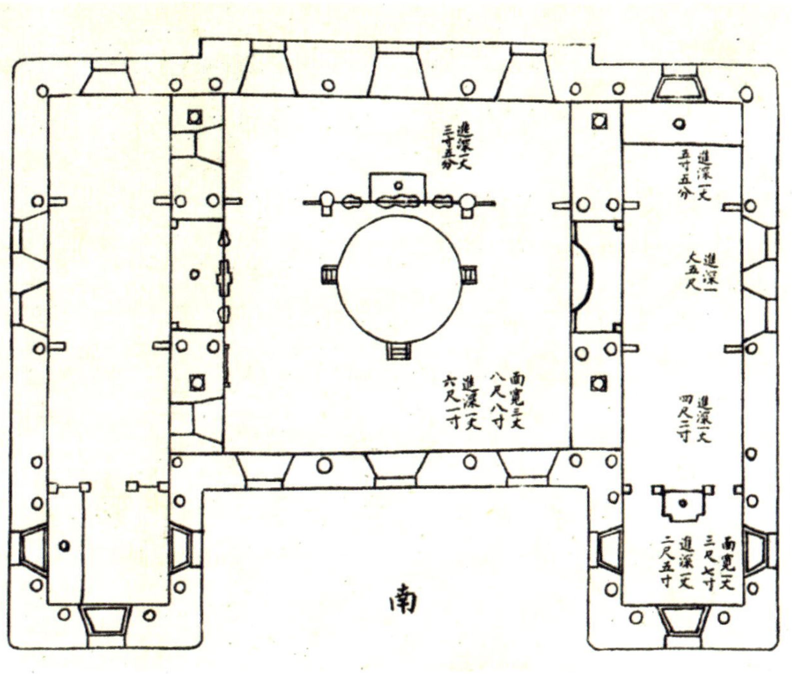

图 14 远瀛观样式雷地盘画样——引自《圆明园的“记忆遗产”——样式房图档》

诗中描述远瀛观位于石楼梯之上，平台种植树木，四面开设玻璃窗，内部的绘画充分表现西洋风土人情，在此足以“澄观远瀛”。

此处建筑和雕塑以石材为主，同时也采用了较多的铜雕，大水法池中的鹿、犬均为铜制，此外乾隆四十七年（1782）三月清宫档案记载“长春园添建远瀛观殿宇工程应用出水铜龙口二十四口”[1]，笔者推断这些铜龙口应安装在屋顶或台基栏杆四周。

大水法的喷泉是西洋楼三大喷泉之一，另外两处分别以谐奇趣南立面和海晏堂西立面为背景，而大水法则以独立的石龛为背景，手法有所变化。水池外轮廓由花瓣形的弧线构成，从壁龛狮头和池中鹿角、犬口之中均可喷水，方向错综复杂，令人眼花缭乱。此处雕塑题材与狩猎有关，亦为西方园林所常见。两侧的两座塔式喷泉相当于配角，对主喷泉起到很好的

1. 中国第一历史档案馆．圆明园 [M]．上海：上海古籍出版社，1991：1574.

烘托作用。乾隆帝深以大水法为骄傲，在《题泽兰堂》一诗的自注中提及：“堂北为西洋水法处。盖缘乾隆十八年西洋博尔都噶里雅国[1]来京朝贡，闻彼处以水法为奇观。因念中国地大物博，水法不过工巧之一端，遂命驻京之西洋人郎世宁造为此法，俾来使至此瞻仰。”[2]显然他很想以这组大喷泉来夸耀于西洋使节，以示“中国之大何奇不有”，故而英国使臣马嘎尔尼、荷兰使臣德胜来华访问时均曾经受邀来此欣赏。

从西洋楼铜版画上看，观水法之北、大水法之南有两块布满花纹的铺地，其上栽种了两株高大的树木，枝叶被修剪为若干半球形，从下往上渐次缩小，造型极为特别。远瀛观台基上也种植了一些较矮的树种，尚保持自然形态。

四 、西洋之源

圆明园经常被比作“东方的凡尔赛宫”，因为整个欧洲唯有法国“太阳王”路易十四所建的凡尔赛宫才能与之媲美。18 世纪凡尔赛宫内一度设有仿中式风格的花园，与圆明园的西洋楼相映成趣。以往学者多认为西洋楼景区旨在模仿凡尔赛宫的园林胜景，但实际上西洋楼景区占地面积不足 7 公顷，远远达不到一座典型法国古典主义园林的面积标准，与一座意大利贵族别墅花园的尺度相近。其总设计师是意大利人郎世宁（Giuseppe Castiglione，1688-1766），在规划布局方面更多以意大利台地园为参照，建筑密度大大提高，有堆砌、猎奇的倾向。远瀛观建造较晚，建成时郎世宁已经去世 17 年，其设计师应当另有其人，但依然延续了原有的风格。

意大利是一个以山地、丘陵为主的国度，从文艺复兴时期开始，兴起了依托山坡而建的别墅园林，其景致通常沿着一层一层的平台铺展，被称为“台地园”（terrace garden）。

1. 博尔都噶里雅国：即葡萄牙（Portugal）.

2. （清）弘历．高宗御制诗五集，清光绪二年（1876）刊本，卷 94，题泽兰堂．

台地园大多占地数公顷，巧妙地顺应地形，每层台地都以上一层台地为背景，逐次升高，形成明确的中轴线，其景观元素包括坡道、挡土墙、喷泉、水池、雕塑、灌木、乔木等，表现出几何化的倾向，对欧洲其他地区有重要影响（图 15）。17 世纪在法国兴起的古典主义园林虽然与意大利台地园同为欧洲几何式园林的代表，但二者有很大的差异。相比而言，法国古典主义园林一般在平地上建造，景物密度低，规模更宏伟，布置更整齐，擅长以大面积的草坪、花台进行铺装，灌木修建十分整齐，多设中心式喷泉；而意大利台地园更富有动感，景物密度较高，更多保持植物的自然形态，多设背屏式喷泉。

图 15 意大利佛罗伦萨波波利花园

图 16 意大利蒂沃利埃斯特花园海神喷泉

意大利蒂沃利的埃斯特花园（Villa D’este）由皮罗·理高里奥（PirroLigorio）设计，后来陆续又有一些建筑师予以改建、添建，全园分为 8 个台地，纵轴贯通，其间设有多处大小喷泉，种植成行的柏树、规整的冬青花坛和自然的丛林，被视为意大利台地园的巅峰之作，其中多种手法均可与圆明园西洋楼相参证。埃斯特花园的海神（Neptune）喷泉（图 16）以巴洛克式石龛为背景，水柱变化多端，被称为“水剧场”，而圆明园大水法也有同样的意趣，表现出强烈的舞台感，并通过南面的观水法宝座来进一步暗示这一特点。

圆明园所在的海淀地区基本为平原，并无自然山坡可以依托，西洋楼建筑群大多只能在平地上建造，无法体现台地的特点，唯有观水法、大水法、远瀛观这一组群表现出明显的前后高差层级关系，成为台地园的一个缩影，所设建筑、石龛、屏风式样乃至两侧的小拱门均以巴洛克风格为主，而喷泉也以富有戏剧色彩的背屏式喷泉为主，以中心式喷泉为辅，所有这些元素都更接近意大利园林而非法国园林。但在一些局部景致上，如修建齐整的树木以及装饰题材方面，仍可看到来自法国的一些影响。

另外需要指出的是，由于受到地形条件的限制，这组景点的格局较为局促，且仅分设两层台地，纵深长度和升起高度均相当有限，其艺术成就毕竟不能与真正的意大利台地园杰作相提并论，但仍有若干值得称道的地方。

五 、结语

综上所述，圆明园西洋楼中的观水法、大水法、远瀛观组群具有类似意大利台地园的特点，其建筑、喷泉形式富有个性特征，反映了西方园林和建筑的深刻影响，堪称中西方文化交流史上一个独特的印记。至于其建筑、喷泉的细节处理以及与欧洲园林的具体关系，未来尚需作进一步的探究。

参考文献

[1] 中国第一历史档案馆编．圆明园 [M]．上海：上海古籍出版社，1991.

[2] 圆明园管理处编．圆明园百景图志 [M]．北京：中国大百科全书出版社，2010.

[3] 张恩荫，杨来运编．西方人眼中的圆明园 [M]．北京：对外经济贸易大学出版社，2000.

[4] 张恩荫．圆明园变迁史探微 [M]．北京：北京体育学院出版社，1993.

[5] 陈志华．外国造园艺术 [M]．郑州：河南科学技术出版社，2001.

[6] 郭黛姮，贺艳．圆明园的“记忆遗产”——样式房图档 [M]．杭州：浙江古籍出版社，2010.

[7] 戴逸主编．黄爱平著．18 世纪的中国与世界·思想文化卷 [M]．沈阳：辽海出版社，1999.

[8] 童寯 . 北京长春园西洋建筑 [J]. 建筑师 . 第 2 期 . 北京：中国建筑工业出版社，1980：156-168

[9]Che Bing Chiu. YuanmingYuan[M]. Paris: Les Editions de l' Imprimeur，2000.

[10]Federico Mastrigli. AcqueAcquedotti e Fontane di Roma[M]. Roma: Pinci, 1928.

[11]Elisabeth Blair MacDougall. Fountains，Statues，and Flowers：Sudies in Italian Gardens of the Sixteenth and Seventeenth Centuries[M]. Washington，D.C.：Dumbarton Oaks, 1994.

[12]Herbert Clarence White. Peking The Beautiful（燕京胜迹）. 上海：商务出版有限公司，1927.

对古建筑现状立面图表现形式的探讨

王莫

故宫博物院古建部

对古建筑现状立面图表现形式的探讨

一、目前古建筑现状立面图的表现形式及形成背景

（一）传统的古建筑测绘方法简介

古建筑测绘是对古代建筑正向建造过程的逆向推导，是按照现代建筑设计模式对已建成建筑的资料性反求过程。按照字面意思，古建筑测绘可以被简单、笼统地理解为测量古建筑的形状、大小和空间位置，并在此基础上绘制相应的平、立、剖面图。这同时也是传统古建筑测绘概念和实践的主要内容。

开展古建筑测绘是保护、发掘、整理和利用古代建筑遗产的基础环节，其成果不但能为建筑历史与理论研究提供翔实的基础资料，而且还能为继承发扬古代建筑文化、探索具有中国特色的现代建筑创作提供借鉴[2]。

自20世纪30年代开始，随着中国营造学社古建筑测绘工作的不断开展，从西方引进并与中国古建筑特定要求相结合的建筑测绘方法日趋成熟。中国第一代建筑师们使用最简单的测量方法和测量工具，开创了符合古建筑测绘特殊规律的有效工作模式。这种传统的古建筑测绘方法在我国已广泛应用，并一直延续至今。

常规的古建筑测绘大体要经历准备、勾画草图、手工测量、整理数据、制图、校核、成

图、存档等几个阶段，其中手工测量和整理数据最为关键。

手工测量实质上是把大多数测量问题都转化成了距离测量（尽可能转化成垂直距离测量和水平距离测量），且对重复部分只选取典型构件进行测量。其主要工作是利用卷尺和小钢尺等进行距离及简易高程的测量（图 1），通过直角坐标法或距离交会法进行平面定位，必要时辅以水平尺、垂球、角尺、丈杆等工具，并如实记录下观测值。

整理测量数据是制图前的必要环节。虽然每座建筑都有一套原始设计尺寸，但由于施工和测量中的各种误差以及建筑变形等原因，现状尺寸往往与理想的设计尺寸有差距。在这种情况下，如果全部按照现状尺寸进行绘制，不仅工作量巨大，而且未必能够画出一套尺度准确且结构交待符合原物的图纸。因此，用于制图的数据通常是经过统计分析，且加入建筑学上的判断，为统一相关联的尺寸而进行了取舍和改正的数值。改正后的数值可以反映出古建

图 1 手工测量

筑的主要方面和基本构件最合理、最接近原始设计的尺寸，并能正确揭示出古建筑各部分的原貌和风格特征[3]。

（二）目前古建筑现状立面图的表现形式

由于古建筑构件（如柱、梁、檩、枋等）多为规则形体，用线条可以记录其色彩、残损情况之外的一般性特征；且测绘者多是建筑设计人员，他们使用源于现代建筑设计的图示语言表达方式——线划图最为轻车熟路；加之过去摄影、录像等技术成本较高，作为常规建筑测绘表达手段的时机尚未成熟。所以，传统的古建筑测绘成果主要就是线划图（图 2），即按照投影原理和建筑制图规范与惯例绘制的图样。线划图以前都为手工尺规绘制，而现在则多用计算机绘制。

图 2　中和殿侧立面线划图（民国时期，手绘）

古建筑立面图是将指定方向的古建筑外表面投影到垂直或水平投影面上获得的正投影图，表达的主体是指定方向古建筑外表面的二维形体特征，包括古建筑整体与局部的形态、位置、尺寸、材质等。目前，古建筑测绘成果中现状立面图的表现形式就是线划图。

长期以来，线划图一直被古建专业人员认为是最合适的建筑表达方式。然而，我们必须明确：从图中读取的数值均是经过改正的理想化尺寸，且线条无法记录材质、颜色和残损等信息，因此，线划图并不能完全展现出当前建筑的具体现状。

二、正射影像的产生与制作

（一）正射影像的产生

传统的古建筑测绘方法建立在手工操作的基础之上，因而存在诸多亟需改进的问题，如劳动强度大、测量数据的精确度低、不规则形体的建筑部位或构件无法被准确表达等。数字化测绘方法正是改进传统古建筑测绘方法的重要途径。近些年，随着三维激光扫描、数字近景摄影测量等技术的飞速发展，以及计算机的广泛应用，测绘效率不断提高，测绘成果也持续创新。如今的测绘成果已远超出线划图和文字报告的范畴而向多种形式发展，正射影像就是其中之一。

正射影像是纠正了由诸多因素（特别是中心投影）引起的图像变形，且具有固定比例尺的正视角度照片。其特点在于同时拥有准确的尺寸和精细的影像，能够忠实地反映出物体原貌（图 3）。也就是说，除像照片一样生动、形象外，正射影像与之相比还有两大优点：第一，消除了图像变形；第二，能够测量出物体的真实尺寸。

因为古建保护工作以“不改变文物原状”为根本原则，所以在修缮前记录下古建筑原貌，为制定维修方案提供准确、完整的第一手资料就显得尤为重要。由此可见，作为新型测绘成果，正射影像比传统线划图更能满足古建保护工作的勘测需求。

图 3　中和殿侧立面正射影像

（二）正射影像的制作方法

1. 基于三维激光扫描数据的建模贴图法

所谓“建模贴图法”就是根据三维激光扫描数据——点云先构建三角网模型，再利用模型与影像之间的定向参数和相应的数学模型对其进行纹理映射，最后按照一定的投影方向输出图像的方法。具体的制作过程如下：

（1）根据点云与纹理影像的同名特征点和配准模型计算出两者的配准参数。

（2）以点云为基础，通过将设定距离值内每相邻三点构成一个平面的方式，建立起被扫描物体的三角网模型。

（3）应用第 1 步计算出的配准参数，以及相应的数学模型，把纹理影像映射到三角网模型上，生成彩色三角网模型。

（4）按照所需正射影像的投影方向，将彩色模型做拷屏输出。输出的图像分辨率可以自由设定，但不能超过单块彩色三角网模型所使用的原始数码照片分辨率。如果因物体体量过大导致软、硬件不支持模型拼合，则需分别输出各单块模型的正射影像，而后再对图像进行整体拼接。在此过程中，为了统一各单幅图像的比例尺，可将各单块彩色三角网模型都以固定大小的立方体框架显示、输出[4]。

2. 数字近景摄影测量法

数字近景摄影测量是指根据近距离（一般小于100米）拍摄目标物体的数字影像，应用摄影测量的相应原理进行处理，确定目标物体形状、大小和空间位置的一种测量技术。应用数字近景摄影测量方法制作被拍摄物体的正射影像主要分为以下几个过程：

（1）根据正射影像所需的分辨率，选择数码相机的镜头，并计算拍摄距离，按照航向重叠80%、旁向重叠30%的标准获取近景影像。

（2）使用专业软件进行影像的特征提取、匹配和光束法平差操作，对影像做高精度定向。

（3）依据正射影像的投影面，按一定步长对影像模型进行内插生成距离模型，再应用数字微分纠正技术生成正射影像。

3. 两种制作方法的比较

上述两种制作正射影像的方法各有优缺点。基于三维激光扫描数据的建模贴图法需要的影像数量相对较少，可采用变焦镜头，拍摄灵活，且不必在物体上设置控制点。但由于采用点云数据与纹理影像进行影像定向，这两种数据分辨率的差异直接导致了其纹理映射参数的精度不高，所以相邻影像间纹理贴图有时会出现接缝的现象。而数字近景摄影测量法应用影像相对定向，保证了相邻影像间的配准精度，且应用控制点亦保证了绝对位置的精度，因此正射影像不会出现纹理接缝的现象。但是，近景摄影测量的方法也存在弊端：1）影像获取要求严格，拍摄受客观环境限制较多。2）需要在物体上设置控制点，这对某些文物来说比较困难，即使可以设置也会影响到正射影像的质量。3）对于大型复杂场景要分构件进行拍摄，工作量较大。4）就景深较大的物体而言，由于特征点分布状况以及纠正模型内插等原因会造成局部精度不够，所以可能出现无法生成真正射影像的情况。目前，实际工程中大多选用基于三维激光扫描数据的建模贴图法来制作建筑立面的正射影像。

三、正射影像在表达古建筑立面现状上的优势

在古建筑现状立面图的表现形式上，与线划图相比，正射影像具有以下两点明显优势：

第一，数据准确。正射影像记录的是未经改正的现状尺寸，无论是古建筑的整体或局部变形，还是特殊的几何形体，工程设计人员都能从影像中读取到准确数值。

在维修施工过程中，由于古建筑本身已经存在一定程度的倾斜、下沉等问题，所以想要加固或更换某个局部结构或某一构件时，也只能"以歪就歪"地进行。其实际尺寸应根据现场情况而定，决不能按理想尺寸制作，否则难以与关联的部位或构件相吻合。正射影像中的实测数据准确反映了大木构架的变形程度，因此具有非常重要的施工指导意义。

对于复杂形体的精确表达，一直是采用传统方法绘制线划图过程当中的难点。然而，从正射影像里量取的屋面曲线和翼角起翘等尺寸却能准确揭示出古建筑的地域与时代特征，进而为修缮工程的方案设计提供资料支持。此外，正射影像还能协助设计者完成艺术构件（如瓦顶吻兽等）轮廓线和细部纹样的精准勾描与制图工作。

第二，信息全面，表现直观。除外观线条外，正射影像还包括有纹理、色彩，以及剥落、开裂、糟朽等残损情况的信息，能够完整、生动地展现出古建筑的具体现状。

工程设计人员通常采用文字描述的形式在现状立面图上标示出建筑构件的材质、颜色及

局部残损情况（图 4），但这些内容无法在线划图中得到直观体现。然而，正射影像却能将此问题彻底解决。设计者不仅可以在古建筑的立面正射影像上直接标注出构件尺寸、材质和颜色等来详细描述该建筑的外观，而且还能以其为基础，绘制反映病害、损伤现象与程度的现状残损勘测图，使用起来十分方便、快捷。

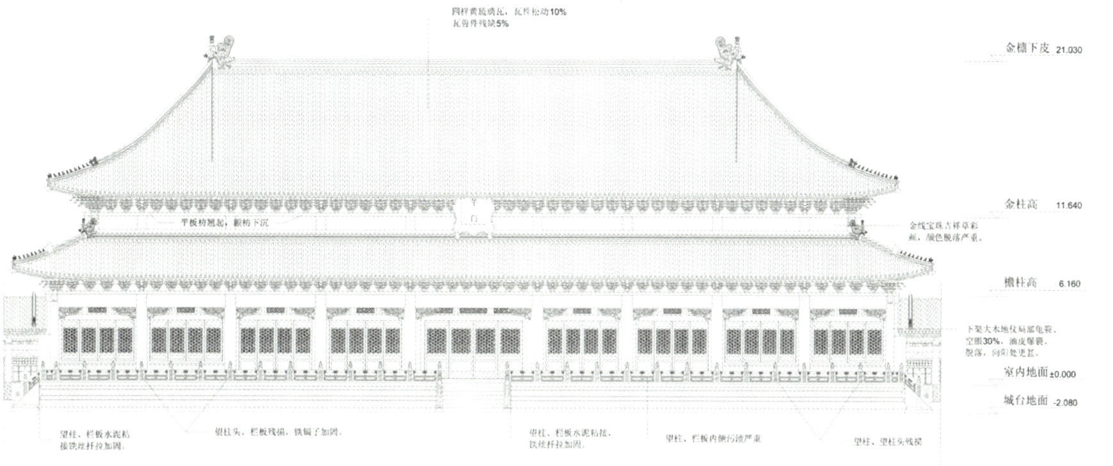

图 4 午门正立面线划图（局部现状，机绘）

四、点云正投影概述

工程图纸一般都是采用正投影，即投影线垂直于投影面的平行投影。同物体的正投影一样，点云正投影能够准确反映出该物体的实际尺寸和外观形态，与彩色照片结合生成彩色点云正投影后，其传达的信息则更为丰富（图 5）。

点云正投影的制作方法非常简单，只需将准备进行投影的点云从整体点云中单独裁切出来，并调成正视角度输出图像即可。

与正射影像相比，虽然彩色点云正投影的影像质量不高，但它却具有易于获取的优点，因此可在对影像精细度要求较低或工程急需的情况下代替正射影像使用。

图 5 体元殿北面抱厦彩色点云正投影

五、结论

翔实的现状资料是进行古建研究的基础，同时也是古建修缮工程的设计依据，而古建筑测绘正是获得第一手现状资料的重要途径。与传统测绘成果里的线划图不同，正射影像中的数据没有被人工主观矫正过，它客观、真实地记录了古建筑的现存状态，并能精确表达复杂的几何形体，且包含构件材质、颜色和残损情况等大量信息。因此说，正射影像比线划图更加具有利用价值，其资料性更强。

总之，正射影像不但能够表达建筑外部形体特征，而且它比线划图表达得更准确、更全面，效果更好。所以，古建筑现状立面图的表现形式应当采用正射影像，弃用线划图，这是现代测绘技术发展带来的必然结果。

参考文献

[1] 杨秉德，于莉，杨晓龙. 数字化建筑测绘方法 [M]. 北京：中国建筑工业出版社，2011：4-5.

[2] 王其亨，吴葱，白成军. 古建筑测绘 [M]. 北京：中国建筑工业出版社，2006：2-3.

[3] 王其亨，吴葱，白成军. 古建筑测绘 [M]. 北京：中国建筑工业出版社，2006：123-124.

[4] 王莫. 三维激光扫描技术在故宫古建筑测绘中的应用研究 [J]. 故宫博物院院刊，2011，（6）：143-156.

图片来源

图 1. 作者自摄

图 2-5. 故宫博物院古建部资料

图书在版编目(CIP)数据

"翻译":将消逝的遗产带回当代:第三届文化遗产保护与数字化国际论坛·论文集/Re-relic编委会主编;贺艳等撰文.—上海:上海远东出版社,2016
ISBN 978-7-5476-1169-2

Ⅰ.①翻… Ⅱ.①R…②贺… Ⅲ.①数字技术—应用—文化遗产—保护—国际学术会议—文集 Ⅳ.①G264-39

中国版本图书馆CIP数据核字(2016)第188454号

"翻译":将消逝的遗产带回当代
第三届文化遗产保护与数字化国际论坛·论文集
Re-relic编委会主编　贺　艳/殷丽娜/倪瑞峰/张贤如/马英华
责任编辑/徐忠良　杨林成　装帧设计/熙元创享文化

出版:上海世纪出版股份有限公司远东出版社
地址:中国上海市钦州南路81号
邮编:200235
网址:www.ydbook.com
发行:新华书店　上海远东出版社
上海世纪出版股份有限公司发行中心
印刷:北京华联印刷有限公司
装订:北京华联印刷有限公司

开本:890×1240　1/16　印张:19.5　插页:1　字数:390千字
2016年9月第1版　2016年9月第1次印刷

ISBN 978-7-5476-1169-2/G·756
定价:118.00元